消費者行動研究と方法

早稲田大学特任教授
阿 部 周 造 著

千 倉 書 房

目　次

序章 ··· 1

第1章　消費者行動研究の基本的性質 ··· 9
1-1　研究の目的；説明と予測 ··· 9
1-1-1　マーケティング論の各論としての位置付け ······················ 9
1-1-2　消費者行動論の貢献 ·· 13
1-2　消費者行動と消費者行動論 ··· 16
1-3　消費者行動研究の流れ ··· 21

第2章　消費者行動研究と科学哲学的方法論 ································· 35
2-1　三つのレベルの方法論 ··· 35
2-1-1　本書の基本的視点 ·· 35
2-1-2　広義の科学哲学的立場 ··· 37
2-1-3　狭義の科学哲学的立場 ··· 38
2-2　初期の消費者行動研究と科学哲学的基盤 ····························· 41
2-3　相対主義的科学観からの批判 ··· 44
2-3-1　観察の理論負荷性 ·· 44
2-3-2　決定不全性と反証可能性 ··· 48
2-3-3　通約不可能性の問題 ·· 58

第3章　消費者行動論と科学的実在論 ··· 69
3-1　予測と帰納 ·· 69
3-2　実在論と反実在論 ·· 77

第4章　消費者行動の理論と経験的テスト（その1） ······················ 89
4-1　基礎研究・固有の理論研究・効果適用研究 ·························· 89

4-1-1　三水準の研究 ……………………………………89
　　　4-1-2　効果適用研究の性質 ……………………………91
　　4-2　効果適用研究の手順 …………………………………………95
　　　4-2-1　効果適用研究の流れ …………………………………97
　　4-3　固有の理論研究と学生サンプル ……………………………101

第5章　消費者行動の理論と経験的テスト（その2）……………107
　　5-1　比較研究と個別研究 …………………………………………107
　　5-2　探索的研究・記述的研究・因果的研究 ……………………125

第6章　消費者行動研究と統計的分析技法 ………………………137
　　6-1　研究仮説と統計的検定仮説 …………………………………137
　　6-2　両側検定と片側検定 …………………………………………145

第7章　消費者行動の測定と分析技法 ……………………………153
　　7-1　構成概念と測定 ………………………………………………153
　　　7-1-1　科学哲学と測定 ………………………………………154
　　　7-1-2　構成概念妥当性 ………………………………………155
　　7-2　消費者行動研究と共分散構造分析 …………………………161
　　7-3　消費者行動の国際比較と共分散構造分析 …………………164
　　　7-3-1　国際比較の問題点 ……………………………………165
　　　7-3-2　国際比較と共分散構造分析 …………………………172

第8章　プロトコル分析 ……………………………………………179
　　8-1　プロトコル・データの妥当性 ………………………………179
　　8-2　プロトコル・データの分析 …………………………………185

結章 ……………………………………………………………………193

参考文献 ………………………………………………………………199

目　次　3

あとがき ……………………………………………………217
索　引 ………………………………………………………221

序　章

　消費者行動研究の展開には目覚ましいものがある。*Journal of Consumer Research*, *Journal of Consumer Psychology*, *Journal of Marketing Research*, *Journal of Marketing*, *International Journal of Research in Marketing* 等の海外の主要学術雑誌及び『消費者行動研究』,『マーケティング・サイエンス』,『流通研究』等の国内の主要学術雑誌を始めとして，その他の数多くの学術雑誌に掲載発表される論文を消費者行動の中の特定の関心領域という視点に絞ってフォローすることも容易ではなくなってきている。こうした研究の展開ぶりは，もちろん大いに喜ばしいことである。しかし，研究の展開はそれを手放しで眺めていればよいということではない。研究の展開に合わせて，拡散する研究成果の整序付けの作業と，効果的・効率的な研究の展開を行うための方法論的検討の作業を重ねることが必要となる。

　このうち前者の研究成果の整序付けについては，部分的なものではあっても既存研究のレビュー（例えば *Annual Review of Psychology* で数年毎に消費者行動の主要研究についてなされるレビュー）及びメタ分析による研究成果の集約化の努力がなされている。また，知識体系としての消費者行動論の教科書や研究書（清水（1999）『新しい消費者行動』, 新倉（2005）『消費者の認知世界』, 田中（2008）『消費者行動体系』, 青木（2010）『消費者行動の知識』, 守口・竹村編著（2012）『消費者行動論』, 青木・新倉・佐々木・松下（2012）『消費者行動論』）はこうした体系化への試みとしてあげることができよう。それに対して，消費者行動研究の方法論的問題を取り上げたものは比較的少ない（Zaltman, Pinson and Angelma 1973, O'Shaughnessy 1992, 阿部 2001）と思われる。そうした意味から，本研究は後者の方法論的な問題に焦点をあてるものである。

　消費者行動研究の方法論的問題を取り上げるにあたって，本書は次のような視点に立っている。その一つは，本書はあくまで関心対象領域である消費者行

動研究の現状を踏まえての方法論的考察を行うという点である。その現状を踏まえるうえで二つの点が重要である。一つは研究目的の問題である。今日の消費者行動論はほぼ独立した学科としての体裁を整えてきているが、それでもマーケティング論の各論としての性質を強く有している。本書はその考えに立ち、今日の消費者行動研究の目的をマーケティング意思決定に役立つ形での消費者行動の説明と予測を中心とするものと捉える。もう一つは、消費者行動論における今日の中心的パラダイム（リサーチ・プログラム）は消費者情報処理理論であるとの認識に立ちながらも、それ以外の研究の流れを全て含める形で方法論的考察を進める点である。本書の立場は、多様な研究が存在することを是として、これまでに構築されてきた膨大な研究成果を踏まえる形で、そこから、いかにしてより稔のある研究を展開していくことができるかということである。

本書の第二の特徴は、方法論的問題を、堀越（『マーケティング・メタリサーチ』、千倉書房、2005年）と同じく、科学哲学レベル、消費者行動論における理論とテストのレベル、そして分析技法のレベルという三つのレベルで捉えるものであるが、三つのレベルの相互関連を眺めるにあたって、中位のレベルである理論とテストのレベルを中心とする視座をとっていることである。それによって、上位の科学哲学あるいは下位の分析技法との相互関係をより明確に整理し、消費者行動研究のあるべき姿を示すことができると考えるからである。方法論的考察とは、上位レベルの科学哲学の方法論で最も厳密と思われる立場を選択・採用すれば、それに導かれる形でその分野の最も効果的・効率的な理論構築の進め方が明確となり、さらに個別具体の研究における技法も定まってくるというものではない。また、「初めに分析技法ありき」という分析技法主導型の研究は消費者行動論の体系化につながるものではない。それはせいぜいのところ、部分的な貢献をするだけである。消費者行動という研究領域に特有の問題や背景、そしてそれをどのように理論構築していくのかということは消費者行動研究者によって、取り組まれ、形作られ、選択され、そして推進される。それは消費者行動論の視点からどの科学哲学の考え方が消費者行動の理論構築の支えとなるのか、どの分析技法をどのように使うことが効果的なのかという

視点を一貫してとらねばならないのである。

　最後に，本書ではできるかぎり，わが国での消費者行動研究，そして方法論に関する研究を事例対象として取り上げながら考察を進めている点である。消費者行動の研究は言うまでもなく米国を中心として，先端的な研究が進められている。また，斯学での方法論に関する研究も米国が最も層が厚いことは言うまでもない。その意味で，米国での研究及びその成果を踏まえた形で消費者行動論とその方法論的問題を論じていくことは避けようがない。しかし，本書が日本語で書かれ，日本での研究者を対象に問題の整理と，問いかけをするものである以上，米国の研究成果に大きく依拠しつつも，本書の内容をできるだけ，わが国での研究の流れと，その成果に結び付けた形にすることは自然なことであると思われる。それは，わが国では研究発表が単行本の形をとるものが比較的に多いため，全体像を示しやすいという利点もある。また，わが国の優れた研究に触れずに，米国の研究のみを丹念に紹介するやり方は60年代の『輸入・翻訳マーケティング時代』の精神構造を引きずったものとのそしりを免れないからである。

　以上のような視点から本書は8章から構成される。
　まず第1章「消費者行動研究の基本的性質」では消費者行動の知識体系としての今日の消費者行動論の全体像を明らかにする。本書で取り上げる消費者行動論はマーケティング論の各論としての位置付けを持つものであり，そこでの研究目的が大きくは消費者行動の説明と予測であることが明らかにされる。そして，どのような研究が消費者行動論の内容となっているのかという点について，いくつかの研究の流れが取り上げられる。その中で今日，主流となるのは消費者情報処理理論である。

　第2章「消費者行動研究と科学哲学方法論」では三つのレベルの方法論のうち，なぜ第二レベルの消費者行動論における理論とテストが出発点となるべきかを論じ，その視点から選択されるべき科学哲学の立場が，科学的実在論であ

ることを明らかにする。本書が伝統的な方法論的流れである論理経験（実証）主義，反証主義をとらないこと，また道具主義と解釈主義はその抱える基本的問題性ゆえに採用できないものであることを明らかにする。そして，伝統的流れの中での反証主義に焦点を合わせる形で，相対主義的科学観から伝統的な立場に向けられた論争点の三つ，データの理論負荷性，決定不全性，通約不可能性の問題についての考察を行う。

第3章「消費者行動研究と科学的実在論」では消費者行動研究の目的の一つを消費者行動の予測とするとき，予測が本来有している帰納的性格から，反証主義の立場を採択することができないことが明らかにされる。反証主義は帰納を排除するところをその出発点としているからである。後半の節では，現代の科学哲学における中心的論争とされる実在論と反実在論との間の論争を紹介する形で，本書が科学的実在論に依って立つ論拠を示す。

第4章「消費者行動の理論と経験的テスト（その1）」では，消費者行動研究に含まれる三つのタイプの研究：基礎研究・固有の理論研究・効果適用研究のそれぞれの特徴とそれらの間の関連を明らかにする。この三つのタイプの研究において中核となるのは，固有の理論研究であるが，場合によっては基礎研究を含む形の研究が必要であること，研究目的のうちの予測はほぼ効果適用研究に該当することが明らかにされる。反証主義的科学観に立てば効果適用研究は科学的探究の領域というよりも，むしろ技術的応用の問題という位置付けになるのであろうが，予測を研究目的の一つとする消費者行動論では理論の経験的テストという意味付けが可能であり，その手順についての考察を行うことにする。固有の理論研究における基本的問題の一つは，研究における内的妥当性と外的妥当性の関係に関わる問題である。消費者行動研究の展開の鍵の一つは，たとえ個々の研究が，内的妥当性と外的妥当性のどちらかに偏ったものであるとしても，どこかで両者を有機的に関連付け，説明と予測の両面において研究水準の向上が図られることである。さらに，本書では内的妥当性と外的妥当性

の問題を理論のテストに学生サンプルを用いることの可否についての論争に絡めて考察を行う。

第5章「消費者行動の理論と経験的テスト（その2）」では理論とテストの進め方として複数の理論を同時にテストし，関連付けを図る比較研究の方法を論じる。科学哲学書に多く見られるように，複数の理論は競合的関係にあって，比較研究によってどちらかが反証されると前提するのではなく，いずれも支持的結果（ただし効果の大きさは異なる）となる併存的・補完的な関係を考えることが消費者行動論においては必要である。そして，そうした一事例として，支払意向価格，解釈レベル，比較の方向性の三つの効果を比較する具体的研究を取り上げる。

第5章の後半では，消費者行動研究における一つの類型化としてしばしば取り上げられる探索的研究，記述的研究，因果的研究について考察を行う。理論構築における問題をいわゆる「発見の文脈」と「正当化の文脈」に二分するとき記述的研究は二つの文脈にまたがる側面があり，若干の整理を必要とするからである。

第6章「消費者行動研究と統計的分析技法」では理論とテストのレベルと分析技法レベルとの関係が最も端的に現れる問題として，研究仮説と統計的検定仮説の問題を取り上げる。両者の区別をおろそかにすること，及び分析技法である統計的検定を優先して考える傾向がどのような問題を抱えているかを明らかにする。

後半部分では同じ有意水準を用いるなら，両側検定のほうが片側検定よりもより保守的な検定結果になるということから，明確に方向性を持った研究仮説の場合でも両側検定がそのまま使われることの多い今日的状況に含まれる問題点を明らかにし，より客観的な知識の積み上げに向けての考察を行う。

第7章「消費者行動の測定と分析技法」では今日の消費者行動論が直接観察

測定できない構成概念を含む形で構築されているとの認識に立ち，いかにして構成概念の妥当な測定を行うかという問題，及び今日用いられる代表的な分析技法としての共分散構造分析の有用性とそのカバーする問題領域について考察する。それは理論とテストという方法論レベルと分析技法のレベルとの関係についての考察である。また，分析技法の背後に最上位レベルの科学的実在論の考え方があることを示すことにする。

第8章「プロトコル分析」は今日の消費者行動研究の代表的パラダイムである消費者情報処理パラダイムに典型的なプロセス跡付け法としてのプロトコル法を取り上げ，そのデータとしての妥当性を論じる。本書はどちらかと言えば法則定立的な定量的分析を想定するものであるが，質的データとしての性格の強いプロトコル法について妥当性の検討を行っておくことは，解釈的研究との差異を明確にする点でも意義は少なくないと思われる。

結章 本書において，三つのレベルの方法論の関連を中位の消費者行動の理論とテストを中心視座として眺めることにより，これまで大きな隔たりをもって受けとめられていた科学哲学の論議を消費者行動研究に密接に結び付いたものとして整理できたこと，そして逆に同一視されることで混乱を生じていた分析技法との関連を再整理できたことを総括する。また消費者行動論の体系化のための複数の理論仮説の比較研究の重要性を再確認する。

〈本文中における英文参考文献の引用形式，及び訳語の用い方について〉

英文の参考文献のうち訳書を使ったものは本文中で，ポパー（1959）のようにカタカナ表記で著者名を，そして翻訳に使われた版の原著の出版年を記した。参考文献リストには：ポパー，K. R.（1971-2）『科学的発見の論理 上・下』（大内義一・森 博訳），恒星社厚生閣．(Popper, Karl R. (1959), *The Logic of Scientific Discovery*, Harper Torch Books.) としている。その他の英文の参考文献（訳書があっても原著を利用したものを含む）の引用は本文中で Bettman（1979）のようにアルファベット表記とした。参考文献リストでは：Bettman, James R. (1979), *Information Processing Theory of Consumer Choice*, Peason Education. と表記している。

科学哲学の文献では重要な概念に関して，しばしば複数の訳語が用いられている。例えば "incommensurability" は「通約不可能性」，あるいは「共約不可能性」と訳されている。本書では用語の初出にあたって，原語と共に複数の訳語を示した後，本書が主として依拠した文献で用いられている訳語を用いるようにした。また，本書では原文の "test" は「テスト」，"verification" は「検証」，"confirmation" は「確証」，"corroboration" は「験証」としている。

第1章　消費者行動研究の基本的性質

1-1　研究の目的；説明と予測

1-1-1　マーケティング論の各論としての位置付け

　今日の消費者行動論はほぼ独立した学科としての体裁を持っている。それは個別営利企業に関連するマーケティング論の各論としてだけでなく，公共政策立案者，消費者運動の推進体，あるいは純粋に学問的立場から関心が向けられ，研究がなされている。それでも，消費者行動論がマーケティング論の各論としての色彩を色濃く持っていることは認めなければならない (Macinnis and Folkes 2010)。消費者行動の研究はマーケティングの生成・発展とともに生成・展開されてきたからである。それは純粋に知的好奇心からというよりは，必要を母として誕生した研究分野である。マーケティングは個別企業が製品・サービス，価格，コミュニケーション，流通等の諸活動を通して市場環境への創造的な適応を図ること，あるいは取引相手である買手に向けての価値の創造活動として捉えられることが多いが，市場に効果的・効率的な適応を行い，買手にとっての価値を創造していくためには，市場の構成要素である消費者についての体系的な知識が必要不可欠となるからである。

　一般に必要から生まれた学問にとっての研究目的は，研究対象とする現象の説明と予測そして統制（制御）である。そのうち，必要にとって最も直接的な関わりを持つのは統制であることは言うまでもない。それは現象を望ましい形にするには，どのようにしたらよいかということに直接関わっているからである。しかし，消費者行動論にとっては，この統制という目的は研究目的からは除外されるのが普通である。それは，そこでの統制とは領域として，そのままマーケティング論の対象となってしまうからである。消費者は企業とは独立に

経済計算を行い，意思決定を行う取引相手であるために，これを直接統制するということはできない。消費者行動は企業にとっては環境要因であると同時に，何らかの影響を及ぼすことができる対象でもある。そして，どのように消費者に効果的に影響を与えるのかということは，どのような製品・サービスを開発し，どのように価格設定を行い，どのようにコミュニケーションを行い，消費者の必要とする場所，時間にどのように届けるかというマーケティング意思決定の問題となるからである。

統制の問題がマーケティングの問題であるとすると，それに直接的な関わりを持ってくるのは消費者行動の予測である。予測は将来，あるいはある特定の状況のもとで消費者がどのように行動するかを推論することであって，予測的知識をベースとしてこそ，どのようにマーケティングを展開すればよいのかという統制の問題解決方向が見えてくる。その意味ではできるだけ精度の高い予測ができることが，実用的な視点からは非常に重要なことになる。もう一つの研究目的であるところの説明との絡みで論じるなら，もし，高い精度で予測が可能となるなら，たとえそれが不十分な説明力しか持たないものであっても，否，全く説明力を持たないものであっても，実用的価値は高いのである。予測には，理論的な説明に基づいてなされる予測と，理論が不在のままなされる予測とがある[1]。後者は，最近までの傾向や，丹念な観測から抽出された規則性に基づくといった予測であって，その精度が低いとは限らないのである。太陰暦を用いても潮の満ち引きや，気温の変化をかなり高い精度で予測することができ，漁業や農業における従来通りの漁の仕方や種まきという実用的目標には高い有用性があるのである。

しかし，マーケティングのように，これまでにない新製品を開発して，従来とは違うコミュニケーション方法と流通手段で市場問題への創造的適応を競争的な環境下で展開しなければならないとなると，説明抜きの予測ということだけでは対応は難しくなる。これまでの条件枠を超えた環境下での消費者行動を予測するには，市場における消費者行動について理論的な説明ということがどうしても必要となってくる。そこでは新製品と従来の製品との差異がどのよう

な影響をもたらすかについて，体系だった説明のもとに，それを仮説として，開発を行うのでないかぎり効果的・効率的な開発は行えないことになる。もちろん，新製品開発にあたって，その成否の予測を高い精度で可能とするような理論が未だ十分に構築されていないことは認めなければならない。開発が担当者の直感のようなせいぜい素朴な仮説的な考えによってなされているのが実際の状況であろう。また，計画的な新製品開発が必ずしも成功するとは限らないということも十分考えられる。それでも，そうした実情は消費者行動論の理論的水準の向上の必要性をより強く認識させるものであって，理論的説明の必要性を否定するものとはならない。説明的知識を持たないかぎり，新製品の開発は全くランダムな試みであるか，あるいは市場での成功と失敗に関わりを持ちそうなありとあらゆる要因を取り上げて，それらを組み合わせた実験を事前に行うという無駄を重ねなければならないからである。石井（1993）は新製品の意味付けが新製品の導入後になされるケースのあることを指摘しているが，その議論は製品開発の現状とその難しさ，そして硬直的な考え方から抜け出すことの必要性を指摘するうえで貢献はあっても，前もっての開発段階でのコンセプト作りが必要であること，及びそこでの理論の果たす役割について懐疑的になってしまう点で過誤を犯している。

そうした意味で，今日消費者行動の説明を目的とした研究が盛んに進められていることは望ましいことと言える。ただ，指摘されるべきは，そうした説明目的に向けての努力にもかかわらず，実用目的に照らして有用性を持つような理論構築が未だなされていないということである。それは部分的な説明はできても，説明し残された部分が大きいということ，あるいは予測に結び付けた表現をするなら，高い精度の予測を可能とするような理論構築が未だなされていないということである。

説明とはわかりやすく言えば「なぜ？」という疑問に答えるものということになる。科学的説明という場合，論理経験主義の立場に立つヘンペル（1965）による演繹的・法則的モデル（deductive-nomological model：D-N モデル）または被覆法則モデル（covering law model）が説明の理想的な形として考えら

れてきた（Hunt 1976）。それは説明されるべき一つの現象を被説明項（explanadum）とし，いくつかの一般法則（基本仮説）と補助仮説及び初期諸条件からなる説明項（explanantia）から演繹的に被説明項を推論するというものである。しかし，演繹的―法則的モデルがあてはまらない事例は少なくない[2]ところから，一般法則の一部あるいは全部を論理的に計算される確率的な法則に置き換えた演繹的―統計的モデル（deductive statistical model：D-S モデル），そしてさらにその確率について過去の観察に基づく確率を帰納的にあてはめることを考えた帰納的―統計的モデル（inductive statistical model：I-S モデル）へと拡張されてきた（Hunt 1976）。さらに今日では，論理経験主義の考え方を離れて，科学的実在論（scientific realism）の立場から関心とする現象の原因を示すことをもって説明とする考え方が提唱されている（ローゼンバーグ 2005）。それは説明したい事柄（結果）との間の統計的関連性を持つ原因を見出し，その他の原因となり得る要因を実験的にスクリーニング・オフする形で除外していくというものである（因果メカニズム・モデル（causal mechanical model）；一ノ瀬 2006, 戸田山 2005, Salmon 1984）。今日の消費者行動の実証的な研究者によって採用されている消費者行動の説明は，そのほとんどがこの考え方に沿ったものとしてカテゴライズできる[3]。

　説明と予測との関係において，優れた予測は必ずしも説明力の高い理論を伴うわけではないことを述べたが，全く同様に，優れた説明力のある理論の場合にもそのまま予測が成功するわけではないことに注意しなければならない。優れた説明は潜在的に高い予測力を有しているというだけなのである。D-N モデルに即して考えるなら，説明が優れていることは基本仮説，補助仮説，その他の諸条件が妥当で，そこから論理的に被説明項が導かれるということである。被説明項は研究者が関心事とするもので，なぜそれが生じるのかを知りたい事柄であるから，被説明項が導かれたことで説明ができたことになる。そして，この被説明項をすでに生じている事柄ではなく，将来の出来事あるいは特定の条件のもとでの出来事に置き換えて，補助仮説または諸条件の一部を変更することによって，そのまま予測ができることになる。しかしこの予測は必ず成功

するとはかぎらない。なぜなら，一般法則である基本仮説に全く問題が含まれていなくても，予測をなすための補助仮説や，諸条件が妥当でなければ，予測もあてはまらないからである。この問題は第2章，第3章で詳細に取り上げることにして，ここでは説明と予測とが簡単に両立するものではないことを確認しておくことにしよう。そうした認識に立ったうえで，説明目的に優れているとともに実用的な予測も可能とする理論構築が消費者行動論の目指すところであることを確認しておくことが必要である[4]。

1-1-2 消費者行動論の貢献

　本書は消費者行動研究の方法論的問題の考察を行うものであり，消費者行動論の現状からの理論的水準の向上を目指すものである。筆者の率直な現状認識を述べれば，消費者行動論の理論的水準は決して満足のいくものではない。われわれはまだ消費者行動についての統一的な知識体系を構築しているわけではない。おびただしい数の新しい研究がなされていることは好ましいことであるが，それらはより細分化された，より断片的な知識の追加という色彩を帯びている。消費者行動の一貫した説明，そしてそうした説明に基づく高い精度の予測を可能にする理論構築の努力は遅れたままになっている。したがって，消費者行動研究の方法論的考察を行う場合には，こうした研究の現状についての厳しい認識を出発点とすべきことが明らかである。しかし消費者行動研究の今日の到達水準が決して満足できるものではないとしても，現状の厳しい認識だけでは上述の石井（1993）のように，理論の役割に懐疑的な悲観論を招きかねない。ここで現在の水準における消費者行動論のマーケティング論への貢献ということを擁護する考え方を示しておけば，次の四点があげられる。

　一つは，現在構築されている消費者行動理論がそのまま企業の製品開発担当者の抱えている問題の説明・予測に使えないとしても，開発担当者が独自の仮説を立てたり予測を行ったりするうえで，準拠枠を提供したり，問題を単純化して捉えることを可能にするという貢献である。例えば開発構想を進める中で「もし，AがなかったらBはあり得ないであろう。だからAを外すことはで

きない。」といった反事実的条件文によって選択肢を絞っているような場合である。そうした場合，たとえ明示的ではなくとも，消費者行動理論に含まれる基本仮説の一部（「AならばBが生じる。」）が展開される形で，あるいは開発担当者の直面する状況での諸条件と組み合わされる形で，開発構想の一部になっていることになる。そして製品開発にかぎらず，価格，コミュニケーション，チャネル，そしてそれらをまとめた形での市場の細分化，市場標的の設定といった全てのマーケティング戦略の構築にあたって，消費者行動についての基礎的知識がベースとなることは指摘するまでもないことである。今日，厳しい競争環境のもとでつかみがたい消費者の心理に合わせたマーケティングを展開していくためには，マーケターは直面する市場の問題について，考え抜いていくことが求められるが，消費者行動論はその考え抜くスキルの底上げをする。

第二に，上述の点と繋がることであるが，消費者行動についての体系的知識は第一点のようにプラスの形での貢献に繋がらなくとも，企業が新しいマーケティング活動を展開する過程で，陥りがちな過ちや市場問題の読み違いを避ける点で有用であるということである。それは航海に出る場合の海図としての役割にたとえることができる。海図は進むべき方向を指し示すだけでなく，避けるべき難所の存在も示すからである。もちろん，実際の航海は海図に描かれていない問題や競争上の状況が充満した応用問題の連続ということになるかもしれない。それでも，標的とする消費者についての基礎的知識を有している分だけ，市場についての誤った解釈や思い込みに走ってしまう過ちの可能性を低くできることは大きなメリットであると言わねばならない。

第三の点は，消費者行動論で解明できる消費者行動がかぎられた部分的なものでしかないとしても，その部分的なものが競争優位の源泉となるという点である。消費者行動の理論やモデルに基づく仮説が統計的検定の結果，有意になったということが発表されている論文を，予測という視点で捉えなおして見た場合，モデルで統計的に説明される分散の部分が僅か1，2割程度（例えば回帰分析で決定係数が0.1〜0.2程度）ということは少なくない。そうした場合，それは実用上の価値のないものと判断することが正しいのであろうか。もちろん，

それだけでは実用に耐える予測ということには不十分かもしれないが，それでも未解明であった行動が10～20％程度ではあるが予測可能になっている点を見逃すことはできない。今日では実に多くの消費者行動に関する仮説が構築されている。それらのものを互に整合的な形で併せ用いることで，一つ一つはごく僅かな差異しかもたらさないものであっても，全体として目に見える大きさの競争上の優位を生み出すということはあり得ると思われる。それはちょうど，心・技・体といわれるスポーツのあらゆる面での小さな積み重ねが勝敗上の結果の差として現れるのと相通じている。

　第四に消費者行動の研究結果を活用するということは，先に消費者行動の理論構築の必要性のところで述べたように，必要な意思決定に到達するまでにマーケターの必要とする情報を獲得するうえで，コストと時間の無駄を省くことになる。それは操作可能な複数の要素の考えられるあらゆる組み合わせの数だけの製品を試験開発してみるといった無駄を避けることを可能とするからである。既存の研究成果に含まれる情報を活用しない手はない。また，消費者行動の研究自体，かぎられた時間と予算制約のもとで意味のある仮説を抽出し，テストすることを課題としているものであり，体系的に市場データを収集・分析するというマーケティング・リサーチと一体になったものである。今日では消費者行動論を抜きにしたマーケティング・リサーチは考えられないといっても過言ではない。消費者行動研究に通じることが市場需要の予測という実用的な作業においても，それを効果的・効率的なものにするうえで不可欠なことなのである。

　この説明目的と予測目的ということに関しては科学哲学レベルでの問題であるとともに，消費者行動の理論とテストのレベルにおいても重要な関わりを持ってくる。そうした諸問題については改めて詳細に取り上げることにしよう。

　消費者行動の説明と予測という研究目的に加えて，消費者行動の解釈的アプローチ（interpretive approach）グループによる消費者行動の意味の解釈という研究目的がある。わが国でも米国でも解釈的研究は発表される学術雑誌の中で少数派ではあっても，少なからぬ比率を占めている（Simonson et al. (2001),

Annual Review of Psychology)。解釈的研究は，法則定立的視点で取り上げられない，購買行動や使用行動に込められる意味の解釈を行うことを主たる研究関心とするもので，市場環境への創造的適応というマーケティングにとっても貢献の期待できるものである。例えば，消費者が使用する車に自動車レースで見られるステッカーを貼ったり，わざわざ車高を高めに改造して使ったりすることは，消費者が車に求める意味を示すものであり，その解釈が新しい車のデザインに反映されることは十分に考えられるからである。ただし，こうした研究は見出された意味の妥当性を確かめるという点において大きな問題を抱えるものであり (Calder and Tybout 1987)，本書で関心とする消費者行動研究の方法論という視点からは常に厳しい批判的検討にさらされるべきものと位置付けられる。

1-2 消費者行動と消費者行動論

　消費者行動とは人が家計消費目的のために経済財・サービスを入手し使用する行動である。ここで消費者とは家計消費のための最終消費者を意味している。そして行動とは狭い意味での観察可能な行為だけでなく，消費者が欲しいものについて思いをめぐらしたり，情報を収集したり，意思決定を行うこと，そして，必要なものを入手するための買い物場所にでかけたり，ネットで発注したりすること，購買したものを様々なやり方で使用・保管し，最終的には廃棄に至るまでに経験する一連の事柄を含んでいる。アメリカ・マーケティング協会 (American Marketing Association) は消費者行動を「人間がそれによって生活の交換側面を営むところの感情と認知，行動，そして環境のダイナミックな相互作用」(Bennett 1995, p. 59) と定義しているが，それは消費者行動を消費者の心の中の動きや行動が環境とどう相互作用するかという視点から捉えるものである。

　消費者行動ということが意味する範囲は，その分類作業によって，より明示的につかむことができる。青木 (2010) は消費者行動の階層性と分析レベルと

いう視点から，消費行動，購買行動，買物行動，使用行動として分類している。消費行動は消費と貯蓄の配分，及び消費支出の費目別配分を問題とするものであり，購買行動は製品カテゴリーの選択，ブランドの選択，購入量・頻度の選択を意味している。買物行動は買い物場所の選択，店舗の選択のことであり，使用行動は消費・使用方法の決定，保管・廃棄・リサイクルの決定を含んでいる。この分類枠組みは，わが国で消費者行動研究が着手された1960年代末の井関（吉田・村田・井関編著 1969, ③）の分類以来，オーソドックスな分類枠として採用されてきた。米国でも Wilkie（1986）は似たような視点から消費者行動を捉えている。

　消費者行動論は消費者行動についての知識体系である。それは当然，消費者行動の分類体系を反映したものとなっている。ただし，分類体系がそのまま消費者行動論の体系となっているわけではない。消費者行動論の体系は，むしろ取り上げられる概念あるいは研究方法を軸として組み立てられているのが普通である。また，分類された消費者行動のうち研究が進み，知識の集積が進んでいる部分と，比較的に研究の少ない部分がある。例えば，上記の分類の中でも購入量・頻度については比較的少ない研究（例えば田村 1972, 阿部・近藤 2005）しかなされていない。一方，購買行動の中でもブランド（銘柄）の選択行動に関しては膨大な数の研究が積み重ねられ，ブランド選択をどのように取り上げるのかで研究分野をさらに細分化することすら可能である。そのことは消費者行動の研究において，マーケティングの活動の主体である製造業者，それも寡占的製造業者の市場環境への適応ということに最大の研究関心が向けられてきたことを反映している。

　さらに，研究の分析水準の問題がある。研究は分析される消費者行動が個々の意思決定単位としての個人にあるのか，個人概念を取り上げていても分析の水準は個々人の行動がある集合レベル（例えば市場セグメント）まで集計されたものであるのか，それとも，消費者間の相互作用を含んだ集団であるのかで異なってくる。消費者行動論の中で最も多いのは個人としての意思決定単位を関心対象とした研究である。しかし，マーケティングの主体である企業にとっ

ては，必ずしも個々人の行動に関心があるわけではなく，ある集合までまとめられた消費者行動に関心があるのが普通である。あるいは消費者行動研究者の側で個人としての意思決定単位を関心事としているつもりであっても，分析に利用しているデータが集合レベルのものであるとき（例えば500人のサンプルを用いての因子分析を行っているとき），その分析に異質な消費者が含まれているために生じる効果を捨象しているならば，個人行動の集計＝集合としての消費者行動との暗黙の前提を置いていることになる。消費者間のクチコミ行動や，他の消費者の行動を見て自分の行動を決めるといった場合には，集団としての消費者行動を研究対象としていることになる。社会の一側面とも言うべき市場現象を，個人消費者のようなエージェントを分析単位として，その相互作用の態様の解明を図っていく考え方は方法論的個人主義（methodological individualism）と呼ばれるが，消費者行動研究の圧倒的多数はこの方法論的個人主義に立つものである。それに対して，社会あるいは市場といった全体は部分の総和以上のものであり，それを構成メンバーの行動や相互作用に還元することはできないとする考え方は方法論的全体論（methodological holism）と呼ばれるが，消費者行動論では少数でしかない。もちろん，これらの見方はどちらか一方だけで十分であるというものではない。消費者行動の十全な解明のためには両方のアプローチが必要である。

　消費者行動論の中ではどのような研究領域や研究課題があり，どのような研究がなされているのかを知る最も簡便な方法は標準的な消費者行動論のテキストの内容を調べることである。

　米国での消費者行動論の代表的なテキストの先駆けとされる Engel, Kollat and Blackwell（1968）の *Consumer Behavior*[5] の体系では消費者の購買行動と買物行動に関わる心理的な要因と社会・文化的な要因を解説し，それを組み込む形で個人としての消費者の問題認識から情報探索，選択肢評価と店頭での購入までの意思決定過程と使用行動が論じられ，追加的な形で消費者の相互作用を含む革新行動等が取り上げられている。1970年代後半より，消費者行動論の中心となるパラダイムは消費者情報処理理論へとシフトするが，テキストと

して消費者情報処理理論の視点を明確に出している最初のものは Sternthal and Craig (1982) の *Consumer Behavior — An Information Processing Perspective* である。同じく消費者情報処理理論の流れに立つものとしては，Peter and Olson の *Consumer Behavior & Marketing Strategy*, 1st ed. (1987) ～9th ed. (2010) があげられるが，消費者行動論とマーケティング論との対応付けを試みた構成となっており，消費者の認知・感情，行動，環境の3側面について，個人，市場セグメント，産業，社会の4水準での分析という視点から消費者行動が論じられている。Hawkins and Mothersbaugh (2010), Hoyer and MacInnis (2010), Wright (2006), Sheth and Mittal (2004), Solomon (2013) 等によるテキストもそれぞれに独自の工夫はされているが，同じような構成となっている。学術誌に発表された論文を中心にして，論文集の形で消費者行動論の全体像を大学院生レベルの読者につかんでもらうことを意図した書としては Lutz ed. (1981), *Contemporary Perspectives in Consumer Research*, 及び Robertson and Kassarjian eds. (1991), *Handbook of Consumer Behavior* があるが，それらは消費者情報処理を一部として含みながらも，動機付け，態度，パーソナリティ，社会文化的影響等を広くカバーしている点で共通している。もちろん，そうした体系を離れて消費者行動をトピック的な視点からまとめたテキスト (Desmond 2003) も存在している。

わが国の消費者行動論のテキストでも，それぞれの編著者の工夫はあるものの，基本的には同様な形をとるものが少なくない（吉田・村田・井関編著 1969a, b, c, 塩田 1970, 2002, 名東編著 1979, 三浦 1981, 清水 1999, 北原 2005, 平久保 2005, 松江 2005, 田中 2008, 井上 2012）。執筆者あるいは編集者の心理学あるいは社会心理学的背景をにじませたテキストとしては小嶋 (1972)『新・消費者心理の研究』，馬場 (1977)『消費者心理学』，杉本編著 (1997)『消費者理解のための心理学』，竹村編著 (2000)『消費者行動の社会心理学』，杉本編著 (2012)『新・消費者理解のための心理学』，がある。消費者情報処理という枠組みで一貫してまとめられているものとしては青木 (2010)『消費者行動の知識』，青木・新倉・佐々木・松下 (2012)『消費者行動論』が，そして近年の新

しい研究動向を反映しているものとしては守口・竹村編著（2012）『消費者行動論―購買心理からニューロマーケティングまで』をあげることができる。これらのテキストから言えることは，現代の消費者行動研究では圧倒的に個人としての消費者行動を中心的な内容としていることである。集合レベルの消費者行動を扱っているもの，あるいは個人行動の集合レベルへの集計の問題を扱っているものはほとんど見当たらない。集団的な消費者行動は部分的にのみ取り上げられている。

　そして何よりも，そこでは個人としての消費者行動についても，その一貫した理論的な体系というよりは，関連した知識の寄せ集めといった状況を脱しきれていないということである。換言すれば，消費者行動論では独自の理論構築と理論の体系化が進みつつあるのは銘柄選択と買い物場所選択についての意思決定過程に関する一部であり，その他の知識は，心理学，社会学，経済学といった関連諸分野から借用した諸概念の集合であると言えなくもない。多くの借用概念は，つまるところ，どのような消費者がどのような行動をする傾向が強いのかといった消費者の類型化の研究という性格を強く持っている。それは，なぜそのような行動傾向が強いのかということに関して一貫した説明を与えるものでなくとも，こうした属性を持った消費者にはこうしたマーケティング活動が効果的という示唆を与える点で，予測上の有用性は持っている。例えば，消費者のパーソナリティ，ライフスタイルといった個人的属性概念，あるいは所属する社会階層，準拠集団といった概念はそれらに基づいて，市場を有意味な下位市場に細分化する上で有用な基準となる。小売店頭での販売員が顧客との最初の一言二言の応対のうちにすばやくその顧客の印象を形成し，それに合わせたアプローチをとり，必要ならばその修正を行うといった考え方（Weitz 1978）は，消費者の類型化が消費者の行動の予測に有用であることを示している。その意味で，現在の消費者行動論はできるだけ多くの概念をきめ細かな事例として揃えておいて，具体的問題に即応できる態勢を整えておくという，まさにマーケティングのための道具箱的有用性を持った消費者行動論という色彩を強く持っていることになる。もちろん，消費者行動論のそうした側面は学問

分野としての後進性を意味するものであり,決して望ましい状態ということではない。

　それでは,現状の消費者行動論のうち,寄せ集め的知識部分を捨ててしまって,残るところの消費者の意思決定過程についての体系的な理論構築部分のみを対象としてそれを拡張展開してゆけばよいのであろうか。おそらく,長期的な傾向として消費者行動論はそちらの方向へ進むことになると思われるが,いますぐそうした方向を称揚し,実施に移すことはやはり避けるべきである。消費者行動論が必要を母として誕生した研究分野である以上,消費者行動の予測という必要に応えないわけにはいかないからである。また,天才的研究者によって説明・予測に有用性の高い理論が短時日のうちに構築されるのを期待することはあまりにも非現実的である。寄せ集められた断片的知識片の中にも将来の展開の可能性を持つものが含まれていると考えられる。現状の寄せ集めの中から,見込みのない仮説を捨て,テストに堪えるものを残し,それらの精緻化と関連付けを試み,その適用範囲を広げ,理論体系の中に組み入れるといった作業を無駄なく進め,でき得れば,そこに天才の閃きを加えて,理論的により優れた知識体系としての消費者行動論を構築していくことが,とるべき方向と思われる。

1-3　消費者行動研究の流れ

　前節では今日の消費者行動論の基本的性質と特徴及び問題点を明らかにした。本節では多少歴史的視点をとり,消費者行動研究の中に見られる主だった研究の流れを描写しておくことにしよう。

〈動機調査〉

　第2次大戦後,米国でのマーケティング・マネジメント論の誕生に伴う形で誕生した消費者行動研究はいくつかの流れを辿りながらも,1970年代後半より消費者情報処理理論を本流としながら内容的発展を重ねてきている。そうした

中で，消費者行動研究の嚆矢となるものは消費者の購買動機を探るための手法として注目された動機調査である。精神分析学をベースとしてなされた動機調査は Dichter（1964）の *Handbook of Motivation Research* に報告されているように多くの事例にわたってなされ，その中のあるものはインスタント・コーヒーについての Haire（1950）の研究のように大きな注目を集め，また社会的批判の対象とすらなった（パッカード 1957）。しかし，動機調査はその解釈上の客観性の確保が難しいという問題のため，その後研究は急速に減少する。今日の消費者行動論では，データ収集技法上の示唆を与える存在といった位置付けが適切であろう。わが国での初期の文献としては横田（1974）『深層面接調査法』があげられる。

〈消費者行動の包括的モデル〉

60年代になっての理論志向型の研究が消費者行動の包括的モデルの構築という試みとなって現れる。前節で取り上げた Engel, Kollat and Blackwell（1968）のモデルも一つの包括的モデルであるが，Howard（1963）の購買者行動モデル，そしてそれを展開した形での Howard and Sheth（1969）の購買者行動モデルは，新行動主義と呼ばれるハル（1943）の学習モデルをベースとして購買行動に関わると思われる多くの概念を包含するモデル構築を目指したものであった。

態度研究をベースとした Nicosia（1966）の消費者意思決定過程モデルも同様に包括的なモデル構築を目指し，コンピュータ・マイクロシミュレーションの技法（例；Amstutz 1967）によってその操作化を目論むものであった。その後 Howard-Sheth モデルの連立方程式体系による経験的テストが何人かの研究者によってなされる（Farley, Howard and Ring 1974, Sheth 1974, 阿部 1978, 79）とともに，Howard によって新しい消費者行動研究の流れである消費者情報処理理論を取り入れる形でモデルの修正は続けられる（Howard 1994）が，包括的なモデルは種々のモデルを折衷的に組み合わせたものであるため，そのまま消費者行動の理論構築を図ることは無理であるとの認識が広まり，研究は

下火となる。

〈消費者類型化の研究〉

　消費者行動研究の初期からなされてきた研究で今日でも一つの流れになっているのは，前節ですでに取り上げた消費者の類型化の研究である。研究はマーケティング戦略に直結された形での市場細分化の研究として捉えることも可能である。もし，市場における消費者が人口統計的属性，経済的属性，心理的属性，社会的属性等を基準として，製品・サービスの購買や使用に関して，セグメント内では比較的同質である一方，セグメント間では異質であるようないくつかのセグメントに分割することができるなら，それぞれのセグメントに対応した差別的マーケティングを展開することが可能になるからである（Frank, Massy and Wind (1972), *Market Segmentation*）。その場合，細分化に使われる基準が，心理的な変数であれ，経済的な変数であれ，個人を関心対象とするのではなく，集計された集合としての消費者が関心の対象になっていることが明らかである。

　また，こうした細分化の基準は消費者についての属性でなくとも，関心とする製品・サービスの消費の仕方，購買の仕方，求めるベネフィット等の行動的基準である場合の方が，より直接的にマーケティング戦略への結び付けが可能であるため，消費者行動研究の独自の成果として，消費者行動の予測目的に応えたものとなってきていると言える。ただし，ある類型の消費者が特定の製品を選好すること，あるいは特定の情報源を利用する傾向が強いことがわかること等は，予測目的として極めて高い有用性を持つものであっても，なぜそうなるのかという説明としてはアドホックな説明で終わる場合が多いことに注意しなければならない。その意味で，この消費者の類型化という研究の流れは実用性の面ではともかく，消費者行動の理論構築という側面での貢献は限定されたものであると言うべきである。この分野で最もまとまった研究は消費者のライフスタイルという概念の構築とその測定技法である（村田・井関・川勝編著 1979，飽戸 1985）。

〈計量モデル〉

　消費者行動の予測という研究目的に強い結び付きを持っているもう一つの研究の流れは，消費者行動についての確率論的なブランド推移モデルを嚆矢とする消費者行動の計量モデル構築の流れである。確率論的ブランド推移モデルは心理学における行動主義や新行動主義を背景に持つもので，消費者の内的な心理的過程そのものを主関心対象とせずに消費者の観察可能な行動の変化を統計的に描写するモデル構築を目指すものである。研究は観察される継続的購買行動としてのブランド・ロイヤルティについての研究を出発点としている。米国では Massy, Montgomery and Morrison (1970) による *Stochastic Models of Buying Behavior* が出版され，パネル・データを用いることで消費者のブランド選択行動の予測が可能になることが明らかとなり，大きな知的関心を呼び起こした。また，消費者がどの構造のモデルに従った選択行動をしているかが識別されるならば，消費者行動の理論的な解明にもつながることが期待できるという点で一定範囲の説明目的をも合わせ持つものであった。欧州でも，確率論的なブランド選択モデルは注目され，経験的研究結果が報告されている (Wierenga 1974, Leeflang 1974)[6]。わが国では田村 (1972)『消費者行動分析』が消費者行動を確率論的に扱った最初の書である。そこではブランド選択と合わせて購買頻度・購買数量等のテーマも扱われている。

　その後，この流れの研究は確率論的なブランド推移モデルだけに限定されず，計量モデル一般の構築という形で展開される（大沢 1972，黒田 1982）。阿部 (1978)『消費者行動』は確率論的モデルに加えて70年代初期から多くなされてきた多属性態度モデル，消費者行動の包括的モデルの計量経済モデルとしての特定化とテスト，シミュレーション等を扱ったものである。消費者の選択問題を属性の束としての選択肢間の選択の問題として捉える考えが明確に整理され，合わせて消費者情報処理の考え方がわが国で紹介された点で中西編著 (1984)『消費者行動分析のニュー・フロンティア』は計量モデルだけにとどまらずそれ以降の消費者行動研究の共有財産的書となっている。

　また消費者行動の予測には消費者の知覚と選好に関する計量的な測定が可能

となることが必要であるが，そうした問題を取り扱った片平（1984）による『マーケティング・サイエンス』が同年に出版され，一つの成果となっている。古川・守口・阿部（2003）『マーケティング・サイエンス入門』はそうした研究への好手引書である。計量モデルへの展開はその後，中西編著（1998）『消費者選択行動のニュー・ディレクションズ』として発表されている。

80年代初期から消費者行動研究に導入され，今日でも消費者行動研究の重要なアプローチの一つとなっているものは，消費者行動に関する構成概念の測定に多重指標を用いた共分散構造分析である。初期の研究にはLISRELという計算プログラムが多用されたが，今日では多数のプログラムが用いられている。Bagozzi（1980a）による *Causal Models in Marketing*，そしてわが国では奥田・阿部編著（1987）『マーケティングの理論と測定』が最初の研究書として刊行された。

近年の計量モデル研究として注目すべきは，ベイズ流の推測を用いた研究である（照井（2008）『ベイズモデリングによるマーケティング分析』）。それは，入手できるデータ数が限られている状況で複雑な消費者行動を捉えるための多くのパラメータの推定を可能にする点で広い活用可能性を有している。また，近年の通信情報技術の進展は個別顧客ベースの詳細・膨大なデータの蓄積を可能としているが，こうしたデータを用いての帰納的な性格の消費者行動分析も進められている。そうした研究の方向を示す研究書としては阿部・近藤（2005）『マーケティングの科学』，池尾・井上（2008）『戦略的データマイニング』等があげられる。ただ，確率論的モデルを源流とする消費者行動の計量モデル構築の研究は，米国では *Marketing Science*，日本では『マーケティング・サイエンス』を発表の場として，*Journal of Consumer Research* や『消費者行動研究』とは異なる研究分野としての性質を持つものとなってきている。そこでの主たる関心も，消費者の異質性をどのようにモデルに取り入れるか，あるいは様々なマーケティング活動に対する反応パラメータの推定方法の改善等に置かれている。こうした問題は本書の考察範囲を超えるため，ここでは計量モデルの流れについて，それが消費者行動研究の方法に関連を持つ範囲に限定して

考察に含めることとする。

〈態度モデル〉

　態度は対象や行動に対する全体的な評価であり，行動に対する構えとしての意味を持っている。したがって，消費者の態度を知ることによって消費者の行動を説明し，予測することが可能となる。社会心理学における中心的概念としての態度は消費者行動研究の早い段階から応用され，消費者行動論の中で独自の理論的・経験的研究が積み重ねられてきた。わが国でも購買における合理性と情緒性の2軸に焦点を合わせた佐々木（1988）の『購買態度の構造分析』は独自の成果となっている。

　消費者行動論において多用される態度モデルは製品・サービスを便益としての属性の束ねられたものとして捉える多属性態度（multi-attribute attitude）モデルであり，社会心理学における Fishbein and Ajzen (1974, 80) のモデルをベースとするものが代表的である。多属性態度モデルは全体的評価としての態度を，ウエイト付けられた属性についての信念の束とする点で，理解が容易であるだけでなく，態度の低さが何に原因するのかという診断的有用性を持つ点で優れたものである（小島 1984）。しかし，態度モデルで想定される全体的評価の仕方は消費者が用いる選択肢の評価が極めて丹念になされる場合にのみ当てはまることが明らかにされるにつれて，次に取り上げる消費者情報処理モデルの中に包摂されるようになってくる。

〈消費者情報処理モデル〉

　1970年代になって消費者行動研究に新しいパラダイムあるいはリサーチ・プログラムとも言うべき消費者情報処理理論が登場する。そして，それはその後，今日まで一貫して主流的パラダイムの位置を占めることになる。1972年にシカゴで行われたワークショップに参加した約30名の先端的研究者グループの研究成果は *Buyer/Consumer Information Processing* (Hughes and Ray, eds., 1974) の書名で出版され，学会 Association for Consumer Research の設立とともに

消費者行動研究に新風をもたらすことになる。消費者を限定された処理能力を有した情報処理系として捉え，記憶としての内部情報との相互作用を含めて，情報の取得から，その解釈，情報の統合による意思決定までの過程を一貫した視点から取り上げる情報処理理論は研究の進め方，取り上げられるべき研究課題，研究のまとめ方等についてかつてない地平線を開くことになったからである。そうした中でパラダイムの旗手としての Bettman (1979) による *Information Processing Theory of Consumer Choice* は記念碑的研究書となる。わが国で消費者情報処理理論という流れでまとめられた研究書としては阿部編著 (2001)『消費者行動研究のニュー・フロンティア』，阿部・新倉編著 (2004) 『消費者行動研究の新展開』，清水 (2006)『戦略的消費者行動論』をあげることができる。また，情報処理理論の新しい方向を示すものとしては，新倉 (2005) による『消費者の認知世界』，高橋 (2011) による『カテゴリーの役割と構造』があげられる。そこで取り上げられているカテゴリー化の概念は，購買行動の中で従来比較的に取り上げられることが少ない研究テーマであった製品カテゴリー選択の問題を，ブランド選択の問題と結び付けて取り扱うことを可能とする点で注目できる。須永 (2010) による『消費者の購買意思決定プロセス』は比較的最新の消費者行動研究をまとめたものであるが，消費者情報処理の流れの一つとして位置付けることができる。消費者情報処理理論の流れの中で，消費者の選択方略に焦点を置いた研究が Payne, Bettman and Johonson (1993) によってなされている。また，消費者の情報処理を規定する調整変数 (moderating variable) として注目されている関与についての研究はラークソネン (1994) によって集大成がなされている。消費者知識についての優れたレビュー研究もなされている (Alba and Hutchinson 1987)。

　消費者情報処理理論が長い期間主流的パラダイムの位置を占めているのは，理論自体が革新的な展開を遂げてきたためであると思われる。当初，消費者の問題解決行動的側面が強調され，情報処理の目標そのものは所与とする傾向が見られたが，研究は目標の設定のされ方が情報処理にどう影響するかといった側面に拡げられてくる。また，当初の問題解決行動としての能動的な側面だけ

でなく，受動的になされる情報処理の側面が実際には多いことが認識されるようになり，そうした受動的情報処理の研究が多くなされるようになってきた。さらに，消費者の認知的側面に加えて感情的側面が情報処理や意思決定に影響することへの関心も向けられるようになってきた（上原（2008）『感情マーケティングの理論と戦略』）。

〈行動意思決定論〉

　消費者情報処理理論は消費者による情報の取得から，意思決定に至る情報統合までの一連の情報処理の流れを研究の対象とするものであるが，情報処理そのものよりも消費者の意思決定に焦点を合わせた行動意思決定論（*behavioral decision theory*）と呼ばれる研究が1990年代から展開されてくるようになる。それは心理学での研究を基盤とするもの（竹村（2009）『行動意思決定論』）で，消費者の意思決定を規範的にではなく記述的に捉える研究である。

　この研究が消費者行動研究に大きな影響を持つのは，それまでの消費者行動研究がどちらかと言えば，ある特定の市場提供物（製品，ブランド，サービス），すなわち単一の市場提供物に対する消費者の知覚，態度の形成，評価，情報処理といった視点をとりがちであったのに対して，複数の選択肢の間での選択意思決定を明確に意識して消費者行動が本格的に研究されるようになったことである。そこでの関心は意思決定過程や媒介変数としての態度，消費者の記憶というよりも，選択課題の提示の仕方，消費者の問題の捉え方，選択肢間の構造等が選択にどのように影響するかにあると言える。この流れの研究は心理学だけでなく，その影響を受けた行動経済学（アリエリ（2008）『予想どおりに不合理』，カーネマン（2001）『ファースト＆スロー』，セイラー＆サンスティーン（2008）『実践行動経済学』，多田（2003）『行動経済学入門』，真壁（2010）『基礎から応用までまるわかり：行動経済学入門』）からの影響も受けているが，消費者行動研究者の分野からもSimonson, Dhar等のグループによる研究（*Annual Review of Psychology*, 2001を参照）や消費者情報処理理論の中でも選択ヒューリスティックスを研究課題とするPayne, Bettman and Johnson（1993）の研

究成果は，この流れに含めることが可能である。行動意思決定論と消費者情報処理研究とは相互に関連しつつ展開することが期待される。

　もちろん，こうした一方で，演繹推論に重きを置いた経済学的な研究が全く有用性を持たないというわけではない。Lancaster（1971）モデルをベースとして消費者行動について最も定式化された説明体系の展開をめざしたものは池尾（1991）『消費者行動とマーケティング戦略』である。それでも，消費者行動の状況依存性といった認識は消費者情報処理を標榜する立場にない研究者によってもとられてきている。多属性モデルの限界を超える消費者行動論の必要性を唱える古川（1999）『出会いの「場」の構想力』はそうした潮流を示している。

〈買物行動の研究〉

　現在のところ最も理論的水準が高く，消費者行動の説明とそれに基づく予測という課題に比較的高いレベルで応えることができる消費者行動研究は買物行動についての研究である。それは集計水準を小売商業集積のレベルにおいているため小売吸引力の研究という呼称で呼ばれることもある。中西（1983）『小売吸引力の理論と測定』による小売吸引力の研究は買物場所選択行動と買物出向頻度の問題とをリンクした理論構築とそのデータとの突き合わせを行ったものであり，現在でも消費者行動研究の最高峰の一つである。そして，山中（1977）『小売商圏論』は買物行動の集計としての小売商圏の経験的研究として優れた成果となっている。こうした研究は小売商業施設の出店計画という実用的な目的のために使われてきただけでなく，大型店の地元小売店への影響を予測するという公共政策の目的のためにも実用されてきた（田村（1981）『大型店問題』）。

　消費者の買物場所選択というテーマについて小売吸引モデルの流れではなく，消費者行動モデルをベースとして買物行動の多角的な経験的研究を行ったものとして高橋（2008）『三訂 消費者購買行動』，木住（1995）『小売戦略環境としての消費者行動論』がある。そして同じく消費者の買物行動を多角的に分析し

ながらも，よりデータ主導的に発見的研究をまとめたものは清水（2004）『消費者視点の小売戦略』である。買物行動でも，店舗内の買物行動というミクロな水準に焦点を合わせて，消費者情報処理という視点から行われた研究成果としては田島・青木（1989）『店頭研究と消費者行動分析』，渡辺（2000）『店舗内購買行動とマーケティング適応』がある。

〈マーケティング活動と消費者の反応・消費者満足の研究〉

　マーケティング活動の組み合わせを製品（Product），価格（Price），販売促進（Promotion），場所（Place）とする4P（McCarthy 1960）の考え方からすれば，ブランド選択行動，買い物場所選択行動は，それぞれ製品と場所に対応した消費者行動ということになるが，価格に対する消費者の反応の仕方に的を絞った研究ももちろん展開されている。米国ではMonroeの一連の研究（Sheth ed., *Legends in Marketing : Kent B. Monroe*, Vol. 1-7, 2011）が有名であるが，わが国では，小嶋（1986）『価格の心理』は独自の仮説とその経験的なテストを示した研究を展開している。上田（1999）『マーケティング価格政策』，杉田・上田・守口（2005）『プライシング・サイエンス』は消費者行動の視点をベースとして価格政策を論じたものである。白井（2005）『消費者の価格判断のメカニズム』は消費者の内的参照価格に的を絞った理論的・経験的研究書である。

　販売促進の視点に絡む消費者行動研究は，広告心理というテーマで仁科・田中・丸岡（2007）『広告心理』によって多くの概念やモデルがまとめられている。広告効果の測定を消費者行動研究と結び付けて経験的研究によって知見の積み重ねを行っているものは竹内（2010）『広告コミュニケーション効果』がある。また，相対主義的科学観を背景とした栗木（2003）『レフレクティブ・フロー』もユニークな視点からコミュニケーションを論じている。

　製品開発の問題を主関心事としながらも消費者行動研究との橋渡しになる書としては恩蔵（1997）『製品開発の戦略論理』を挙げることができる。ほぼ，すべてのマーケティング戦略にわたって消費者情報処理理論からの経験的研究を行い，消費者情報処理理論の有用性を確かめた書としては清水（2006）『戦

略的消費者行動論』がある。そして，近年の消費者行動において見られる特徴をデータ分析から浮かび上がらせることを試みた書として田村（2006）『バリュー消費』がある。購買後の消費者行動に関わる現象のうちで大きな関心を集めているのは，いわゆる顧客満足の研究であり，その最も体系的な研究書はOliver（1997）の *Satisfaction* である。わが国ではサービスの品質評価について理論的・経験的な研究書として山本（1999）『サービス・クォリティ』がある。また入門書ではあっても小野（2010）『顧客満足［CS］の知識』は顧客満足研究の全体像をつかむうえで優れた書となっている。

〈消費者革新行動の研究〉

　これまでに市場にない革新的な新製品・新サービスが市場に導入されたときに消費者はどのようにそれを受け入れるのであろうか。革新的新製品の場合，その製品導入に関する情報への露出，既存の製品カテゴリーのどこに近いものとして受け止められるのか，その評価の基準はどのようにして形成されるのか，あるいは画期的な新製品の場合，新製品の購入と貯蓄との間の選択問題として捉えられることになるのかといったことに関して既存製品の場合には含まれない次元の問題が含まれてくる。その研究課題の重要さに比べて，まとまってなされている研究は意外と少ない。革新行動についてもそれを旧製品と新製品の間での選択の問題として概念的整理を試みた秋本（2012）の『イノベーションの消費者行動』が唯一例外的な研究書である。

　消費者革新行動は個人レベルの革新受容過程についての問題と合わせて，市場における新製品の普及現象として，消費者相互作用の解明が必要となる。社会学的な消費者の革新行動についての研究は早くからなされており，Robertson（1971）の研究などがよく知られている。わが国では消費者の相互作用についての経験的研究をまとめた濱岡・里村（2009）『消費者間の相互作用についての基礎研究』が近年の動向を示している。必ずしも革新行動ということではないが，消費者行動を社会学的視点から分析したものとして塩田（1975）『消費の社会学』，奥田による一連の研究『消費行動―その社会学的研究』

(1979),『消費行動パラダイムの新展開』(1984) も成果としてあげられる。

〈消費者行動の解釈的研究〉

　前節で取り上げたように相対主義的科学観を背景に持ちつつ，消費者行動の説明・予測というよりは意味の解釈を主目的とした解釈的研究が1980年代からなされるようになり，一定の研究勢力となっている。わが国では，記号論の視点から消費者行動を論じた星野編著 (1993)『文化と記号のマーケティング』を始めとして，解釈的視点からそれまでの諸研究を体系的に整理した武井 (1997)『解釈的マーケティング研究』等はマーケティングという用語ではあっても，マネジメントというより消費者行動を内容としたものである。堀内 (2001)『「快楽消費」の追及』，(2004)『〈快楽消費〉する社会』，木村 (2001)『構築主義の消費論』も消費者行動の質的な研究事例となっている。松井 (2013)『ことばとマーケティング』は社会現象としての「癒し」ブームを取り上げる中で消費者行動に関わるマーケティングの役割の大きさを論じたものである。

　ここで注意すべきことの一つは，こうした消費者行動研究の現状とは以上に取り上げた単行本としてのテキストや研究書に数年先行する形で論文として，*Journal of Consumer Research*, *Journal of Consumer Psychology*,『消費者行動研究』等の学術誌に発表されているということである。ただし，研究書は取り上げるテーマについての諸研究をできるだけ体系化した形でまとめられるから，その内容を追跡することで消費者行動研究の大まかな流れをつかみやすいというメリットがある。以上の主たる研究のレビューで，わが国における消費者行動の研究書が比較的多いのは，査読形式の学術誌に発表される論文数が少ないことに反比例して，単行本形式での研究成果の発表が多いためである。研究書が多い分，個々のテーマに関しての先端性では見劣りがしても，体系的にテーマを捉える点ではわが国の消費者行動研究は優れた点があるとも考えられる。

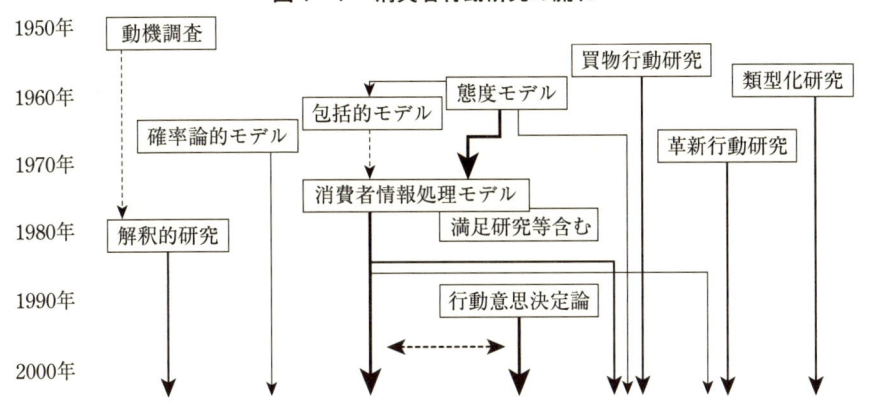

図1-1　消費者行動研究の流れ

```
1950年   動機調査
1960年              包括的モデル   態度モデル   買物行動研究   類型化研究
         確率論的モデル
1970年              消費者情報処理モデル          革新行動研究
1980年   解釈的研究          満足研究等含む
1990年                       行動意思決定論
2000年
```

　論文で発表される消費者行動研究についての傾向は数年毎になされる *Annual Review of Psychology* 誌上での主要論文のレビューが一つの手がかりになると思われる。レビューは1982年から8回（Kassarjian 1982, Bettman 1986, Cohen 1990, Tybout and Artz 1994, Jacoby, Johar and Morrin 1998, Simonson, Carmon, Dhar, Drolet and Nowlis 2001, Loken 2006, Ariely and Norton 2009）なされているが，取り上げられている項目は2009年のConceptual Consumption をテーマとしたもの以外はかなり類似したものとなっている。それは，わが国での研究書を中心に眺めた研究の流れと同様のものであるとも言える。ただし，そのことはこの30年間で研究の進展が見られなかったということではない。消費者行動研究のキーワードとなる概念の変化以上に，それぞれの概念についての研究は大きな内容的な進化を見せているからである（新倉 2011）。そのことは，類型化研究，革新行動研究，解釈的研究等が一定の勢力として存在するものの，消費者行動論における中心的パラダイムが1980年以降，消費者情報処理理論となっていることを反映していると言える。研究の流れは図1-1のように示すことができる。

（1）論者によっては予測（prediction）という語を前者だけに限定して用い，後者には予

（forecast）といった用語で使い分ける場合もある。例えば，ラドナー（1966）『社会科学の哲学』。
（2）例えば，次の説明は完全に演繹的—法則的モデルの要件を満たしているが，説明としてはおかしいことが明白である。〈説明項〉：不妊のピルを服用することで妊娠を避けることができる（一般法則）。太郎は不妊ピルを定期的に服用している（条件）。⇒〈被説明項〉：したがって，太郎は妊娠しない。太郎が男性であることが本当の説明になるべきであるからである（森田 2010）。別の形の説明モデルとしては，より一般的な理論へと還元することが科学的説明であるとするものもある（森田 2010）。ただ，消費者行動論はその理論体系が未構築であることからして，一般的理論への還元あるいは統一をもって説明とするといった考え方にはなじまない。消費者行動論ではある現象についてそれを引き起こす原因となる事柄との因果関係を見出すことで説明とする考え方が最も妥当であると考えられる。
（3）因果関係について，科学哲学の中で明快な結論が出ているわけではない。論理経験主義は因果関係の実在を否定する立場に立っており，説明とは原因を示すことだとする考え方は，因果関係の実在を認める科学的実在論の立場を選択していることになる。
（4）現在のところ，理論的に優れているとともに予測目的でも高い実用性を備えている消費者行動理論は消費者の買い物場所選択行動に関する理論である。例えば，中西正雄（1983）『小売吸引力の理論と測定』，山中均之（1977）『小売商圏論』などがあげられる。
（5）版を重ねる過程で著者の変更が含まれる。第10版では Blackwell, Miniard and Engel（2005）となっている。
（6）実際には，モデルの適合度の小さな差異が見られる程度であって，そうしたモデル比較は必ずしも成功しなかった。

第2章　消費者行動研究と科学哲学的方法論

2-1　三つのレベルの方法論

2-1-1　本書の基本的視点

　本章では消費者行動論にとって科学哲学の持つ意味について考察を行う。ここで消費者行動論と科学哲学との関係を捉えるにあたって二つの基本的視点が大切であると考えられる。

　その一つは，本書は消費者行動研究の方法論的問題を，科学哲学のレベル，消費者行動論における理論とテストのレベル，そして具体的な経験的研究における分析技法のレベルという三つのレベルを考える堀越（2005）の考え方に依拠している点である[1]。その意味で本書の構成も三つのレベルの方法論を反映したものとなっている。

　二つ目の視点は，三つのレベルの関係について，相互作用的な関係を考えながらも，消費者行動論の理論とテストという第二のレベルを基軸として第一レベルの科学哲学，そして第三レベルの分析技法との関係を論じている点である。この点は，三つのレベルの関係について相互連関という用語を使いながらも基本的には上位の方法論が下位の方法論を規定するという一方向的な関係がにじみ出ている堀越のモデル（堀越 2005，162，164頁）と異なっている。もちろん上位の方法論が下位の方法論を規定するという側面は大きいと思われるし，その関係を無視するわけにはいかない。

　しかし，方法論的考察とは上位レベルの科学哲学的方法論で最も厳密と考えられる立場を選択・採用すれば，それに導かれる形でその分野の理論構築にとっての最も効果的・効率的進め方が明確となるというものではない。むしろ規定関係としては逆方向のものが大きいことを見逃してはならない。場合によっ

ては個別領域における研究の進展が上位の科学哲学上の新たな展開を迫るということが科学史の中で見られることは少なくないのである(2)。消費者行動研究がそれほどのインパクトのある理論を構築しているわけではなくとも，消費者行動という研究領域に特有の問題や背景，そしてそれをどのように理論構築していくかということは消費者行動研究者が最も関心を持っている事柄であり，最も精通していることを忘れてはならない。消費者行動研究者は科学哲学からの指示を仰いで，そのもとで研究を進めているわけではない。消費者行動研究者の抱える問題意識や研究視座に立って，科学哲学的なレベルから，データ収集・分析手法レベルまでの方法論的な問題を整理して眺め直すことこそが本書の課題なのである。

　上位の方法論である科学哲学のレベルを出発点としないもう一つの理由は，現代の科学哲学の分野においては様々な立場からの議論が展開されており，いずれかの立場の一方的な優位性を主張することは無理があると思われることである。科学哲学のどの流れを採択すべきかの決定は，論理的判断だけで行うことはできず，どうしても価値判断を伴うのである。そして，その価値判断には，形而上学的な上からの影響だけでなく，研究者が関心対象としている現象，抱えている問題意識といった下からの影響も含まれてくる。本書はすでに明らかにしているように個別の研究領域としての消費者行動論における理論構築という問題意識を出発点としている。消費者行動論の知識体系の構築という視点から，科学哲学から我々が学べるものは何かというスタンスを離れての哲学的議論は生産的なものになるとは考えられないのである。換言すれば，消費者行動論になじみやすい，あるいは最も指針となるのは科学哲学のどの流れなのかというスタンスであり，固有の理論構築のレベルを基軸にして科学哲学のレベルを眺める立場である。

　しかし，本書が科学哲学を出発点としないということは，本書がいかなる科学哲学の立場にも立たないということを意味するものではない。われわれが今日の消費者行動論という特定領域の理論構築の方法論という問題視点を持つかぎり，依拠すべき科学哲学の流れは自ずと絞られてくる。

2-1-2 広義の科学哲学的立場

　まず本書の最も広い範囲での原則的立場は批判的多元主義（critical pluralism）ということになる。広い範囲でというのは，消費者行動研究学界という研究者集団において方法論に関してとられるべき基本的姿勢という意味である。学界において批判的多元主義がとられることは，個々の研究者が様々な方法論的立場をとることを容認すべしとするもので，多様な方法論を主張する研究者が存在することにより，絶えず複眼的な視点が維持され，全体としてより健全な研究の展開が期待されるとするものである（Hunt 1991b）。それは消費者行動にはいろいろな側面があり，特定の文脈においてあてはまる方法があるとする点で文脈主義（contextualism；Tebes 2005）と呼ばれる立場に通じているとも言える。それでも本書では無原則，無批判に様々な立場の存在を容認するというものではない。どの科学哲学の立場を採用するかによって帰結する研究上の問題及び成果の長短について批判的な議論がなされることが大切なのである。

　科学的知識体系とは本来統一的な体系であることが望まれる性質を持っている（ラドナー 1966, 14-26頁）。それは一見無関連に見える様々な現象について論理的に一貫した説明をすることのできる知識の構築である。個々バラバラな知識の寄せ集めでは消費者行動についての体系的な知識とは言えず，理論的水準は低いままにとどまることになる。その意味で，本書はありとあらゆる理論が併存してモザイク的に消費者行動論が構成されることを無原則に，あるいは積極的に肯定するような形の文脈主義の考え方には批判的である。どんなものでも無原則にあり得るとすることは，それらの各々についての妥当性を確かめることを放棄することに帰結することになる。文脈に応じた方法を認めるということは，そのマイナスの効果を打ち消すだけの方法論間における批判的議論と，文脈の整理・統合という逆向きの作業を伴うときにのみ，より内容豊かな知識体系の構築に繋がるのである。その意味で本書の立場は文脈主義というよりは，異なる立場を容認しつつも，同時に批判的でなければならないとする批判的多元主義と呼ばれるべきものであることになる[3]。

　こうした視点から消費者行動論の現状を眺めるとき，それはまさに無原則な

文脈主義の唱えるところのバラバラな知識の寄せ集めといった状況に近いと言わねばならない。もちろん、そこには次々と新しい理論が構築されるといったプラス面がないわけではないが、理論相互間の整合的関係、あるいは無矛盾性を追求するという空気が比較的に希薄なのである。理論間の懸隔を埋め、整理する作業を伴わないかぎり、何が確かな知識であり、何がそうでないのか結局はわからないのである。その意味で、消費者行動論において研究の拡散的状況を容認することは、理論的水準の低い状況を是としてしまうことになる。それは理論とは現象を記述するための単なる道具にすぎない、とする道具主義的な立場をとれば問題にならないことであっても、消費者行動の説明を主目的とする知識体系の構築という目的にとっては決して好ましいことではないのである。

2-1-3　狭義の科学哲学的立場

　本書の依拠する狭義の科学哲学の立場は、現代の代表的な科学哲学の一つである科学的実在論（科学的実在主義；scientific realism）である（小林 1996, 戸田山 2005, 西脇 2004, Boyd 1990, 2011, McMullin 1984）。第1章で取り上げたように、消費者行動研究の主たる目的が消費者行動を客観的に説明し、予測することであり、そして今日の最も代表的な研究の流れが消費者情報処理理論であることを踏まえるとき、最も強い関連を有してくる方法論は科学的実在論になると考えられるからである。なぜ科学的実在論の流れになるのかは、少し遠回りになるが20世紀半ばからのオーソドックスな科学哲学の流れ（論理経験主義、反証主義）に向けられた懐疑主義的立場からの批判についての考察を進める中で明らかにしていくことにしたい。

　それでも、本書で採用しない立場のうちの代表的なものは、ここでその理由を簡単に触れることができる。本書が伝統的な科学哲学としての論理経験（実証）主義（logical empiricism (positivism)）をとらないのは、それが消費者の情報処理のような認知的過程を扱うのに適した科学観を提供しないからである。論理経験主義は研究者が直接観察できないところの心的過程を実在するものとして認めない立場に立っている。それは、研究者が観察測定できる変数間の関

係としての理論構築をめざすものであって，行動修正モデルのような一部のそして今日ではもはや主流ではないパラダイムにのみ適合するものである。

　反証主義（falsificationism）は理論の経験的テストに対する謙虚な姿勢を強調する点で消費者行動研究にとっても大きな示唆を持つものであるが，帰納の論理を一貫して排除するものであるため，帰納的推論としての性質を持つ予測に向かないという点で，予測を研究の主目的の一つとする消費者行動論にはなじまないという問題を抱えている。

　消費者行動の法則定立的な研究以外の立場を擁護するものとして相対主義的科学観がある。相対主義（relativism）にも様々な流れがあって（石井 1993, 上沼 2003, Hunt 1990, O'Shaughnessy 1992），それを一括りにすることには問題があるが，科学的知識の客観性や科学以外の知識に対する優位性を疑問視する立場である。消費者行動論において，いわば批判勢力としてその存在意義は否定できない（Calder, Philips and Tybout 1987, Holbrook and O'Shaughnessy 1988）ものの，それは客観的な知識体系の構築という科学的営みにニヒルな懐疑的なものであるがゆえに，学界の主流的立場とはなり得ないと考えられる。

　また，消費者行動の予測を重視するという点で消費者行動研究に非常になじみやすい側面を持っている科学哲学的立場に道具主義（instrumentalism；マッハ 1918）がある。道具主義は理論について測定指標間の関係を結び付ける経済的な道具としての役割のみ認めるものであって，理論を構成する概念や概念間の因果的法則の実在つまり直接観察できない世界に関しては，それを知ることができないとする不可知論の立場に立っている。それは観察される現象の一貫性のある記述と予測のみを科学のなすべき仕事とするものであるため，どちらかと言えば数学モデルという形式をとることが多い。しかし，道具主義的科学観に立つかぎり，理論あるいはモデルはつまるところ虚構でしかありえず（チャルマーズ 1982），なぜ消費者が特定の選択肢を選ぶのかといった心のメカニズムについて何かを述べるということを基本的には放棄した立場であることに注意しなければならない。道具主義は，ある領域にかぎって観察されない特定の現象が，何故理論的に禁止されるのかといったことについては何も語るこ

とができないし，逆に未見の特定の現象を予測することもできないのである（小林 1996）。消費者行動の説明を研究の主目的の一つとして取り上げる本書にとって，道具主義は依拠すべき方法論にはならない。

　本書は三つの方法論レベルのうち第二の「理論とテストのレベル」と第三の「分析技法のレベル」との相互関係については上位の理論とテストのレベルが下位の分析技法レベルを規定することを強調するものである。消費者行動論にかぎらず，データとの突き合わせが重視される経験科学においては新しい優れた分析技法が研究の推進力となって，その分野の研究をリードするという現象はあり得るであろう。その意味で分析技法のレベルの方法論が上位の理論とテストのレベルの方法論に影響を与えることは否定できないし，また排除すべき事柄でもない。しかし「はじめに分析方法ありき」の研究姿勢が新しい分析技法に習熟した研究者の研究成果を上げる点では効果はあっても，学界レベルあるいは個人研究者レベルにおいてそれが定着してしまうことは決して望ましいことではない。それは研究のつまみ食い的現象をもたらすものでしかなく，結局のところ道具主義的科学観の広まりに帰結することになる。

　消費者行動の知識体系の構築は個々のより優れた理論の構築とともに，それらの理論間の関連付けと体系化でなければならない。既存の理論が抱える問題の克服は新しい理論に繋がる研究仮説の構築とその厳密なテストを通してなされるものであり，その厳密なテストに新しい分析技法が貢献する範囲においてのみ，その分析技法は有用性を持つのである。もし，新しい分析技法のほうに合わせる形で，理論あるいはそこから導出されるはずの研究仮説が枠付けされるなら，それは本末転倒ということになる。本書では研究仮説と統計的仮説検定の関係の問題を取り上げるが，そこでは分析技法のレベルにおける論理が，研究仮説の捉え方にまで誤って押し広げられている今日の状況の問題性を明らかにし，理論を出発点とする経験的研究の一連の流れが遵守されることの重要さを論じるものである。

2-2 初期の消費者行動研究と科学哲学的基盤

　相対主義的科学哲学を背景とした解釈的研究の登場する以前の消費者行動研究は，そのほとんど（動機調査の流れを除いて）が法則定立的な広い意味での実証的研究として進められてきたと言っても過言ではない。そして，その背景をなしていた科学哲学の流れとしては，論理実証主義（logical positivism），あるいはその展開としての論理経験主義（logical empiricism），そして批判的合理主義（critical rationalism）とも呼ばれる反証主義（falsificationism）があげられる。本書ではこうした広い意味での法則定立的研究の流れを広い意味での相対主義（relativism）と対比する意味で伝統的科学哲学の立場と呼ぶことにする。

　科学哲学の最初の運動は1920年代後半に始まった論理実証主義であるとされるが，それはやがて論理経験主義へと展開する。論理実証主義，そして論理経験主義の考え方を最も色濃く反映した消費者行動研究は，第1章で取り上げた消費者行動の計量モデルの初期の研究における銘柄推移モデルである。それは消費者行動のうち刺激としての広告への接触回数，反応としての当該銘柄の選択確率といった，研究者が直接観察できる変数だけを対象としてモデルを構築するものである。そこでは消費者がその広告をどう受け止めたかとか，広告のどの部分に共感を覚えたかといった消費者の心の中で生じているかもしれないことは，直接観察できない事柄として研究対象から除外される。その最も典型的なものは消費者をいわゆるブラック・ボックスと考えるもので，基礎関連分野としての行動主義心理学を背景に持っており，刺激―反応パラダイムと呼ばれる。もう一つは新行動主義心理学の流れであり，刺激と反応の間に生体（有機体）を考えるもので，刺激―生体―反応パラダイムと呼ばれる。生体の中身としては動機，習慣形成の強度等の変数が取り上げられるが，動機と言っても消費者の心の中の動きではなく，食事からの経過時間のように，あくまで研究者が直接観察することのできる変数だけを考えるものである。両者はまとめて

行動修正（behavior modification）パラダイムと呼ばれることもある。

　行動修正パラダイムが論理実証主義あるいは論理経験主義と結び付いているのは，それが研究者にとって直接観察可能な変数だけをもって理論構築を企てている点である。動機や習慣形成の強度のような概念が使われる場合でも，それらは食事からの経過時間，過去における当該行動の試行回数といった観察可能な変数に1対1で対応付けられていなければならないとする。それは直接観察できる変数だけに限定することで研究の客観性を確立しようとする運動（Watson 1913）を反映している。論理実証主義も論理経験主義も理論はテストされることによって真であると確証することもできるし，偽であると反証することもできるとの考え方に立っているが，理論から演繹的に導出される予測的言明としての研究仮説が，観察データとの突き合わせで確証されることをもって理論が完全に確証される，とする強い検証（verification）を考えるのが論理実証主義である。しかし，理論を1回のテストで真であると検証することは無理であることが明らかになるとともに，論理実証主義は数多くのテストにおける確証の結果をもって理論は徐々に確証されるとする論理経験主義へと移ることになる（Carnap 1936）[(4)]。

　マーケティング研究者の中で自らを論理経験主義者であると明言しているのは，初期のHuntである（Hunt 1983）。行動修正パラダイムに属する研究以外でも，観察可能な概念だけを用いてモデルを構築し，それを重回帰分析のような方法を使って支持的結果を得た研究論文のまとめのところで，異なるサンプルや異なる条件下でさらに支持的結果が得られるならば，その理論あるいはモデルの妥当性を高めることができるという書き方をしている場合，それは暗黙裡に論理経験主義を基盤にしていると考えることができる。

　それに対して，理論は確証することはできず，偽であると反証できるだけであるとする反証主義の考えがある（ポパー 1959）。反証主義は科学的知識とそれ以外の知識との境界線は，それが偽であると反証できるか否かであるとする。即ち科学的知識は反証可能性を有していなければならないのである。理論の確証が困難であるとするのは，過去のテストにおける多数回の確証的結果をもっ

て理論が真であると結論付けることは帰納的結論であるが，帰納の論理は将来のテストにおける反証を論理的に除外できないという問題を抱えているからである。「カラスは黒い。」という言明は，それが10万羽の黒いカラスを観察した結果帰納的に得た言明であっても，1羽の黒くないカラスの発見によって偽となってしまう。そして，理論は反証が容易であるほど優れた理論であることになる。例えば，「向こう10年間のうちに東アジアで日食が観測されるであろう。」という予測的言明を導く理論Aは反証しにくいが，「来月1日午後2時34分56秒から東京都で日食が観測され始めるであろう。」という予測的言明を導く理論Bは，数秒の違いでも反証されるため反証可能性がはるかに高く，より優れた理論ということになる。

　反証主義の考え方によると理論がテストで支持された場合でも，それによって理論の妥当性が高められたと解釈するべきではない。そのあるべき解釈は暫定的に支持（験証：corroboration）されたのであって，将来より厳密なテストによって反証されるかもしれないと受け止めるべきであるという。反証主義者によると，理論の確証を考える論理経験主義に対して反証主義が優れているとされる点は，それが帰納の問題をより完全な形で含まないことに加えて，経験的テストであるデータとの突き合せにあたって，より謙虚な立場になるためとされる。論理経験主義の考えに立てば研究者が自説の確証を目的にすることは是とされるから，テストで支持的でない結果を得た場合でも，観察測定の問題のせいにするといった言い逃れになりがちである。また，様々な権威を自説の正当化のために使うことにもなりやすい。それに対して反証主義の場合には理論の提案者が反証を前提として新しい理論の提案を行うのであり，その提案者が自説の反証を行わない場合には，他の研究者がその反証を代わりに行うことになるからである。

　マーケティング研究者あるいは消費者行動研究者で反証主義を方法論的立場として表明しているケースは，それほど多くはない。わが国では，慶應グループを構成した堀田（1991），樫原（1986），堀越（2005），塚田（1991）等であり，米国では古くはAlderson（1965）[5]，Calder, Philips, and Tybout（1981, 82,

83）等である．それでも，その影響力は決して小さくなく，反証主義的見解の表明が非公式になされることは少なくない．

2-3 相対主義的科学観からの批判

　消費者行動論を包摂した形で，マーケティング論において科学哲学の方法論を踏まえた方法論議がなされた最初はHuntによる *Marketing Theory* (1976)（阿部訳（1979）『マーケティング理論』）である．それ以降，マーケティング研究者による科学的方法論への関心は高まりを見せ，80年代に入って米国では学会の場で方法論論争が行われる（*Journal of Marketing* 1983年特集号，荒川（1986），上沼（1991, 2003），川又（2009））．またわが国でも同様な論争が行われた（「消費者行動研究」1993）．こうした論争は，本家とも言うべき科学哲学の分野では60年代から行われてきたものであるが，伝統的な科学観に対する相対主義的な科学観からの批判と，それに対する反論という形をとったものであった．論争の経緯を取り上げることは本書の目的を超えるものになってしまうため，科学哲学の教科書に譲るとして，ここでは論争の鍵になった概念を取り上げ，その基礎的考察を行っておくことにしたい．それは，科学哲学の今日の主たる論争が60年代，70年代とは異なって，科学的実在論と反実在論との論争へと論点が変わってきていると言われる（内井 1995，戸田山 2005）が，それでも相対主義的科学観から，論理経験主義そして反証主義に向けられた批判点のいくつかは，しっかりと踏まえておくことが必要と思われるからである．ここではそれらのうち，観察の理論負荷性，決定不全性，通約不可能性の問題を取り上げる．

2-3-1　観察の理論負荷性

　一般に科学的探究は客観的性質を持つものと考えられている．科学的知識がそれ以外の知識と異なるのは，科学的知識はデータとの突き合わせによってテストされる点である．そして，そのテストはでき得るかぎり厳密な形でなされ

ることが期待される。一般に理論とは関心とする現象の説明と予測を目的として，組み合わされた法則的言明（law-like statements：基本仮説とも呼ばれる）の集合であると考えられている（Hunt 1976, p. 104, ラドナー 1966, 10頁）。そして，理論は経験的（empirically）にテストされなければならないが，それは直接にデータと突き合わされるのではなく，理論から演繹的に予測的言明としての研究仮説を導出し，その研究仮説をデータに突き合わせ，研究仮説の確証あるいは反証をもって，間接的に理論の支持的結果あるいは不支持的結果としてテストされるのである。そこでは研究仮説の導出，そしてデータの観察・測定が厳密に行われるべきことは言うまでもないが，突き合わされるデータが理論と独立であることも暗黙に前提されている。もし，データの観察・測定が何らかの形でテストしようとする理論に依存しているところがある場合には，データの独立性に疑問が生じることになる。観察の理論負荷性（theory ladenness；ハンソン 1958）と呼ばれるこの問題は，相対主義者が伝統的科学哲学に向ける批判点として用いられることになる。つまり，研究者が厳密なテストを行ったと主張していても，そこには無意識的な色眼鏡で世界を見ているにすぎない場合があるのだということである。アヒルとウサギの両方に見える絵を見た人が，その絵をアヒルの絵と知覚すればアヒルが見えるし，ウサギと知覚すればウサギが見えるという知覚の心理学の現象が例としてあげられたりする（伊勢田 2003, 77頁）。また医者が病理に関する理論を頭に抱きながらレントゲン写真を見ている場合などが指摘される。

　しかし，ここで注意すべきは観察の理論負荷性という問題の存在を認識することは大事であるが，それを過度に当てはめることの問題性である（伊勢田 2003）。理論負荷性といっても，研究者がいつでも見たいものが見える，つまり理論支持的結果が得られるということになると過激な極論になってしまう。観察の理論負荷性ということで，合理的な科学観が全て崩れてしまうという極端な議論は避けるべきである。むしろ注意すべきは，一連の観察・測定の作業の中に理論負荷的な問題が紛れ込んでしまっているのに気付かないという状況であると思われる。

今日の消費者行動研究にとって，この観察の理論負荷性の問題にある程度の注意を払うことが必要なのは，消費者行動に関わる因子あるいは構成概念を措定しているときの測定妥当性の考え方であると思われる。消費者行動に関わる構成概念の多くは直接的に観察することのできない潜在変数である場合が多い。一般に，いくつかの指標が用いられて，そうした構成概念が測定されるのであるが，はたして測定しようとした構成概念をそれらの指標でどこまで測定できていると言えるのかというのが，構成概念の測定妥当性の問題である。その場合測定の対象となっている構成概念，つまり理論は妥当であるという前提がどうしても必要となる。同一の構成概念を測定している複数の指標の間には，しかるべき相関が見られるべきであるとする収束的妥当性の考え方，構成概念間の法則的関係が測定結果にも現れるべきであるとする法則的妥当性の考え方，そして，異なる構成概念間には測定結果についてもしかるべき差異が見出されるべきであるとする弁別的妥当性の考え方等（阿部 1987）は，ひとまず理論が正しいという前提に立っての測定の妥当性の確認である，ということに注意しなければならない。そして，こうした構成概念妥当性の確認をパスした場合にだけ，研究の主たる関心事である構成概念間の構造方程式のテストに移るとすると，結果として理論支持的なふるいにかかったデータを使って理論をテストしていることになる。特に測定における法則的妥当性の検討はそれが文字通りの必要条件とされる場合，後で確かめるべきことを前の段階で条件としてしまうことになってしまう。そこにはアヒルとウサギの知覚というものとは一味違った形であっても，観察・測定に理論の影響が紛れ込んでくる可能性がある。

あるいは，被験者を用いての実験室での測定にあたっての一般的な注意点として，いわゆる要求効果（demand effect, demand characteristic ; Orne 1962）がある。それは，被験者が実験状況に反応する形で回答を行う場合に，意識的・無意識的に実験者が設定した枠組に沿うような回答をしてしまうことである。消費者行動論の中での二つのパラダイムとしての行動修正パラダイムと情報処理パラダイムにまたがる対比実験を行った Gorn (1982) の研究は有名であるが，そこで得られた結果の再現可能性を巡る論争（Kellaris and Cox 1989）に

おいて，この要求効果があまりにもきれいな結果の原因として取り上げられている。いずれにせよ，この要求効果は消費者行動研究者が望むところのデータを入手しやすくしてしまう点で，データの理論負荷性に繋がる問題であるということができよう。

　しかしながら，構成概念妥当性にせよ，要求効果にせよ，データの理論負荷性の問題を強調しすぎることは適切ではないと思われる。消費者行動研究者はいつでもテストする理論を支持する結果を思いのままに得られるわけではない。構成概念妥当性の検討においても，研究の流れとしては測定の妥当性を確かめてから，理論仮説の経験的妥当性の検討に進むという流れになるが，その場合に法則的妥当性の確認は理論仮説のテストの段階に入って初めて追加的になされるのが普通である。一般には，複数の測定指標を用いての探索的因子分析あるいは確認的因子分析によって，測定の妥当性についての一応の検討を済ませてから，構成概念間の構造パラメータの推定に進むことになるからである。そこで有意な構造パラメータが得られない場合に，測定モデルに戻って測定指標の組替え等を行って有意なパスを探すという作業がなされるならば，それは法則的妥当性の成立する測定モデルを探していることになる。

　しかし，こうした試みは常に成功するわけではない。構造パラメータが統計的に有意となる場合に，測定のその他の妥当性が失われるという可能性がある。あるいは探索的因子分析と確認的因子分析が相当程度に測定がしっかりしていることを示しているにもかかわらず，構成概念間の有意な関係は見出されないという場合，それは研究仮説が支持されていない証拠として受けとめられるのが普通である。法則的妥当性とその他の測定妥当性の検討がともにパスする場合にのみ，法則的妥当性は構成概念の測定妥当性を高めるものと受け止められるべきである。つまり，理論支持的な歪みを持った測定結果を得て，それをもとに理論仮説のテストに臨むということがまかり通っているということではないのである。

　また，要求効果についても，注意深い研究者ならばそれが紛れ込む実験状況を避けることは可能である。またそうした注意の払われていない研究論文は，

研究発表の場において、あるいは学術雑誌に掲載されるまでの査読の過程で厳しい指摘を受ける可能性は少なくない。被験者が考えていること、感じたことをそのまま言葉として回答してもらうプロトコル・データを用いての分析の場合でも、データのコード化にあたって、分析者とは独立の複数の判定者（研究仮説を知らない）によってなされるという手続きが推奨されているが、それもデータの理論からの独立性を確保する手続きに他ならない。したがって、データの理論負荷性ということを文字通りに受けとめて、頭から実証的研究の価値を否定するような方法論議は消費者行動研究の実態を見ていないということになろう。

2-3-2 決定不全性と反証可能性

　理論をデータと直接に対峙させてテストすることはできない。理論は一般に法則的言明あるいは数式の体系としての形をとっているため、それを直接データと突き合せすることはできないからである。理論のテストは諸条件のもとに理論を構成する法則的言明から予測的言明としての研究仮説を演繹的に導出し、その予測通りのデータが得られるかを確かめることによって間接的になされる。例えば、ニュートンの理論を用いて、太陽、地球、月の軌道計算を行うことによって、現在の太陽、地球、月の位置関係を諸条件として前提すれば、明日12時34分56秒から東京都で日食が観測されるであろうという研究仮説としての予測的言明が導かれる。そして、その予測と観察データを照らし合わせることによって、理論がテストされることになる。ここでの予測的言明としての研究仮説は時間、空間、対象について具体性を持った特称言明であるため、これを確証すること、あるいは反証することは比較的容易である。そして、この場合、研究仮説の反証をもって理論も反証されるとする考え方はドグマ的反証主義と呼ばれる（ラカトシュ 1970）。

　しかし、観察データをもって、そのまま理論を確証ないし反証することは容易ではないことが明らかとなってきた。研究仮説の確証・反証は、せいぜいのところ理論の支持的結果・非支持的結果としての意味を持っているにすぎない

のである。それは，研究仮説の確証・反証が理論を構成する法則的言明としての基本仮説の真偽だけでなく，諸条件の妥当性にも依存しているからである。予測が当てはまらなかったのは理論に問題があるのではなく，前提としての太陽，地球，月の現在の位置関係の把握という諸条件のいずれかに問題があったためかもしれない。そして，こうした問題は理論がその核となる基本仮説だけでなく，ある範囲の状況を捉えた補助仮説といった複雑な構造を合わせ持つにつれて，そして諸条件の把握が難しくなるとともに，その困難性を増していくことになる。科学史においても天王星の軌道計算が合わないことが，直ちにニュートン理論の反証となったのではなく，未知の惑星であった海王星の存在の予測と発見に繋がったという事例がある（アシモフ 1989，伊勢田 2003）。その場合，天王星以遠の未発見の惑星は太陽系にはないという補助仮説のもとでは，ニュートン理論の反証となってしまうわけで，後知恵的に基本仮説と観測結果のつじつま合わせがなされた結果，海王星が逆算的に発見されたことになる。ただし，研究仮説の反証に対して，補助仮説の変更や諸条件の変更が常に成功するわけではない。同じように水星の軌道計算のずれの問題は未発見の惑星ヴァルカンの存在を予想させ，その探索が行われたが，失敗に終わる。後に相対性理論によって太陽の質量が大きいことによる光のゆがみであることが解明され，ニュートン理論の反証事例となっているからである（アシモフ 1989）。

　このようにデータの観察結果をもって理論の明確なテストが難しい問題は決定不全性（過少決定；underdetermination）の問題と言われる。そして改めて指摘するまでもなく，決定不全性は伝統的科学哲学を代表する反証主義に対しての相対主義陣営からの批判点となるものであった。例えば，先述の海王星の発見といったことは，ドグマ的な反証主義者が唱える決定的な経験的テストということが実際には困難な場合があることを示しているからである。理論がデータによって支持されないことは，見逃されている諸条件の変化によるものかもしれないし，補助仮説を組み替えることでつじつまが合うかもしれないとなると，肝心の理論の核となる基本仮説を反証されたとして直ちに捨て去るべきでないことになる。

そしてこのように，そもそも理論を構成する基本仮説の部分が，一回の経験的テストによって，反証という結論を出せない形で構成されているとする考え方に立って，経験的テストからの反証を考える立場は方法論的反証主義と呼ばれる。それは，経験的テスト以外に，研究者グループによって合意された何らかの反証の規準を持ち込むことであり，素朴な方法論的反証主義とも呼ばれる（ラカトシュ 1970, Lakatos 1978）。ここで，合意された反証の規準を用いることは，規約主義（約束主義：conventionalism）と呼ばれる考え方を導入したものであるから，それは規約主義を反証の中に含める考え方であるとも言われる（O'Shaughnessy 1992, p. 327）。

例えば，理論が当てはまらない場合に，補助仮説を変更することはすべて言い逃れ的行動として非難されるべきではなく，それが新しい予測を可能とするような場合には，科学的知識に進歩をもたらす可能性のある変更として認められるべきだと考えるのである。それに対して，経験的テストで支持されなかった理論を単に延命させるためだけの，新しい研究仮説を産むことのない，つじつま合わせだけがなされる場合には，それは退行的変更でしかなく，その理論は「反証された」ものとして捨てられるべきことになる。

この考え方はドグマ的な反証主義に比べるなら，はるかに科学研究の実際の状況を反映したものとなっている。変則事例と呼ばれる反証的な観察事例を全く持たない理論はまず存在しないからである。それでも，理論を反証されたと見なすための公正な規準を設けること自体，容易ではないところから，こうした方法論的反証主義の考え方による反証が，事実上不可能と考えるのか，それとも困難を伴いつつも可能であると考えるかによって，反証主義の流れはさらに大きく二つに分かれてくる。それは経験的なテストを全体論的なものと見なすのか，それとも丹念に実験を繰り返していくことによって，基本仮説，補助仮説，諸条件のどこに問題があるのかを少しずつ押さえていくことができると考える（ポパー 1963, 樫原 1986）のかの差にかかっている。全体論的な考え方はデュエム—クワイン・テーゼ（デュエム 1906, クワイン 1953）に立つものであり，テストの結果は基本仮説，補助仮説，諸条件をセットとした理論体系全

体に基づくものであって、それらを切り離して考えることはできないとするものである。

　反証主義を掲げながらも、経験的テストについて全体論的考えに立つラカトシュは、洗練された方法論的反証主義の考え方を提唱する（ラカトシュ 1970, Lakatos 1978）。それは孤立した単一の理論についての反証の規準に代わって、諸理論の間で先行する理論を上回る形での経験的内容を持つ新理論を受け入れるときに、先行する理論が、「反証された」と見なすというものである。新しい理論は理論的にも経験的にも、前進的でなければならず、知識内容の前進をもたらさない退行的なものは拒否されなければならない（ラカトシュ 1970, Lakatos 1978）。このラカトシュに代表される洗練された反証主義は、もちろん個別の理論の反証についてもあてはまるものであるが、最も典型的には、一連の諸理論、あるいは関連付けられた諸理論の反証というレベルで取り上げられる。そうした諸理論あるいはその中心をなす大理論をラカトシュ（1970）は、パラダイム概念に代えてリサーチ・プログラム（research programme）という概念として提示しているが、このリサーチ・プログラムには中核部分（hard core）と呼ばれる本来反証的テストに対応しない部分と、防御帯（protective belt）と呼ばれて、テストに対応して変えられる部分から構成されているとする。そして、リサーチ・プログラムの中核となる部分は経験的テストに対応しないため、リサーチ・プログラムを採択するか否かは、複数のリサーチ・プログラムの間で、どちらが前進的であるかの選択によることになる（ラカトシュ 1970, Lakatos 1978, Hunt 1991a, p. 361）。個別の理論ではなく、リサーチ・プログラムというレベルで反証が論じられるのは、リサーチ・プログラムのレベルで前進的か退行的かがよりはっきりと表れてくるからである。あるいは、個別理論のレベルでは、二つの理論間で決定的と思われる実験が行われ決着がついたとされていても、リサーチ・プログラム・レベルでの研究の展開があった場合には、その決着が覆されたり、振り出しに戻ったりすることもあるからだとする（ラカトシュ 1970）。

　しかし、こうした理論の観察データとの突き合せという経験的テストの役割

を大きく限定してしまう考え方は，ラカトシュ本人の意図したところとは逆に，相対主義の陣営（ファイヤアーベント 1975，上沼 1991）からも，そして反証主義の陣営（樫原 1986）からも，相対主義者とのラベルを貼られることになってしまう。

　本書の立場は，デュエム―クワイン・テーゼの説くところの基本仮説は補助仮説及び諸条件とセットでテストされるという考え方を否定するものではない。しかし，そのことをもって理論の経験的テストはできないと結論する懐疑主義に流れるものではない。ほとんど全ての科学の分野で，知識体系の前進はそのように辛抱強く，試行錯誤を繰り返しながら，推測と実験・観察を重ねることでなされているのである。ポパーも述べているように「一度に一つより多くの問題を解こうとしない」（ポパー 1963，404頁）漸次的なアプローチが科学における研究の実態と思われる（川嶋 1978）。したがって，「素朴な反証主義」対（ラカトシュ流の）「洗練された反証主義」という議論におけるかぎり，本書は「素朴な反証主義」の側に立っている。けれども，本書では理論と理論との対決という形で知識進歩がなされるとするラカトシュの考えの優れているところも同時に評価するものである。それは次のような考え方に立っている。

　理論は対抗する理論を持たなくとも観察するデータから反証的な結果を得る場合もありうるという認識は正しい。分析的な検討を重ねることによって理論非支持的な結果が補助仮説あるいは諸条件に基づくものではなく，基本仮説の不備によると考えられることはあり得るからである。しかし，こうした経験的テストの貢献は，その理論にそれ以上研究努力を投入しても見込みのないことを示すという貢献にとどまることになる。それに対して，もし，競合する諸理論の間で一つの理論が他のものよりも経験的に優れていることが明らかになるならば，その優れた理論を採択すべきことが明らかになる点で知識体系の明確な前進がなされることになる。その意味で，経験的テストにおいても競合する理論を背景に持ちながら，その結果の解釈がなされることは学問の進歩を早めることになると考えられるのである。もちろん，こうした考え方はラカトシュだけでなく，ポパー（1963）によって唱えられているところと軌を一つにして

いる。ポパーは理論間の比較を重視しており，その意味で「洗練された反証主義」と呼ばれることもある (O'Shaughnessy 1992, pp. 327-329, ラカトシュ 1970)。

ここで，以上の議論を再整理するならば，決定不全性の問題は理論の経験的テストを行ううえで避けて通れない問題であると言わねばならない。理論のテストが導出された予測的言明としての研究仮説のデータとの突き合せという形をとるものであって，その突き合せが，様々な諸条件や補助仮説のもとで行われる以上，決定不全性の問題は多かれ少なかれ常に付きまとうことになるからである。

しかしそのことは，決定不全性の問題があるために，理論の経験的テストを行うことが無意味であるとか，法則定立的な研究を放棄しなければならないということを意味するものではない。すでに述べてきたとおり，決定不全性は確かに障害ではあっても，科学が乗り越えなければならない障害であり，また乗り越えてきた障害なのである。科学の進歩はもつれた糸をほぐすように，展望の開けない仮説を一つずつ取り除く形で，時間をかけて前進してきたのである。それは，まさに決定不全性との格闘の歴史であったと言わなければならない。単一の実験，あるいは少数回の実験・観察においては，確かに決定不全性は研究者の前に立ちはだかる乗り越えがたい障害であることは認めなければならないが，そのことをもって経験的テストを無意味とする懐疑論に走ってはならないのである。

そして，決定不全性の克服は，その問題に正面から挑戦していくこと，すなわち理論のテストにおいて単一の理論を個別にテストするのではなく，できるだけ競合する複数の理論を関連付けた形で，あるいは競合する理論を比較する形でテストを行っていくことが望ましいということが，もう一つのポイントである。与えられた現象が，どの理論によって整合的に説明されるのかを確かめていくことが，前進する理論を見出していく早道になるからである。理想的には，理論Xが論理的に禁止する現象と，理論Yが禁止する現象とが，テスト結果を左右に分ける形になるような決定的実験をデザインしていくこと (Platt 1964 Strong Inference; 強い推論) であろうが，本書はそうした理想論を

掲げるものではない。「強い推論」は不可能とは言えなくとも，現実的ではないからである。ここで，Plattの「強い推論」の考え方を紹介し，なぜそれが現実的でないかを明らかにしておこう。

Platt（1964）によると，科学の諸分野の中では目覚ましい展開を遂げているところとそうでないところとが存在するが，目覚ましい展開がもたらされている分野は「強い推論」と呼ぶことができる帰納的推論が体系的に用いられ，伝えられているところであると言う。そして，「強い推論」は次の4ステップからなるという。

① 代替的な仮説を設定する。
② 決定的な一つの実験（あるいはいくつかの実験）を設計する。その実験は可能な代替的結果をもたらすが，結果の各々は仮説の一つあるいはいくつかを，可能なかぎり排除するであろうものである。
③ 明快な結果が得られるように実験を実施する。
④ この手続きを繰り返す，残された可能性を精緻化するための下位仮説（subhypotheses）あるいは逐次的仮説（sequential hypotheses）を構築する等。

このプロセスは木登りにたとえられる。枝分かれのところで右の枝に進むか左の枝に進むかの選択をしながら登るのである。そして，それが帰納的な結論に達するための一番早い方法であると言う。

確かに「強い推論」は魅力的である。決定的な実験を行うことによって，膨大な数の実験に研究のエネルギーと時間とを注ぐことなく，着実な研究成果を上げることができればこんなに素晴らしいことはない。Plattは自然科学を中心に「強い推論」を論じているが，社会科学の分野でもその信奉者は少なくない。それは競合する代替的な仮説を正面から対決させることで，決定的な実験を行うことを提唱するからである。しかし，「強い推論」はあるべき理想の経験的研究の姿を描くものであって，目標としての意味は持っていても，それを実際に適用することは容易ではないことが考えられる。ここではO'Donohue and Buchanan（2001）による「強い推論」に対する批判を取り上げておくこ

とにしよう。

　まず，第1ステップにおいて，研究者の取り上げる問題が明確に定義されていることを必要とするだけでなく，正しい仮説を含む有限個の仮説が存在することを前提にしている点である。実際には問題はまだ明確になっていないかもしれず，したがって代替的仮説も明らかでないのが通常である。「強い推論」はせいぜいのところ問題が明確で，代替的仮説も少ない場合にのみあてはまるヒューリスティックのようなものである。

　第2にデュエム―クワイン・テーゼにあるように，一つの実験で特定の仮説を排除してしまうことは難しいことが考えられること。仮説を排除する前には追試が必要であり，1回の実験を決定的実験と見なす合意は得難いこと。

　第3に明快な結果を出す実験を行うとしているが，実際の結果は不明確な場合が多いこと。また，研究は全て仮説―検証型ではなく，データから予想していなかった仮説が浮かび上がってくることも少なくないこと。

　第4に，こうしたプロセスの繰り返しのところで下位仮説，逐次的仮説をあげているが，それらの性格が明確でないこと。第1段階で代替的な仮説が全て挙げられているとすると，それらとの整合的な関係が見えてこない。

　そして，O'Donohue and Buchanan（2001）はこれらの論点の外にPlattによってあげられている科学史における研究事例が適切でないとの指摘を行っている。すると，明快な決定的実験というアプローチが現実的なものでないとすれば，どのような形で比較研究を進めればよいのであろうか。本書では「強い推論」のような研究を理想的な参照点としつつも，それにこだわることなく，関心とする事柄に関連すると思われる仮説をできるだけ関連付け，比較するような形で，それらの間の代替的な関係，併存的な関係，補完的な関係などを徐々に明らかにしていくしかないと考えるものである。たとえ，まどろっこしく見えても，そうした試行錯誤的研究努力を地道に進めることである。それでも，この複数の理論を比較テストすることは学界レベルの研究の進展に大きく貢献することになると思われる。

　比較研究の望ましさの一つは研究発表の体制と関連している（阿部 2001）。

研究者が単一の仮説をテストしようとする場合，多くはその仮説の構築者であったり，支持者であったりする場合が多いであろうから，テスト結果が経験的に支持されない場合には，研究の発表が断念されたり，様々な言い訳がなされてしまうことになりがちである。どちらかと言えば，仮説支持的結果だけが発表されることが多くなってしまう。また学術誌への投稿がなされた場合でも，仮説支持的でない研究は，定説を覆すようなケースは別として，いわゆる面白味のない研究として学術誌の編集者によって拒絶されてしまうであろうから，結果として仮説支持的な研究結果のみが公表される傾向はさらに強くなってしまう。公表された研究をレビューあるいはメタ分析を行っても，サンプル自体がバイアスを持っているため，捨てられるべき仮説を見出すのが遅れることになってしまうであろう。それに対して，複数の仮説が比較される形でテストされる場合には，単一の仮説の場合のような研究者の思い入れは少なくなり，どちらかが支持されない結果は有意味な研究として研究者集団に発表されることになる。比較テストの場合でも，もちろん比較される仮説のいずれもが支持される，あるいは全てが支持されないというケースはあり得るから，研究結果の発表が控えられるという可能性が全くないわけではない。それでも，単一仮説のテストの場合に比べてバイアスや思い入れが少なくなる分だけ，研究の進展は早いものになることが考えられる。言うまでもなく，比較テストは個別のテストに比べて，研究デザイン及びデータ収集に時間がかかるため，研究総数ではいくぶんかの減速を伴うことは避けられない。それでも比較研究が採用されることによる学界レベルでの研究の進展の効果はその減速分を補って余りあると考えられる。

　さらに，比較研究は経験的研究という側面だけで優れているわけではない。複数の理論あるいは仮説を関連付ける形の研究デザインは時間と手間がかかるものではあっても，複数の理論・仮説間の論理的関係の考察，そして体系化を推し進める点で，大きな効果を持つことを指摘できる。それは研究が個別のテストの場合に比べて理論的水準を深めたものになることを意味している。前進的な理論は単に新しい研究仮説を見出せるというだけで判定されるだけでなく，

従来の理論によって説明されていた現象についても後退することなく説明が可能ということでなければならない。それは，新理論の登場時に一遍になされなくとも，比較研究を重ねることによって，後付け的にせよ，理論体系の整理がなされていくことになる。

そして，以上のような問題意識で消費者行動論において決定不全性の克服という問題を眺めるとき，私たちは決して悲観的になる必要はなくても，課題は残されていると言わねばならない。悲観的にならなくてよいのは，消費者行動論において新しい理論やモデルが次々と構築され，またそれに伴って新しい研究仮説が次々と産みだされてきているからである。研究数の増加や研究範囲の拡大はこのことを物語っている。さらに，研究の中で比較研究と呼べるものが徐々にではあるが多くなってきている。今日，消費者行動論を代表する *Journal of Consumer Research* に掲載される論文の多くが研究1，研究2，研究3という形で一連の研究をまとめて一本の論文にするスタイルが多くなってきている。それらは，単に対象製品や状況要因を変化させて複数回の研究を行ったというものではなく，研究1における仮説支持的な結果に対して，対抗する仮説や解釈を研究2，3で統制し，排除する形で研究が展開されているものがほとんどであって，内容的に比較研究に近いものとなっている。対抗する仮説あるいは関連する仮説に対して比較となるテストを行うことが，おそらくは査読者側から強く要求されるために，結果としてより掘り下げた経験的研究となり，決定不全性の問題を克服する姿勢が定着化しつつあると言える。

こうしたプラスの側面にもかかわらず，決定不全性の問題について消費者行動論が課題を抱えていると言わざるを得ないのは，やはり，新しく取り上げられる理論への注目度が圧倒的に大きく，旧理論との対比において，新理論がどの点で整合し，どの点で旧理論に勝ると考えられるのかといった体系化の試みが少ないことである。

研究がこれまでの理論体系との関連性を無視して，小さな新分野の発見競争のような形で展開するならば，それは消費者行動研究の細分化現象とともに，研究の拡散現象を招く問題性を孕むものである。研究の拡散現象が望ましくな

いのは，それが道具主義的科学観につながりやすいことである。現象の説明には理論体系の統一性や整合性を必要とするが，道具主義的考え方に立てばバラバラであってもそれぞれに使える理論であればよいことになるからである（ポパー 1963, 179頁）。この研究の拡散現象を何とか食い止めているのは上述の経験的研究における比較研究の傾向である。

そして経験的な比較研究においても，その研究結果は競合する理論に照らし合わせて単にどちらにより支持的かということで解釈されればよいわけではない。競合する理論間の関連付けや体系的整理を進める形で比較研究がなされることが必要なのである。知識の体系化によって消費者行動論はより理論的水準の高いものとなる。その意味で諸理論のテストはそれら諸理論の体系化の作業をはっきり意識して進められるべきである。新理論は，新領域だけでなく従来の問題領域においても旧理論と同等，あるいはそれ以上に優れた説明を与えるものであるべきという理論の体系化志向を学界全体として持ち続けることが大切なのである。そうした規準を提案されたばかりの新理論に求めるのは無理としても，新旧の理論の関連付けと整理，両者の間に横たわる不整合性の克服の作業が学界レベルで進められ，より体系だった消費者行動論への展開が志向されることが望まれるのである。消費者行動論の一層のレベルアップは，その意味で決定不全性という問題の克服に直結していると考えられる。

2-3-3　通約不可能性の問題

相対主義的科学観が伝統的科学哲学の流れに対して向ける批判点の一つに通約不可能性（共約不可能性；incommensurability）という問題がある。それは観察の理論負荷性及び決定不全性のように個別具体レベルの理論にあてはまるというよりは，むしろパラダイムとかリサーチ・プログラムと呼ばれる大きな理論転換にあたっての問題である。通約不可能性はクーンによって，1962年に唱えられた概念で，厳密な概念規定のないまま他の論者によって解釈され，一人歩きするようになっている。

Hunt (1991a) によると，通約不可能性は①パラダイム間の意味のバラツキ，

②パラダイム間の翻訳の不成立，③パラダイム間の比較不可能性等の解釈がなされていると言う。クーン自身は1970年版の『科学革命の構造』，及び2000年の論集（クーン 2000）の中で②の異なるパラダイムの研究者間の翻訳の不可能性という意味をとっている。通約不可能性を異なるパラダイム間で共通の基準が存在しないことであると解釈する立場もある（水越 2011）。いずれにせよクーンの論ずるように異なるパラダイム間で同じ概念を用いても，意味しているところが大きく異なるために研究者間での対話が成立しないとすると，パラダイム間で論争を行ってパラダイムの優劣の決着を付けることが難しいことになる。そして，それはそのまま科学的知識の進歩に対する極めて懐疑的な考えとなる。

クーンの *The Structure of Scientific Revolution*（1962初版）は，それが出版された当時の科学観を変えるうえで大きな影響力を持つものであった。それまでの正統的な科学哲学におけるような高いところから「科学とは― 」という形で描かれる科学観から，歴史的な視点をもって描かれる現実的な科学観へと大きな転換が引き起こされたからである。クーンによると科学には一つの手本となる理論に沿って，問われるべき問題から，その解き方までがはっきりしている中で未解明部分をパズル解きのように研究することが行われる通常科学と呼ばれる時代があるが，そこで依拠される理論や問題の立て方がパラダイム（paradigm）と呼ばれる。しかし，一つのパラダイムによるパズル解きが次第に成功しなくなり，行き詰まりをきたすようになると，そのパラダイムは危機を迎え，やがて全く新しい問題の立て方，理論の構築の仕方を行う新しいパラダイムが登場する科学革命の時代が到来するとされる。

この研究者集団の中でのパラダイムの転換は，両パラダイム間での論争の中で新しいパラダイムの側が旧パラダイムの側にいる研究者を論破することによって，あるいは新パラダイムのほうが優れていることを示す決定的な実験を提示することによって行われるのではなく，学界の力関係や，個々の研究者の価値判断，若手研究者の新パラダイム支持などで帰趨が決まってくるものと説明される。新旧パラダイムの間での決定的実験や論争による説得といったメカニ

ズムが働かないのは，二つのパラダイムの間が通約不可能であるからだとされる。問題の立て方から，解の求め方，依拠する理論等が異なる研究者間では，同じような言葉を使っても意味が通じないためである。

　こうした考え方は理想化された形での科学の進歩観に対して，研究者がパラダイムという共有された対象世界の捉え方の枠の中でどのように研究を進め，そして，やがてはどのようにして新しい枠組みを採用するようになるのか，という側面に目を向けさせるものであった。その意味でクーンの『科学革命の構造』は科学哲学の発する大きな問いかけの一つである「科学的知識の進歩はどのようにしてなされるのか？」という問いに対して，歴史的な視点を持ち込むことによって，伝統的な科学観にはなかった新しい科学観をもたらしたと言えるのである。

　ただし，クーンのパラダイム間の通約不可能性の考え方はクーン自身が自ら標榜しなくとも，相対主義的科学観を大きく後押しするものになったことは否めない。異なるパラダイムのいずれが優れているかが，論争や実験ではなく，研究者の価値観の改宗によってもたらされているとすることは，科学的知識の転換が進歩を伴うという考え方と必ずしも整合するわけではない。むしろ，それは科学的営みに含まれる小さな曖昧さや不合理な側面が全面的に拡大されて，あたかもそれが科学の全体像であるかのように見られてしまう道を開くことになる。科学的知識の厳密さに疑念を挟むという相対主義的科学観にとって，研究者が研究者仲間で共有する世界観であるパラダイムのもとで研究成果を出すことにいそしんでおり，異なるパラダイムの間での対話も比較も成立しないとすることは強力な論点になるからである。

　しかし，われわれはこうした相対主義的科学観の主張するところを沈着に吟味しなければならない。確かに研究者集団は無謬ではない。個々の研究者も人間である以上，その研究方向を決めるにあたって，そのときの学界の雰囲気のような社会心理的要因に影響される側面がないわけではない。しかし，学界は単に流行好みの集団でも同調者の集まりでもない。研究者そしてその集団としての学界は，説明すべき現象やデータと常に対峙していかなければならないの

である。クーン自身が説明しているように通常科学が危機を迎えてくる状況とは，既存のパラダイムが問題の解決にうまく機能しないことが研究者によって広く認識されてきているということである。また，新しいパラダイムの登場とその採用とは，研究者にとって新しい理論が問題の解決に向けての展望を与えてくれるということである。このような旧パラダイムの閉塞感と新パラダイムによる展開の見込みということは研究者集団あるいは個々の研究者によって，何らかの形で二つのパラダイムの比較がなされる結果ではないだろうか。たとえ，新旧二つのパラダイム支持者間の論争がかみ合わなかったとしても，論争を眺める立場の研究者はどちらの言い分が未解決の問題に解決の見込みが高いかは推測できるはずである。あるいは決定的な比較実験は行われなくとも，両方の実験結果から新しい可能性があるほうを感じとることはできるのである。

　通約不可能性という概念は，その提唱者自身が撤回している事実にも目を向けておかなければならない。通約不可能性はクーンの1962年の *The Structure of Scientific Revolution* で使われたが，日本語訳の『科学革命の構造』1970年版では補章で触れられているにすぎない。そこではHunt（1990）によって批判されているように，通約不可能性は大幅に後退し，限定された意味で使われている。多くの誤解を生じさせたことに対する弁明として，クーンは「私が試みた要点は簡単なもので，科学哲学においてすでに長くありふれたものになっている点である。理論選択についての論争は，論理的，数学的証明に似ているような形でなされるものでは全くない。」（『科学革命の構造』228頁）と述べているからである。旧理論と新理論とが論理的あるいは数学的に証明される形で選択できるものでないことを述べるのに，通約不可能性という用語をわざわざ導入する必要性はどこにあったのかということになる。

　マーケティング論における方法論争でHuntと対峙したPeter（批判的相対主義を標榜する）は1992年の論文で通約不可能性を擁護しているが，その例として，行動主義心理学と認知心理学が人間の行動を規定する要因として，環境に限定するのか，それとも内的な認知的・感情的プロセスに規定されるものとするかのように，異なる見方をしていることをあげている（Peter 1992）。しか

し，そのことは新しい理論（認知心理学）が旧い理論（行動主義心理学）を還元的に包摂することが容易ではないことを意味するものではあっても，両者の比較ができないとか，比較をする基準が存在しないために理論選択ができないということを意味するものではない。せいぜいパラダイム間の意味のバラツキ程度を指している弱い議論でしかないことに注意が必要である。

　ここで本書の考察対象である消費者行動論という研究分野に目を移して通約不可能性を考察してみよう。消費者行動論におけるパラダイムあるいはリサーチ・プログラムの転換は，1970年代における行動修正パラダイムから情報処理パラダイムへの転換を挙げることができる。本書の筆者である阿部は1967年に大学院へ進学し消費者行動を研究テーマとして選んだという経緯から，このパラダイムの転換を体験した者として，この通約不可能性の問題に触れることを容赦願いたい。

　行動修正パラダイムに含まれる代表的な消費者行動理論としては，1969年に構築されたHoward-Shethモデルを取り上げることができる（Howard and Sheth 1969）。Howard-Shethモデルは消費者行動の包括的モデルとして構築され，製品，マーケティング・コミュニケーション，クチコミ等の刺激を受けた消費者が特定の銘柄を購買，あるいは知識，態度，購買意図などを回答する形で反応するまでに関連する媒介変数としての構造を考えたものである。それは刺激と反応との間に生体としての媒介変数を考える点で，新行動主義の刺激―生体―反応モデルであるということができる。Howard and Shethは最も中心的に依拠した基礎理論は新行動主義を代表するハルの理論（ハル 1943）であると述べている。

　Howard-Shethモデルはその経験的妥当性を確かめる研究もいくつかなされている（阿部 1979）。旧パラダイムに依拠していた研究者にとって，新パラダイムとしての消費者情報処理理論はなじみにくい感じを受けたことは事実である。経験的研究に用いる手法も計量経済学的アプローチを離れて，実験データを検定する分散分析のようなやり方が中心となり，基礎的な先行研究の習熟もある程度，やり直しが必要だったからである。しかし，二つのパラダイムを

2-3 相対主義的科学観からの批判

比較することが困難といったことは経験していない。そして、二つのパラダイムを比較的に眺めることで、情報処理理論のほうが優れていることを理解することは、それほど困難なことではなかったのである。

行動修正パラダイムに属する Howard-Sheth モデルの依拠するハルのモデルは動物心理学をベースとしている（ハル 1943）。それは複雑な現象としての消費者行動の体系的な説明には、やはり不十分さを持っていたと言わねばならない。そのため、Howard-Sheth モデルでは中核概念として社会心理学の態度概念を組み込んでおり、モデル全体が折衷的な性格を強く有していた。例えば、Howard-Sheth モデルによると態度形成の過程は単純化の心理と呼ばれ、選択基準と銘柄に関する知識のいずれも有していない外延的問題解決（extensive problem solving）から、選択基準は形成されていても、当該銘柄の知識を必要とする限定的問題解決（limited problem solving）へ、そして選択基準、銘柄知識、銘柄に対する態度も形成されている定型的反応行動（routinized response behavior）へという流れが想定されている。それは消費者が多くの問題状況に適応するためのプロセスであるとされる。しかし、こうした消費者行動の捉え方は、消費者情報処理理論から眺めるならば、入手可能な選択肢としての全銘柄について態度形成というかなり丹念な情報処理をした後でなければ単純化に向かうことができないということになるため、実際の消費者の適応行動を捉えていることにはならないことが明らかである（阿部 1983c）。

それに対して、消費者情報処理理論は、始めから消費者が頭の中で考えていることを情報処理系として客観的に研究することを目指すものであり、様々な状況に適応するために消費者が用いている種々の情報処理方略を捉えることを関心事としているからである。そこでは態度形成も選択方略の一つとして体系の中に含むことができるものである。もちろん、消費者情報処理理論が登場した当初において、態度理論との距離を重視する考え方も存在したが、研究の進展につれて後付け的ではあれ旧パラダイムを新パラダイムの中に含める形での関連付けがなされてきたのである[6]。

したがって、消費者行動論ではパラダイムの転換にあたって対話が成立しな

い，あるいはそもそも比較すら可能でないとするような通約不可能性にあたる現象は生じていないことになる。

　ここで，もし通約不可能性があてはまらないというのは，消費者行動論に理論らしき理論がないからだとするのならば，その考え方には二つの点で問題が指摘される。一つは，その消費者行動論に対する厳しい認識が正しい場合でも，その意見は消費者行動論そのものよりも，科学哲学の中の通約不可能性という概念のほうにこだわっているということの表明になる。すでに明らかにしたように本書は消費者行動研究の進展を考えるうえで科学哲学を援用しようというものであり，消費者行動論にあてはまることのないような上からの哲学的概念を議論するものではないからである。そして二つには，すでに上で述べたように，そうした哲学的概念の妥当性が疑わしいということである。高度な理論が専門分野を異にする門外漢にとって理解が容易ではないという側面はあるとしても，研究者が同一の分野の中で対抗する理論を理解することができない等と主張する議論は一体，専門の研究者をどのように見ているのであろうか。批判的相対主義を掲げる Anderson (1986) は，同じ「報酬」という概念が用いられても，認知理論，行動主義，経済学，構造主義の四つのリサーチ・プログラム間の比較が容易ではないとして論じているが，そこではすでに同じ学問分野を超えた異なる学問領域間の比較に踏み込んでいることに注意しなければならない。

　結論として，水越 (2011, 32頁) の規定するような共通基準の欠如ということはもちろん，Hunt の整理した③比較不可能性ということも，あるいはクーンの説明するところの②の対話の不成立ということも，通約不可能性を理念的に極端に解釈するものと言わねばならない。せいぜいのところ①の同じ言葉でも異なる意味合いがあって対話が困難である，あるいは比較が困難であると解釈するのが妥当ではないだろうか。Hunt は通約不可能性ということを真っ向から否定する立場をとっている (Hunt 1991a, pp. 327-331) が，本書では正統的な科学哲学の立場に立つ研究者であっても①のタイプの議論に耳を傾けることは無駄ではないという議論を妥当なところとしたい。

2-3 相対主義的科学観からの批判

　以上，観察データの理論負荷性と決定不全性の問題，反証可能性を科学的知識の境界線とすることの困難性，そして異なるパラダイム間の通約不可能性といった問題を考察してきた。それらの全ては相対主義的な科学観からオーソドックスな科学哲学へ向けられた批判点であった。こうした相対主義的科学観と正統的科学観との間の論争は決着がついたということではないが，本家本元の科学哲学の分野においても，そして，消費者行動論，あるいはマーケティング論の分野においても下火となってくる。

　1983年に *Journal of Marketing* 誌上において行われた論争では視点の大きな開きが特徴的であったと言える。論理経験主義の立場からの Hunt (1983) の議論に対抗する Anderson (1983) の論文は理論の経験的テストの抱える問題と科学的方法論としてのコンセンサスは存在しないとの論点から，相対主義的科学観に立ち，マーケティング論が科学として認められるためには，要は世間から科学的と認められればよいわけであって，そのためには利益追求的な視点にとどまらずに公共的な問題を解決し得ることを示すことであると結論付けるものであった。また，"Is Science Marketing?" と題した Peter and Olson の論文 (1983) は科学的活動をマーケティング・コンセプトとプロセスとして捉えられることを論じた後で，真理内容を問題とする実証主義的/経験主義的アプローチはマーケティング論を沈滞させるものであり，相対主義的/構築主義的立場こそが創造的なマーケティング理論の構築に繋がると主張するもので，相対主義の中でも過激なファイアアーベント (1975) までも立論の支柱とするものであった。それは相対主義的科学観から見て，マーケティング論において圧倒的な支配的立場にあった論理経験主義を，何とか突き崩そうとするなりふりご免の攻撃といった印象を与えるものであった。

　そして，こうした科学的方法論をめぐる論争は1990年代の初頭においても繰り返される (Hunt 1990, 92, 93, Peter 1992, Zinkhan and Hirshheim 1992) が，90年代の論争は80年代のそれと比べていくつかの点で異なってくる。その一つは，論争が科学的実在論と批判的相対主義との間へと移行した点である。論争の一方の立場が論理経験主義から科学的実在論へ移行したのは，もちろん論客

としてのHuntの依拠する立場の変遷によるものであるが，それは単にHunt個人の考え方の変化というよりも，科学哲学の分野での論理経験主義から科学的実在論への大きな潮流の転換を反映したものである。もう一つは，80年代の論争を踏まえて，双方の考え方にある程度の歩み寄りがなされ，その差異が際立ったものとはなってきていないことである。論争の主要な点は，消費者行動論を含めてマーケティング論の研究目的が現象の（蓋然的な）真理内容を求めるところにある（科学的実在論）のか，マーケティング意思決定にとって有用な知識を求めることを目的とすべき（批判的相対主義）なのか，という目的論の違いに移行してきている感が強い[7]。

　伝統的科学哲学の立場においても，いわば理想的な科学観から，より実際に展開されている科学的営みに近い科学観へと転換，あるいは歩み寄りがなされてきたように思われる。今日では，反証主義の流れにおいてもドグマ的な反証主義を唱える論者は見られなくなってきている（樫原 1986）。反証主義は複数の対抗する理論間の比較において，現段階でその科学分野の受け入れる理論を選ぶという洗練された反証主義へと展開してきた。そうした意味で相対主義的科学観の果たした役割には大きなものがあったと思われる。相対主義の流れの中でも歩み寄りの傾向は見られる。クーン自身は自らを相対主義者とは標榜していないが，それでも「パラダイム」間の比較の困難性を論じた当初の急進的な「通訳不可能性」などの概念は，厳密性の問題もあって使わなくなってくる。相対主義の側においても，ファイヤアーベント（1975）のような「何であってもかまわない」式のアナーキーな立場，あるいは科学的理論といっても研究者たちが社会的な合意として作り上げただけのものであって，研究者と独立した世界は存在しないとする社会構築主義（social constructivism）のような過激な立場は例外（ニュートン 1997）として，経験的テストの厳密性を求めるかぎり，より正統的な立場へ歩み寄らざるを得ないからである。消費者行動論においても相対主義の陣営に立つHirshman（1986）は研究の厳密性を高めるための規準（credibility, transferability, dependability, confirmability）を提唱しているが，一種の歩み寄りと捉えることができよう。わが国のマーケティング研究者の中

で，相対主義寄りの立場からまとめられた最近の方法論書である嶋口監修(2009)『マーケティング科学の方法論』においても，科学的実在論を論争相手とするというスタンスではなく，多元主義的なスタンスが一貫してとられている（川又 2009, 金 2009, 村山 2009, 駒田 2009, 余田 2009）。

そして，消費者行動論にとっての相対主義と論理経験主義そして科学的実在論との論争は，それが以上のような科学哲学レベルの方法論だけの範囲にとどまらず，個別具体の研究において，観察データに研究者の仮説支持的視点が紛れ込まないようにする工夫，対抗的仮説や競合的解釈の存在の可能性を先験的に排除しない慎重な研究姿勢といった点に反映されてきていると考えられる。

(1) 三つのレベルで方法論を考えることは，他の学科においてもなされている。例えば行動科学における方法論を論じたカーリンジャー（1964），ド グロート（1969）等はウエイトの置き方に差はあっても三つのレベルを網羅した方法論書として構成されている。
(2) 科学哲学の中でも個別の学問領域の独自の理論的進展を尊重する自然主義（naturalism）と呼ばれる考え方が提唱されている（ラウダン 1984）。自然主義は科学哲学と科学との関係において基礎となるのは，むしろ科学のほうであるとする（ローゼンバーグ 2005）。
(3) 多元主義（多元論）に含まれる歯止めなく，アナーキズムへ流れる問題性は経済学における方法論者 Caldwell を批判的に検討した堀越（1990, 2005）において論じられている。
(4) Carnap の主張は時代とともに展開しており，道具主義に位置付けられることもある（小林 1996, 103頁）。
(5) Alderson による反証主義は一貫したものではない。詳しくは阿部「経験的研究とオルダースン」(2002) を参照されたい。
(6) この関連付けは比較的早い段階（1972年）に消費者情報処理研究のワークショップがなされた段階で行われた。
(7) 有用性を研究目的とするという点で，Peter の議論は道具主義者と目的に関して同じ陣営に属していることに注意が必要である。また有用性を目的とすることは，それが誰にとって誰のための有用性なのかという利害関係者・集団と時間によって異なる価値問題を含むことが，荒川（1986）によって指摘されている。

第3章　消費者行動論と科学的実在論

3-1　予測と帰納

　前節で取り上げた批判的合理主義と称される反証主義は科学的知識の線引き問題で反証可能性という規準を提示するもので、理論の経験的テストに対する謙虚な姿勢を特徴とするものであった。そして理論の経験的テストにおける決定不全性の問題との関連において反証主義は「ドグマ的反証主義」から「方法論的反証主義」へと発展し、さらに「方法論的反証主義」は大きな流れとして、経験的テストによって理論の反証が可能であるとする立場と、理論はそれに代わる新理論との比較においてのみ反証が可能とする立場との二つに分かれるが、その二つの流れの中では、本書は基本的には前者の考え方を支持するものであった。つまり、困難はあっても個別の理論を経験的にテストすることは可能であるとするものである。そして、そうした立場に立ちつつも理論間の比較という考え方は、これを否定すべきであるとするものではなく、むしろ積極的に評価するものであった。その意味でここまでの議論においては、本書の立場は反証主義の主唱者であったポパーの考え方に近いということになる。

　しかし、本書はそのままポパー流の反証主義に依拠することを主張するものではない。本書が反証主義をとらないのは、反証主義がポパーの説くように帰納の論理を排除することにこだわるかぎり、消費者行動論にとっての大きな研究目的の一つである予測になじまないからである。ポパーは18世紀の英国の哲学者ヒューム（1711～1776）の唱えた帰納の論理的弱点を非常に重視したと言われる。これまでに見たカラスが全て黒いという観察に基づいて、「全てのカラスは黒い」という普遍的な言明を導くことができないという指摘はその通りである。帰納が正当化の論理として問題を有している以上、帰納を排除した形

で科学的知識の構築をしていかなければならないとする反証主義の論理は哲学的議論の範囲の中では，それなりの説得力を持っている。しかし，現象を観察して，そこから法則的な知識を得るという帰納を一切排除した形の科学というものは，やはり実際に展開されている科学の姿とは大きくかけ離れたものを提唱していることではないだろうか。もちろん，ここではいわゆる理論の発見の文脈における帰納の役割を論じているのではない。理論の正当化の文脈において帰納を排除してしまうことの持つ意味である。科学が現象についての真理内容を求めるという点では同じ基盤に立つとしても，その知識が論理的，あるいは数学的に証明が可能であるような意味での文字通りの真理でなければならないとすることは，哲学者には好ましい論理であっても，科学に従事している科学者にとって依るべき指針とはならないのである[1]。

　まず，理論について帰納の考え方を排除することが，理論を予測目的に使うことを制約してしまうことになることに注意しなければならない。予測とは本質的に帰納の考え方に立っているからである。過去の観察から得た知識から，特定の条件のもとでは特定の結果が出現することを考えるのが予測である。それは理論から演繹的に導出される予測的言明をテストするという仮説演繹法と形としては似ている（堀田 1978）。仮説演繹法は理論を構成する基本仮説，補助仮説，及び諸条件から，予測的言明としての研究仮説を演繹的に導出し，その研究仮説をテストする形をとっている。研究仮説の導出は正しい演繹でなければならないが，基本仮説，補助仮説，諸条件はあくまで真であると前提されたものでしかない。反証主義に立つ仮説演繹法ではテストによって，それらの前提が反証されるかどうかに関心があるのである。それは形として，「A（基本仮説，補助仮説，諸条件）ならばB（予測的言明としての研究仮説）のはずである。結果はBでない。したがってAではない。」という論理学におけるモードゥス・トレンス（modus tollens）と呼ばれる演繹の形式をとっている。

　一方，消費者行動論における予測とはこうしたテストが目的なのではなく，予測そのものが目的なのである。過去の研究から，A（基本仮説，補助仮説，諸条件）の成立する場合にB（予測的言明）が得られるという知識をもってBと

3-1 予測と帰納

いう予測をなすのである。そこには将来の諸条件（市況，競争相手の反応等）について若干の推論も含まれてはいるが，基本的には「AならばBということが，これまでに成立しているので，次回も成立する。」という帰納の論理に立っているのである。そこでは当然のことながら，関係者はBが支持されることを予期しているのであり，Bの結果をもってAをテストしたいといった意図は希薄である。ましてや反証主義者のようにBが成立せず，Aが反証されることだけが意義を持つといった考えは，おくびにも出せない状況であることに注意しなければならない。

消費者行動について予測を行うということは，マーケティング意思決定に直結する事柄なのである。有用な予測を行うということは，極めて強い実践的要求に対応している。そこでは当該マーケターと競争相手の打つ戦略の組み合わせに応じた結果を予測することが求められる。そして，予測される数々の想定状況の中で，何らかの規準で一つの戦略が選ばれ，意思決定に役立てられるのである。それは例えば，2パターンの価格設定と4パターンの広告キャンペーン，そして3通りの競争相手の反応パターンについて合計24通りの予測的シミュレーションを行い，その中で最も確実性の高い，あるいは大きな成果の期待される戦略を一つ選ぶことになる。想定された24の状況のうち23ケースについての予測は予測だけに終わるのであり，結果として突き合わされることは決してないままに終わってしまうことに注意しなければならない[2]。それどころか，その一つのケースについても競争相手の反応パターンが想定外のものであった場合など，予測は予測だけに終わってしまうことになるのである。それでも，そうした予測が手に入る予測の中で最も妥当なものとの判断に立たないかぎり，一つの戦略を選びだすという意思決定は行えないことになる[3]。

さらに，帰納という論理的に正当化することに無理がある考え方を導入することが，それ以外の点で厳密性を崩してしまうといった性格を持ったものではないことを注意しておかなければならない。精度の高い予測を行うということは可能なかぎりの厳密性の追求を伴わなければならない。予測の精度は実験における内的妥当性（internal validity）と外的妥当性（external validity）と強い

関連を有していると言われる。実験の妥当性のうち，内的妥当性は実験処理の効果だけが把握できること，言い換えれば，その他の要因の効果が除去され，コントロールされている度合いを意味している。それに対して，外的妥当性は実験が実験の場以外の一般的状況にどれだけ合致しているかということである。それは実験に使われた標本の代表性，実験が一般の状況とは異なる不自然で特殊な状況になってしまっていないかということに関わっている。標本が代表的で実験状況がそれ以外の場と変わらないほど，実験結果（内的妥当性の確かめられた実験処理の効果）が実験の場以外でも再現できることが期待されるとするのである。その意味で内的妥当性とともに外的妥当性の高い研究結果ほど予測の精度を高くすることが期待できることになる。それでも，そうした実験結果を実験の場以外に当てはめようとすることは，観察されたことがそれ以外の場でも妥当することを期待する点で帰納の考えに立つものである。例えば予測のカギとなるモデルのパラメータの値をデータから $\beta=0.123$ と推定し，それを用いて需要の大きさ予測するということは帰納そのものである。そしてマーケティング意思決定は，この得られたパラメータの値：$\beta=0.123$ をその時点で得られる最も妥当性の高い情報として行われることになる。その意思決定が成功するかそれとも失敗するかは結果次第としても，意思決定の段階では帰納の考え方に基づく予測的知識に依拠せざるを得ないのである。

　こうした場合，反証主義の立場からは，こうした予測はそれがどんなに内的妥当性とともに外的妥当性を高めた結果であったとしても，それは帰納であるがゆえに科学以外の事柄でしかないことになる。もちろん，反証主義の立場からすれば，誰かが予測をしたいのであれば現在の時点で反証されていない，あるいは最も誤りの少ない理論ないしモデルを現在の段階での最も進んだ知識として，それを使って予測及び意思決定をすべきであって，何ら反証主義の弱点となることではないと反論するかもしれない。しかし，そこには予測及び制御（統制）ということ自体が科学の研究目的である，という考え方が希薄であることを指摘しなければならない。予測・制御といった事柄が科学ではなく，単なる応用技術としての位置付けしか与えられていない（ポパー 1957『歴史主義

の貧困』201頁）と感ずるのは，消費者行動研究者のひがみであろうか。このように，反証主義が厳密な実験による予測も科学から排除してしまうものであるとすると，それを合理主義と呼ぶことに疑問を感じないわけにはゆかなくなる（内井 1995）。もし，消費者行動研究者が理論を反証目的で行うテストだけに関心があって，予測そのものには関知しないとしたら，消費者行動論はマーケティング論の各論であって，消費者行動の説明及び予測を研究の目的にしていると公言できないことになる。

　もう一つの重要な点は，ポパーが理論を構成する法則として主として普遍的法則を前提にしていることである。もちろん，ポパーは確率理論を有用なものとして認め，確率の客観的な解釈（確率の傾向性解釈）の仕方を提示している（ポパー 1982，一ノ瀬 2006）。また，統計的法則を内容とする理論を認めていないわけではない（ポパー 1963）。それでも，普遍的法則を前提に展開されるポパーの多くの議論は消費者行動論とは距離を感ぜずにはおれない。消費者行動論には普遍的法則と呼べるものは見当たらないからである。消費者行動論に含まれる理論はほとんど全てが統計的な法則を内容としたものである。さらに，より厳しい限定を行えば，統計的法則の中でも確率の大きさの推定を可能にする確率的法則を持つものは少数であることを認めなければならない。私たちの有する法則の多くは，確率の大きさを問わない「～する傾向がある」といった傾向法則（tendency law）と呼ばれるものである。もし消費者行動研究者が科学哲学としてポパーの説くところの普遍的法則に関する部分に傾倒してしまったならば，足許を見たときに自己否定にも繋がってしまいかねないのである。消費者行動論の立場から科学哲学を眺める本書の立場としては，普遍的法則を前提とするような狭い反証主義は支持し難いのである。

　消費者行動論で広く採用されている研究の仕方は研究対象としての消費者行動に隠された構造を仮説として立て，それを統計的技法によって検定するというものである。その考え方は，科学的説明とは考えられた構造の中に含まれる原因となる事柄と結果との間に統計的因果関係を見出すことによってなされる，とする（Salmon 1984）ものである。それは統計的因果関係とは，原因と考え

られるいくつかの要因と結果との間に統計的関連性（statistical relevance）を見出した後，実験によって一つ一つ原因をスクリーニング・オフすることによって真の因果関係を突き止めてゆくというもので，統計的関連性の中には帰納的な論理も含んでいるものである。例えば，標本サイズ n＝200 のデータを分析した結果，特定の反応をする回答者 n_1＝120 が見出され，市場に売り出した場合には 53％〜67％ の範囲に 0.95 の確率で母集団における全消費者の反応が入るであろうといったことを議論しているときに，そこには帰納の論理が含まれていることに注意しなければならない。普遍的法則のような単純明快な答えを追求するあまり，「帰納は正当化することはできない。120 という観察も無限大のデータを分母とすれば確率は 0 となる。」と言い放つことは，統計的法則を内容とする消費者行動の世界に関して，何かを語ろうとすることを放棄することになる。現代の反証主義の考え方でも，単一の消費者の1回の試行について反応確率の反証を問題にする場合は別として，200人という消費者の一連の反応に基づく言明であれば，その議論の反証可能性を認めてもよいとするものとなっている（Kageyama 2003, pp. 106-107）から，ポパー流の考え方はやはり狭いと言わねばならない。

　そうしたところから，本書では帰納の問題を認識しつつも，それを排除してしまう考えを取るものではない。帰納の原理は古典的な意味での理論の正しさの証明に使うことはできないが，理論の確証の度合いを高める（ただし，その可謬性は認める）という役割を認めないわけにはゆかない。それは観察の積み重ねによって，研究者が主観的確信を高めたり低めたりするという研究者の自然な反応を反映したものということもできる。その意味で本書では帰納を擁護する立場に立つものである。こうした考え方は科学哲学の中でも科学的実在論として大きな流れとなっている。科学的実在論については次節で考察を行うことにして，ここでは帰納の考え方を科学の中でむしろ積極的に用いる確率的帰納論の考え方，とりわけベイズ流の確率論を取り上げて，帰納の有用性を確認しておきたい。

　私たちが物事をできるだけ合理的に捉え，合理的な意思決定を行おうとする

場合，過去の経験から得られる情報を活用しようとする。得られる過去の情報が正確さの点で不十分なものであっても，そうした情報に一切依拠しない意思決定よりは，情報を活用するほうが合理的なやり方となるからである。そして，こうした情報を追加的に得られた新たな情報（それも完全なものとはかぎらない）によって何らかの修正を行いながら，認識や意思決定を，より正確なものにしていこうとすることは，これまた合理的なやり方であると考えられる。そして科学的探究においても同じようなアプローチが取られていることは容易に認めることができる。科学者は過去の現象の観察から，そこに何らかの規則性を見出し，それを基に法則的一般化を行うか，現象を説明するにはこのように考えるしかないというアブダクション（abduction）を行う。これらはいずれも広い意味で帰納である。こうして構築された理論はデータとの突き合せでテストされるが，その結果は理論を支持する，あるいは支持しない，のいずれかとなる。前者の場合，科学者はその理論への確信を強いものとするが，後者の場合には何らかの形の理論の練り直しを迫られることになる。いずれにしても，テストは1回だけの理論の正当化の文脈という形で完結するのではなく，さらに帰納がなされていくことになる。

　こうした過程は関心とする事柄がある現象の生じる確率の推定であるときに，ベイズの定理を用いた事前確率から事後確率への修正の過程ということになる。

　いま確率的に生じるある消費者行動 X について，それを説明するための仮説 H_1 と仮説 H_2 があるとする。仮説 H_1 のもとで X が生じる確率は $P(X|H_1)$，仮説 H_2 のもとで X が生じる確率は $P(X|H_2)$ で表わされる。研究者は H_1 が真である確率を直感あるいは過去の何らかの経験から $P(H_1)$ であると推定しているとする（事前確率と呼ばれる）。この場合 H_2 が真であることの見込み $P(H_2)$ は $1-P(H_1)$ である。今1回だけ観察が行われたとして現象 X が生じたとするとき，この観察された X を条件とするときの仮説 H_1 が真である事後確率 $P(H_1|X)$ は次の（1）式のベイズの定理で求められる。

$$P(H_1 | X) = \frac{P(H_1) \cdot P(X | H_1)}{P(X)} \qquad (1)$$

ただし，$P(X) = P(H_1) \cdot P(X | H_1) + P(H_2) \cdot P(X | H_2)$

　仮説のもとで現象の生じる確率（尤度と呼ばれる）$P(X | H_1)$ と $P(X | H_2)$ は既知である。また研究者は主観的ながら新仮説の真である事前確率を $P(H_1)$ と見込んでいるから，右辺の確率は全て既知として，左辺の事後確率 $P(H_1 | X)$ を求めることができる。

　ベイズ流の確率の考えの優れた点は，過去の多数の観察の頻度から求められる確率であれ，あるいは研究者の勘に基づく主観的確率であれ，同じように扱えるということである。(1) 式で使われる仮説 H_1 の確からしさである事前確率は，研究者の主観的確率である。仮説 H_1 の事後確率は X が 1 回観察されたという客観的データによって最初の主観的確率を修正したものとなっている。そして，こうした修正を繰り返していけば，早いスピードで主観的確率のウエイトが小さくなっていくことが知られている。その意味で，研究者の主観という曖昧さが混じることを忌避する客観主義者の批判にも応えられるという強みを持っている。

　そして，こうした観察を繰り返すことで確率を修正していくやり方は，その性質からして帰納的確率であることがわかる。そして，事後確率は仮説 H_1 の確証度合いと考えることができる。

　ベイズ流の確率論は本来，実用的な意思決定問題への有用な統計的アプローチとしての性質を持っている。しかし，それを競合する仮説の間でいずれを採択すべきか，という規準として用いるならば，事後確率の高くなる仮説を有望視すべしということで科学的方法論の中に積極的に持ち込むことが可能である。それは事後確率の低くなる仮説を採択しないという手掛かりも与える点で，仮説の採択・受容だけを前提としたものでないことは明らかである。仮説が繰り返し支持されても，それは暫定的な支持であって，仮説の確からしさについての情報と見なしてはいけないとする反証主義と比べて，ベイズ流のアプローチは手探りで研究を進めている研究者にとって，知識体系を前進させるために，

はるかに実践的な手がかりを与えるのではないだろうか。近年ではこうした考え方に肯定的な科学哲学論者も見られる。例えば内井 (1995) はベイズ流の確率論を紹介した後で、研究者間で主観的確率について多様な見積もりが生じることについても、むしろそれを望ましいことと評価している。「全員が同じ判断や見積りをする場合には、それが誤りであった場合の知的リスクが大きすぎるからである。」(内井 1995, 213頁)

　消費者行動論においてベイズ流の確率論が有しているもう一つの優れた点は、それが複数の仮説が競合関係ではなく併存関係である場合にも応用可能なことである (Brinberg, Lynch, Jr. and Sawyer 1992)。消費者行動論では一つの現象が単一の仮説の効果によってのみ生じているのではなく、複数の仮説の効果が併存的あるいは複合的に働いているというケースは少なくないと考えられる。例えば、消費者の広告メッセージに対する反応が、伝えられていないことに対する消費者の推論と消費者の最近の選択行動に基づく認知的不協和、そして状況要因といった複数の仮説で説明可能な場合は少なくない。そして、そうした複合的関係を実験によってもコントロールすること、あるいは除去することが困難な場合もある。例えば消費者がある製品に感じる親近感とその製品についての知識量とは常にかなりの程度相関しており、どちらかを取り除くことは事実上困難である。こうした必ずしも相互に背反関係にあるわけではない複合的な状況についても、それらの間の同時確率を考えるというアプローチをとることにより、それぞれの仮説の事後確率を算出できることが Bringberg 等 (1992) によって示されている。それはどちらかと言えばテストを生き残る単一の仮説へと絞り込んでいくプロセスとしてのみ捉え、他の仮説を全て競合する背反的な仮説と見なしがちな伝統的な科学観よりも消費者行動論になじみやすい点の一つであると考えることができる。

3-2　実在論と反実在論

　本章の最初のところで、本書が依拠する科学哲学の立場は科学的実在論

(scientific realism) であると述べた。本書がこの科学的実在論の立場を依拠可能な科学哲学とするのは，それがこれまでの科学哲学の諸論争を踏まえた形での一つの到達点となっている点に加えて，厳密性とより豊かな内容を求めて研究が展開されている今日の消費者行動研究にとって，最もなじみやすい考え方を提供してくれるからである。

マーケティング研究者の中で正統的科学哲学の立場から論陣を張ってきたHunt は当初，論理経験主義を採用することを表明していたが，近年では科学的実在論を標榜している。

Hunt によると科学的実在論には多様な流れがあるが，それらをまとめると四つの基本的考え方に立っているという (Hunt 1990, Hunt and Hansen 2010, pp. 116-117)。一つは，現実世界が観察者とは独立に存在しているとすること。二つ目は科学の仕事は世界についての真正の知識を構築することであるが，そうした知識が確実なものかを知ることはできないとする可謬性を認めた実在論であること。第三に知識の真理内容のテストにおける科学者の知覚（測定）のプロセスの可謬性を認める批判的な実在論であること。科学的実在論にとって科学的知識というものは暫定的で将来の証拠に基づいて変更し得るものなのである。第四に科学的実在論は帰納的実在論をとっていること。それは科学的理論の長期にわたる成功は，理論で措定された実体や構造が実際にも存在すると信ずる理由を与えるとの立場である。

科学的実在論が伝統的な科学観のところで取り上げた論理実証主義とその展開である論理経験主義と大きく異なるところは，それが観察することのできない概念を理論の構成要素とすることを認めるのに対して，論理経験主義は観察不能な概念を排除する点である。論理経験主義は，たとえ直接観察できない概念を含めて理論が記述される場合でも，観察可能な概念と 1 対 1 の対応関係がなければならないとする (Hunt 1991b)。そして観察不能なものを排除するか否かの差は，X が Y の原因となるといった因果関係の捉え方についても当てはまる。科学的実在論は因果関係の存在を認めるが，論理経験主義は因果関係の存在を認めない。

科学的実在論は研究対象の実在を考え，科学が可謬性を持ちながらも，将来の厳密なテストによる理論の修正という形で科学的知識の進歩を考える点で，同じく対象の実在論に立ち，現在のテストを通過しても暫定的な支持であって将来のより厳密なテストによって反証されるかもしれないとする反証主義と似かよった知識進歩観を有している。しかし，科学的実在論は帰納を認める点で，反証主義とは大きく異なっている。それは，これまで長年の科学の目覚ましい発展という歴史的観察から，科学の扱う概念やその間の関係の実在を認めるというものであり，帰納的考えに立っている。それは可謬性を認めるものであって，理論で描かれる通りのものが実在するという素朴な実在論ではないが，理論が繰り返しのテストを通過するならば，現実世界に理論が示すようなものが実在すると考えてもよいとするものである (McMullin 1984)。その意味でテストをクリアする理論は世界の近似であると考えることもできる (Boyd 1989, 90, 2011, Hunt 1991, p. 385, ハッキング 1983)。

　そして，こうした科学的実在論は，今日の消費者行動研究にとって非常になじみやすい科学哲学であることになる。消費者行動論では研究者とは独立な現象としての消費者行動の実在を前提にするのが普通である。消費者行動は消費者行動研究者やマーケターが仲間内で構想し，思い描いているものでしかないといった観念論的考え方では，すぐに行き詰ってしまうことは明らかである。マーケターが思い描く通りに市場が動くのであれば苦労することはないのである。そして，今日の最も代表的なパラダイムである消費者情報処理理論は，直接観察することの困難な消費者の頭の中での認知的過程である情報処理を研究対象としている。直接観察することのできない事柄を研究対象から外すべきであるとする意見は今日ではほとんど聞かない。また，経験的な研究方法としても多くの研究者が共分散構造分析を用いているが，それは認知的過程について因果的な構造を推論するというのに適した方法なのである (Bagozzi 1980a)。

　科学的実在論を背景とする研究は多くの場合，大きなサイズのサンプルを収集して，統計的手法を用いて分析するやり方が取られているが，こうした定量的なアプローチだけに限定されるものではない。少数の事例を用いて定性的な

分析を行う場合でも上にあげた四つの基本的な考え方に立っていれば，それは科学的実在論の視点に立った研究となる。したがって，質的な研究を行っているから相対主義的な科学観に立たなければならないとする必然性は存在しない。もし，自らの研究における厳密性追求の困難性を認める代わりに，科学全体の厳密性にも問題があるのだと主張することで，自らの研究において厳密性が欠如している問題の回避を図るということであるなら，それは本末転倒と言うべきである。

今日，科学的実在論と論争関係にある反実在論の代表的なものは構成的経験主義（constructive empiricism）と呼ばれるが，文字通りの反実在論ということではない点に注意が必要である。それは論理経験主義と同じく観察可能な範囲での研究対象の実在は認めるもので，弱い反実在論（weak antirealism）と呼ばれることもある（McMullin 1984）。今日でも反実在論の陣営には論理経験主義，道具主義，相対主義といった立場が存在しているが，これらの流れは科学哲学の分野ではもはや大きな流れとはなっていない。一部には社会構築（構成）主義と呼ばれる過激な立場を依然として持ち続けている流れも存在している。社会構築主義は研究者集団が社会的に構成した概念を，世の中にあたかも事実のように押しつけているとするものである。

社会構築主義はいわゆる「女らしさ」のような社会的に創り出された概念が社会に不平等をもたらしているといった，ジェンダー論に結び付けられる文脈ではその存在価値を有している。マーケティング論でも，市場での製品の意味付けが消費者とマーケターとの価値共創的な相互作用によって創り出される側面がある（石井 1993，石井・石原 1996，栗木 2012），とする点で一つの貢献をしている。しかし，製品の意味付けは常に事後的にのみなされる，ということではない。共創的側面を強調するあまり，新製品開発における事前の意味付け，コンセプト作りの重要性を否定してしまってはならない。マーケターと消費者との相互作用ということも，それを事後的な問題としてしまうのではなく，むしろ事前に新製品開発のプロセスにそうした相互作用を取り込むあり方が提唱されている（小川 2006）のは，事前の計画性という本来の戦略のあり方に立っ

た議論と考えられる。社会構築主義は科学に関わる現象のうち見逃してはならない一部の問題の存在を指摘する点では貢献をする。しかし、そうした問題の存在を科学全般にあてはまるものとして押し広げて、インフルエンザのウイルス、電波、放射能といったものも科学者達が勝手に創りあげて人々に信じ込ませているものといった議論（Latour and Woolger 1979）になると滑稽な観念論となる。

　構成的経験主義の代表的論者としてのファン・フラーセン（van Fraassen）は研究者と独立な世界が存在し、そこに何らかの秩序が存在するかもしれないことは容認する。また、観察可能な範囲での事柄の間の法則的関係を認めることにやぶさかではない。その意味ではそれは実在論の立場に立っている。それが科学的実在論と袂を分かつのは、研究者にとって観察不能な概念及びそれらの間での法則的関係の実在を主張することはできないし、それを科学の目標とすべきではないとする点である。それは科学の目標に関して科学的実在論と異なって控えめであることを特徴としている。ファン・フラーセンは「科学の目標は、われわれに経験的に十全な理論を与えることであり、一つの理論の承認に信念として含まれるのは、それが経験的に十全だという信念だけである。（ファン・フラーセン 1986,『科学的世界像』,（丹治訳）39頁）」と述べる。

　科学的実在論が観察不能な世界についても、それを近似的にせよ知ることを目的としているのに対して、構成的経験主義は観察不能な世界を文字通り知ることではなく、観察不能な世界を含めた理論を創ることによって、観察できる現象を十全に説明すること（現象を救うこと）ができれば科学の目的は達せられるとするのである。構成的経験主義は観察不能な世界を研究の対象にしている点で、観察可能な概念に1対1で翻訳できない概念を含む理論を排除する論理実証（経験）主義と異なっている。また、世界を説明することを科学の目的から除外してしまっている道具主義とも異なっている。構成的経験主義が観察できない世界の実在を否定しなくても、それを知ることはできないとする不可知論に立つのは、観察不能である世界の描写に理論がどこまで近づいているかを知ることが困難なためである。それは真の姿が見えない以上、十全な説明を

与える理論が，どこまで真の姿に近いのかを判定することはできないとする考え方である。それに対して科学的実在論は，われわれが真の姿に近似できる理論を持っている場合には，その理論を足掛かりにして，さらに精度の高い理論に進んでいることを知ることができると考えるものである（Boyd 1990, p. 8）。それは相対主義的科学哲学と伝統的科学哲学との論争のところで取り上げた，決定不全性の問題をめぐる論争であると見ることもできる。科学的実在論の側からは理論で考えている電子のようなものが存在せず，またそれが理論で考えられているような働きをしないとするならば，現在の科学が達成している成功を奇跡としか考える外ないという奇跡論法が有名である（伊勢田 2003）。それに対して，反実在論の側からは成功したと見られていた理論でも，後になって偽であることが判明されたものは多い（ラウダン 1984, 206頁），といった論争がなされている（Okasha 2002）。

　もちろん，こうした科学哲学における論争を要約的にせよ的確に描写し切ることは，本書の目的を超えている[4]。消費者行動研究者として，問うべきことは，実在論と反実在論のいずれかを採用することによって，消費者行動研究に実質的な差異が生じるであろうかということである。この問いに対して，いずれの科学哲学の立場に立とうとも，消費者行動研究には実質的には大きな違いはないと考えることもできる。

　その理由の一つは，二つの立場の間の差異が思いのほか小さく，両者の間の線引き自体も容易でないように思われる点である。

　例えば，両者を分ける条件として取り上げた観察可能と観察不能との間の線引き一つにしても，実に多様な考え方があり得るのである。観察可能ということを研究者の肉眼で見えるものというように最も狭く限定した場合には，虫眼鏡ではなぜ観察不能になるのかという疑問が生じる。そして，虫眼鏡を観察可能の範囲に含める場合には，光学式顕微鏡はどうなるのかという問題が生じる。さらに電子顕微鏡で撮影されているウイルスの写真はどうなるのであろうか。

　さらに，観察可能性の問題を離れても，論争の行われている両陣営の距離が非常に近いものになってきている点がある。科学的実在論でも理論が対象や法

則の実在そのものを文字通り捉えているという主張ではなく，可謬性を認めたもの，そして世界の近似であるとするものとなっている。また，対象実在論：介入実在論（entity realism）と呼ばれる考え方のように研究者が介入し，操作できる範囲までの実在を認める考え方がある（ハッキング 1983，伊勢田 2003）。直接観察できない研究対象の実在を認め，それらの間の現象的法則（phenomenological laws）の実在は認めるが，いくつかの現象的法則を束ねて説明する基本的法則（fundamental laws）の実在はあり得ないとする立場もある（Cartwright 1983）。こうした立場を反実在論として見ても，あるいは弱められた実在論として分類しても，実在論と反実在論との距離は，かなり近いものとなってしまう。

そして，消費者行動研究者が実在論と反実在論のどちらの立場をとっても，それがすぐに研究の進め方や，データの読み方，結論の出し方に直ちに影響を及ぼすと考えにくいことも事実である。すると，消費者行動研究者としては各自の価値判断でどちらの立場を選んでもよいと考えられるかもしれない。自らの携わる消費者行動研究が，消費者行動の観察不能なところまでを含めた真理を近似的にせよつかむことなのだという目的にこだわるのか否かの価値判断であるということになる。

それでも本書では，あえて科学的実在論の立場に立つことを選択する。それは，何らかの革新的な製品・サービスをもって市場に創造的に適応していくというマーケティング論の各論としての消費者行動論という性質からして，構成的経験主義の控えめな研究姿勢は，いま一つしっくりしないと考えられるからである。

科学は研究者が取り上げる世界（ここでは消費者行動）について，その知識体系として，できるだけ統一的に捉えることをめざすものである。統一的ということは諸理論間で矛盾する事柄や理論で説明できない変則事例の解決をめざして，より優れた理論構築へと研究が進められることを意味している。新しい理論が旧理論の抱えていた問題のいくつかを解決し，新しい知識を加える形で展開されるときに現実世界がよりよくつかまれていくケースは，還元による理

論進歩と言われる（ローゼンバーグ 2005）。もちろん消費者行動論は物理学のように数学的体系を内容とするものではないから，新しい理論が旧理論を包摂する関係を，旧理論の特殊性と限界を数学モデルのパラメータの値として明示的に指し示すというわけにはいかない。しかし基本的な考え方は同一なのである。消費者行動論においても，態度モデルが情報処理モデルの中で丹念な情報処理方略の一つとして包摂されるような研究の展開は見られるのである。そして，こうした統一的な現象の説明とは，どうしても高度に理論的なものとならざるを得ないのであり，理論的になった分だけ，観察測定も理論的な仕組みを通しての（複雑な観察装置あるいは複雑な技法を用いての）ものとならざるを得ないのである[5]。その場合，構成的経験主義のような反実在論の背後にある考え方は程度の差はあっても，研究者の眼に見える観察可能な現象は認めるが，直接観察できないものについては，その実在は認めないとする考え方，あるいは観察装置を通して目に見えないもののふるまいとその制御に成功（例えばテレビ）していても，その実在（電子）を疑うというもので，17世紀以来科学が進めてきたことへの懐疑主義が根底にある。

感覚的に五感を通してつかめるものに認識的な優位性を認めて，観察装置を通しての観察測定に疑念を挟む考え方は，観察装置を用いることによって発展する科学の考え方とはどこかで逆のものとなっていると言わねばならない（小林 1996）。むしろ，科学の進歩は私たちの五感に依存する認識が大きな限界やゆがみを持っていることを示してきたと見るべきではなかろうか。理論の進歩は測定の客観性をも向上させてきたと見るのがより妥当な捉え方（Hunt 1993）ではないだろうか。消費者行動論に即して述べるならば，構成的経験主義に立つ研究者は情報処理パラダイムを用いての研究に拒絶反応を持つことはないにしても，行動修正パラダイムを用いた研究のほうが直接観察されるデータに限定しているがゆえに，心理的にすっきりした気持ちで研究できるということになってしまう。そして，そうした姿勢が消費者行動研究の流れにはそぐわないものであることは明らかである。

また，現象の経験的に十全な説明ができることでよいとする考え方は，現象

の経済的な把握と予測ができればよいとする道具主義とは異なっていても，理論で措定する概念が実在することを前提としないものであるため，様々な現象に合わせた細分化された理論構築に繋がりやすいことが考えられる。しかしながら，すでに述べた通り科学は現象の統一的な説明を目指すものである。一見関連のないように見える複数の現象（天体の運動と，地上での物体の落下現象）が実は同じ法則（ニュートンの理論）に基づいて統一的に説明されるといったことは，それが虚構の概念に基づくものであるならば，全く奇跡的なことになってしまう（Bird 1998, p. 150）。さらに，経験的に十全な説明という考え方はいまだ観察されていない現象が生じ得ること，例えば未発見の元素の存在を予言すること，あるいは特定の現象の発生があり得ないと理論的に禁止するといった科学が，未知の世界について指針を示す役割については弱いものになってしまうと思われる。なぜなら，それは現存するとされている元素の存在にすら懐疑的なためである。

　消費者行動に即して考えるならば，現在見られる消費者行動の説明については実在論に対して遜色のない科学哲学的基盤となっても，将来，革新的な環境のもとで生じ得る消費者行動について語るといった状況には向いていないことになる。マーケティング論の各論としての消費者行動論は，企業の行う革新行動についての予測についても何らかの貢献をすることが求められることを鑑みるとき，反実在論的な立場はしっくりしないことを指摘しなければならない。懐疑主義的な考え方は意思決定の基盤としての予測にあたっては責任ある発言にはならないからである。そして，「予測と帰納」の節で述べたように，マーケティングにおける予測は，かならずしも経験的にデータと突き合わせがなされるわけではないのである。それでも予測の結果，得策と見られないマーケティング戦略は捨て去られ，一つの戦略のみが採択されるという実践と直結した事柄なのである。そうした場合，科学としての消費者行動論に求められるのは，できるかぎりの合理的な判断ができる予測を提供することであって，「ことわっておきますが，いま私が説明に使った概念の実在に関して，実は私は懐疑的なのです。それでも，現状で最善の説明を与えると思われるその概念を使って

予測をするならば——」という，ペダンティックな物言いをすることではないと思われる。それは，消費者行動の研究では近似的にせよ実在する概念や因果関係に接近を試みているのだというロマン，あるいは気概のようなものが不可欠だという価値観だけの問題ではなく，そもそも実在もしない虚構の概念に現象の説明力が存在するとは考えられないからである（Salmon 1984）。

（1）消費者行動論という視点に立つとき，やはり反証主義はあまりに禁欲的で現実の関心事に目を閉じる考え方と言わねばならない。堀越（2005，285-288頁）はヒュームが論理的な帰納を排除しても，心理的な帰納を認めるという不完全性を抱えているというポパーによる批判を紹介している。そして帰納の考えを受け入れる科学的実在論の立場がヒュームの不完全さに通じるもので，結局は仮説支持的な経験的研究の積み重ねという無駄を生じると論じている。しかし，反証を目的とする経験的研究の場合でも，明確な反証的結果を示すには試行錯誤と繰り返しを避けることはできないことを見逃している。一つの理論仮説の明確な反証には，多くの場合新しい理論仮説が必要であり，やはり複数の理論仮説の比較テストが研究の早道になると考えられる。

　しかし，本書はポパーの一貫して説くところの科学者が自説に対して持つべき謙虚な研究態度・研究姿勢を重視するものである。特に，量子論のような天才的研究者が活躍する領域において，輝かしい新理論が提唱された場合，それを「終着点」として押し出す（ハイゼンベルク・ボーア）のか，それともあくまで暫定的なものとして主張する（アインシュタイン）のか（ポパー『量子論と物理学の分裂』，1982）は，学界に少なからぬ影響を及ぼすと思われるからである。消費者行動論においては，そのような天才の持つ研究姿勢が及ぼすマイナスの影響といったことは問題にならないであろうが，それでも理論の可謬性という考え方は堅持しておく必要があると思われる。本書ではポパー流の反証主義はとらないが，その論点の多くを参考にしている。なお，反証主義ということが狭い考え方に繋がりがちなことは，ポパー派と見なされる方法論者によっても認識されているようである。ポパー自身が自身の立場を称するときに使った批判的合理主義（critical rationalism：批判的であることと合理主義であること）を標榜することが，狭い反証主義よりもベターであることが経済学の方法論者 Caldwell（1991）によって指摘されている。

（2）　予測は必ず結果をもって確かめられるとする考え方（例：Zaltman, Pinson, and Angelmar, 1973, p. 147）は意思決定に用いられる予測の本質をつかんでいない。

（3）消費者行動論を含む社会科学において，予測が困難である論拠の一つとして，内部性の問題が指摘されている（例；栗木 2012）。それは，予測されている行動は消費者自身が，そしてそれに影響を与える当該企業と競合企業が，予測に関する情報を得て，行動を変化させることである。したがって，本来的にダイナミックな性質を持つ社会現象の予測を高い精度で行うことは非常に困難なことになる。ポパーはそれでも予測を行うことが無意味ではないことを「ゼロ方法」という概念で説明している（ポパー 1957，『歴史主義の貧

困』,212頁)。それは想定された条件のもとで将来こうなるということを知ることは行動の準則となるからである。例えば,25歳の若者が,現在のような暴飲暴食と不規則な生活を続けるならば,40歳になる前に肝臓の機能障害を起こすと医者に告げられることは,そのことによって生活習慣を変えることで予測は結果として外れることになるが,極めて重要な予測であったことになる。

(4) 実在論と反実在論の違いについての解説は Bird, Alexander (1998), *Philosophy of Science*, McGill-Queen's University Press. 及び Ladyman (2002), *Understanding Philosophy of Science*, Routledge に詳しい。

(5) ここで観察測定が当該理論にのみ依存してしまうのでなく,当該理論を離れたところでも(異なる理論についても)適用可能なものであることが望ましいことは言うまでもない。

第4章 消費者行動の理論と経験的テスト（その1）

4-1 基礎研究・固有の理論研究・効果適用研究

　前々章及び前章では消費者行動論という視点から科学哲学の考察を行った。そこでの結論は，消費者行動論の依拠できる科学哲学は現代科学哲学としての科学的実在論であった。また，相対主義的科学観から伝統的科学観に向けての批判点を通して，経験的研究を進める場合の課題及び留意点を明らかにすることができた。そこで帰結された方向は，まさに相対主義的科学観の向ける批判点に真正面から対応していく形での，複数の理論間の比較研究ということであった。決定不全性という問題，そして通約不可能性という問題はいずれも理論の比較という考えを否定するテーゼとしての意味を持つものであった。

　しかし本書ではそうした問題を理論の比較における困難性としては受け止めるものであるが，それらをもって，文字通り理論間の比較ができないという結論に導くものとはしなかった。それらの問題をのり越えるべき障害と捉える視点からは学問の前進はあっても，それらの問題をのり越えられない壁としてしまう視点からはニヒルな評論家的停滞しか生まれないからである。同様に，個別の理論のテスト自体に含まれるデータの理論負荷性の問題も，消費者行動研究においては，それが喧伝されるほどの問題でないことが明らかにされた。

　そこで，本章では複数理論の比較研究ということを基本的な方向としながら，それを科学哲学のレベルから一段下がった理論とテストというレベルで考察を行うことにしよう。

4-1-1 三水準の研究

　消費者行動研究を研究の抽象度のレベルから眺めるとき，大きくは三つの水

準の研究に分けることができる。それらは（1）最も抽象度の高い基礎レベルの理論研究，（2）消費者行動に固有の問題状況を含めた固有レベルの理論研究，そして（3）固有レベルの理論研究で明らかとなった知識を用いて，それを実際の市場における消費者行動にあてはめる効果適用研究である[1]。

　第一水準と第二水準の研究はともに理論研究であるが，第一水準は必ずしも消費者行動という領域を限定しなくとも，人間行動全般にあてはまるレベルの理論研究である。例えば，同じく情報処理という理論枠組みを考えたとしても，人間がどのように情報を処理するかといったことをアルファベットの無意味綴りを刺激に用いて，実験室で実験を重ねながら解明していくといった研究は，基礎レベルの理論研究となる。それに対して，マーケティング論で用いられるコミュニケーション手段として，テレビ広告でメッセージが伝えられる場合と販売員を通して同じメッセージが伝えられる場合に，受け手の消費者側にどのような情報処理の違いが生じるのかということが問題にされる場合には，第二水準の固有の理論研究ということになる。

　われわれの研究対象とする問題領域が消費者行動であるところから，第二水準だけを対象として考えればよいとすることもできないではないが，場合によっては第一水準にまで遡る形で理論研究がなされることも必要である。実際のところ，消費者行動論は，心理学，社会学，経済学，文化人類学等の人間行動を対象とする学問分野で構築された概念及び理論を援用する形でなされている場合が多いが，そうした援用が問題を含まない形でなされているのかという検討を行う意味でも，第一水準に遡ることが必要となる。あるいは，場合によっては，そうした援用される概念・理論の妥当性の再検討が必要なだけでなく，消費者行動論の領域での成果を基礎分野にフィードバックすることがなされてもおかしくないのである。第一水準と第二水準との距離が大きくないと考えられる社会心理学で開発された理論（例えば認知的不協和理論）の場合など，消費者行動という現象についての研究がそのまま第一水準の研究としてなされていることもある（Festinger 1957）。あるいは，理想的には消費者行動研究が，基礎研究レベルでの新しい概念の構築に繋がる形でなされるといったことが将来

起こり得ることを排除すべき理由はないであろう。その意味で、第二水準の固有の理論的研究に限定しないで二つの水準を考えておくことが必要と思われる。

そうしたところから、消費者行動論の知識体系は第二水準の消費者行動に固有な理論研究を中心として、必要に応じて第一水準の基礎研究を加える形で形成される理論体系に、第三水準の効果適用研究を合わせる形でまとめられるべきものと考えられる。

4-1-2 効果適用研究の性質

第三水準の効果適用研究は、理論研究というよりは応用研究である。それは第二水準の固有の理論研究で明らかにされた知識を実際の市場における消費者行動にあてはめて説明すること、そして予測することである。それは、消費者行動研究の目的のところで述べた予測目的の消費者行動研究にほぼあてはまると考えられる。しかしそのことは、第一水準と第二水準の理論研究がそのまま説明を意味し、第三水準の効果適用研究が予測を意味しているということではない。第一水準の基礎理論研究そして第二水準の固有の理論研究においても、それぞれのレベルでの説明だけではなく、予測があり得ることに注意しなければならない。ただし、そうした理論研究レベルでの予測は理論の経験的テストのための予測という性質を持っている。それに対して、第三水準の効果適用研究における予測は、マーケティング意思決定のための情報として役立てるための予測であり、消費者行動研究の目的で取り上げた予測に該当するものである。効果適用研究においても説明を除外することはできない。極めて状況特定的条件下での消費者行動の説明が、マーケティング意思決定のための基礎的知識になるということはあり得るからである。

第二水準の固有理論の研究と第三水準の効果適用研究との違いは経験的研究、とりわけ実験における内的妥当性と外的妥当性との関連として捉えることができる。

消費者行動の固有の理論研究とは、関心対象とする消費者行動について、それを説明するための固有の理論とテストであり、取り上げられる概念の精緻化

と概念間の法則的関係の推論とそのテストを内容としている。それは関連する既存の諸概念，及び既存理論との論理的・経験的関連付けを明確にするという作業も含んでいる。今日の消費者行動理論が数学モデルのような定式化されたものではなく，傾向法則，あるいはせいぜい確率法則を内容とするものである以上，曖昧さが含まれてくることは避けようがないが，それでもできるかぎりの実験の内的妥当性を高めた形での研究が進められることが優先課題となる。すなわちそこで取り上げている要因以外の影響をできるだけ取り除いた形で，法則的関係が推論されていくことが重要なのである。

それに対して，効果適用の研究は実験の外的妥当性を高めることが肝要となる（Calder, Philips and Tybout 1981）。市場で予測される通りの効果が見られるかどうかは，その市場の状況と細部まで対応する形で収集されたデータを用いて予測がなされなければならない[2]。市場において対象とする消費者の属性の分布，情報が提示される条件等を一致させた形での予測である。

また予測を意思決定の情報として用いるためには，単に概念A（マーケティング変数）と概念B（消費者の反応）との間に統計的に有意なプラスの関係があるというだけでは不十分であって，概念Aがこの数値のときに概念Bはこの数値になるということを示す信頼性の高い何らかのパラメータ（例えば，回帰係数，比率）の推定が必要である。意思決定においては単に「右の方向になりそうだ」というだけでなく，「右の方向にこのくらい進みそうだ」という情報が含まれていて，初めて効果的な資源配分を行うことが可能となるからである。そして，この一連の作業は，一つの観察データに基づいて得た知識が，これから起こり得る状況においてそのままあてはることを考えていることから帰納を行っていることになる。つまり，予想される影響要因について，できるだけ予測をめざす市場条件に合わせる形での工夫が必要なのである。しかしながら第一水準の基礎理論研究と第二水準の消費者行動固有理論の研究との差異が僅かなケースがあったように，第二水準の固有の理論研究と第三水準の効果適用研究との境界線も，それほど明確に整理できるわけではないことに注意しなければならない。

図4-1 異質グループの集計効果

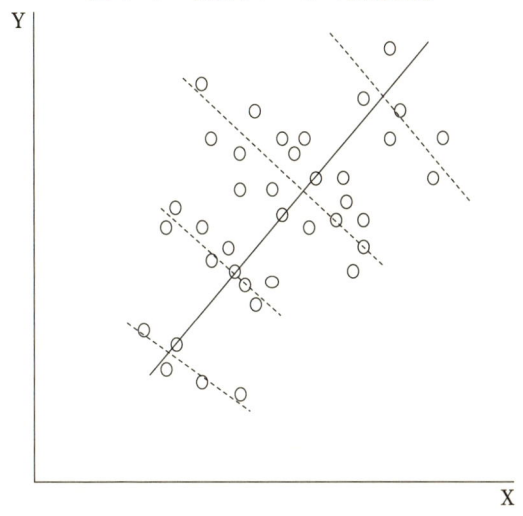

実験の内的妥当性はその外的妥当性との両立の困難性を抱えている (Cook and Campbell 1979)。内的妥当性を高めるために，実験において処理される変数以外の要因の効果が除去されなければならないとすると，それはいきおい市場条件とは異なる実験室的実験となる。用いられるサンプルも母集団を代表したサンプルというよりは，同質的なサンプルとなる。それは母集団を代表したサンプルとはしばしば異質な消費者を含んでおり，異質性の集計効果と呼ばれる実験処理以外の効果をもたらす可能性があるからである。例えば，図4-1のように母集団の中に四つのグループがあり，四つのグループ内ではYとXとの間に右下がりの負の相関が見られるような場合でも，四つのグループを集計して分析するとYとXとの間には右上がりの正の相関が見られることになる。

この点は理論的研究において母集団を代表するランダム・サンプルが使われずに，同質的なグループである学生サンプルがしばしば用いられる根拠とされることもある (Calder, Philips and Tybout 1981)。しかし，図4-1のような四つのグループが存在する場合に，どれか一つのグループを代表するサンプルを

用いて原因変数 X を大きくすると，結果変数 Y の減少が見られることを確認できれば理論的研究の最優先的目的を達成したことになるのであろうか。Lynch (1981) は理論研究においても当てはまる範囲をつかむために，異なるグループにまたがった外的妥当性を確かめることが必要であるとする。そうでないかぎり，四つの異なるグループの存在すらわからないからである。それに対して，Calder 等は外的妥当性のチェックは効果適用研究に必要な事柄であって，理論研究には含まれるものではないとする。そして，もし状況要因が一貫した形で関わりを持ってくるならば（例えば図 4‐1 の四つのグループの差が，関与，知識などの要因で説明されるものであるならば），むしろ内的妥当性に関わる問題として，理論あるいはモデルの中に組み込まれるべきであるとする (Calder, Philips and Tybout 1982)。

　本書の立場はどちらかと言えば Lynch の考え方に近いものである。それは Calder 等の考え方に立てば，消費者行動研究者の関心あるいは役割は，消費者行動を説明する理論・モデルの構築とそのテストということに集中しがちになるからである。効果適用の研究は，どちらかと言えば研究者というよりは，でき上がった理論を応用する調査会社あるいはコンサルタントの役割となってしまう。本書の基本的考え方は，消費者行動論は意思決定問題に有用な予測を研究目的として含むものであり，第三水準の効果適用研究に関する知識も消費者行動論の知識体系の中に含めて考えるというものであった。現実の問題としても第二水準の研究と第三水準の研究が常に明確に分けられるわけではなく，外的妥当性を問うにあたって，どの状況要因が絡んでくるのかに関しても試行錯誤は避けられないと考えられるからである。

　この点については「21世紀における実験：外的妥当性の重要性」というタイトルの論文で Weiner (1999) の主張する考え方は参考になると思われる。Weiner は21世紀の消費者行動研究者は所属するビジネス・スクールの競争環境からして，認知心理学者的な理論研究だけを関心とすることは許されず，理論研究家であっても効果適用研究を取り上げざるを得なくなるという背景から，今後の研究は（1）必ず外的妥当性の確立のために何がなされるべきかを明示

すること，(2) 消費者行動研究者とマーケティング・サイエンティストとの共同研究が望まれること，(3) 実験データだけではなく，スキャン・パネルデータのような市場データを組み合わせた経験的研究が望ましいこと，の3点を提言している。(2) の点に関しては同じ1999年に清水 聰が著書『新しい消費者行動』においてほぼ同じ提言をしていることは興味深いことである。

　なお，注意すべきは，その研究が外的妥当性の高いものであるか否かの厳密な判定はその研究の中だけでできるものではないことである。予測の結果が高い精度であてはまったかということは事後的な判定に属するからである (McGrath and Brinberg 1983)。研究 A の外的妥当性は研究 B, C, D という他の研究結果を待って初めて確定する。どんなに外的妥当性が高いであろうと考えられた研究でも，想定外の条件の違いで予測が外れてしまうといったことはあり得るからである。そしてこのことは効果適用研究が理論的研究に引き続いてなされる1回の研究で完結するという性格のものではなく，複数の研究の繰り返しを必要とすることを意味している。構築された消費者行動理論 X がどの程度の範囲で適用可能なのか，その限界，あるいは異なる消費者層・状況に適用可能な頑健性などについての実用的知識を積み上げることが，効果適用研究の重要な側面となる (Wells 1993)。そして場合によっては，第三水準の効果適用研究から上位の固有の理論研究へフィードバックがなされることもあると考えるべきである。

4-2　効果適用研究の手順

　以上の考察から効果適用の研究は以下の一連の作業を含むものと考えられる。
　効果適用研究のポイントは予測をしようとする状況に合わせて，関心とする効果がどのように表れるかを予測することである。この状況に合わせた説明と予測ということは，オーソドックスな科学的方法論においても妥当な方法として考えられている。ポパーは社会科学とりわけ経済学における望ましい説明のあり方として状況的分析 (situational analysis) をあげているが，それは次の

図4-2　効果適用研究の流れ

（1）効果適用問題の記述
関心のある消費者行動を記述し，問題の基本的枠組みを明確にする
<u>関心とする現象</u>：〈例〉新機能を追加した新製品の価格に対する消費者の反応
<u>問題枠組み</u>：　競争条件：自社既存製品、競合他社既存製品
　　　　　　　　市場成熟度：標的となる消費者の当該製品の購入経験，知識量
　　　　　　　　流通：取り扱い小売店
　　　　　　　　コミュニケーション手段

⇩

（2）関連する理論・モデル・概念の識別
記述された問題状況における消費者行動を説明する理論・モデル・概念をできるかぎり多くリストアップする。
　〈例〉　内的参照価格，新製品受容過程モデル，カテゴライゼーション，文脈効果

⇩

（3）状況要因の特定化
リストアップされた理論・モデル・概念の視点から問題状況を再整理し，状況要因を特定化する。ただし，単一の状況だけに限定するのではなく，いく通りかの考えられるシナリオに応じた特定化を行う。(理論・モデル・概念の適用範囲，頑健性)

⇩

（4）適用する理論・モデル・概念を決める
特定化された状況要因の中で理論・モデル・概念間の関連（背反・併存・補完関係等）を明らかにし，効果適用を図る理論モデル・概念を絞る。場合によっては状況に依存した新しい理論・モデル・概念が追加される。
　〈例〉　内的参照価格についての効果適用
　　　　　データ収集・分析の過程で混入する可能性のある効果，
　　　　　（比較の方向性効果，解釈レベルの効果）

⇩

（5）適用できる効果の測定と予測
外的妥当性に注意しつつ収集されたデータに基づき効果を測定し，予測を行う。予測の精度の推定

ような構造を持っていると整理される (Caldwell 1991)。

　　状況の記述：エージェントAは状況Cにある。
　　状況の分析：Cのような状況にあっては適切な行動はXである。
　　合理性の原理：エージェントAは状況に対して常に適切に行動する。
　　被説明項：したがって，AはXをしたのだ。

　この状況的分析は，状況の記述，状況の分析，合理性の原理をもって説明項とし，被接明項である行動を説明・予測するという構造を示すものである。もちろん消費者行動論においては，経済学におけるような合理性の原理 (rational principle) を常に前提することはできないから，この状況的分析をそのまま用いることは無理がある。状況的分析はいわゆる仮説―演繹法に則したものであるが，消費者行動論ではポパーの回避している帰納法を用いるしかないのである。すなわち，消費者行動論においては，まず状況の識別がなされ，その状況において一般にとられやすい行動傾向を見出し，この行動傾向を同じ状況下にある特定の個人の行動に帰納的にあてはめて説明，あるいは予測するという流れになる。合理性の原理に立つ規範的な消費者行動の基本仮説の代わりに，限定的合理性を基礎とした消費者行動の統計的基本仮説を用いるのである。

　図4-2はその基本仮説と効果適用に関わる状況要因Cの識別自体が簡単ではなく，試行錯誤といく通りかのシナリオがあることを示すものである。それは第5段階の具体的な効果適用の前に，問題と状況を適切に捉えるという手間と時間のかかる作業の必要なことを意味している。効果適用とは問題解決に密接に繋がるものであって，問題を出発点としている。研究者が適用を試みたい理論・モデルを手元に持って待ち構えていて，使えそうなところが見つかり次第，ただちに適用に入るということではないのである。

4-2-1　効果適用研究の流れ

（1）効果適用問題の記述の段階は状況の識別の段階である。そこでは第1章で取り上げたような消費者行動についての体系的な分類の知識が必要となる。

第1章では青木（2010）による消費者行動の階層性と分析レベルという視点からの分類として，消費行動，購買行動，買物行動，使用行動として分類図式を紹介した。そこでは，消費行動とは消費と貯蓄の配分，及び消費支出の費目別配分を問題とするものであり，購買行動は製品カテゴリーの選択，ブランドの選択，購入量・頻度の選択を意味し，そして買物行動は買い物場所の選択，店舗の選択，使用行動は消費・使用方法の決定，保管・廃棄・リサイクルの決定を含んでいた。もちろん分類は一通りの分類図式だけではなく様々な側面からの分類があってしかるべきである。例えば選択行動という側面を取り上げる場合，その中に製品カテゴリーの選択，ブランドの選択，買い物場所の選択，支払い方法の選択といったカテゴリーを含めることも可能である。要はマーケティング意思決定者にとって鍵となる消費者行動の予測がどのカテゴリーに該当するのかを見極めることである。

　そして，そこでの関心事となる消費者行動に関わりを持つ理論・モデル・概念等をこれまでの消費者行動論の知識体系から抽出するのが2番目のステップ，（2）関連する理論・モデル・概念の識別となる。そこでは関連する複数の理論あるいはモデルが列挙されるはずである。しかし，その中で最も関連する理論あるいはモデルがすぐに判明するということではない。あげられた理論・モデル・概念等を通して関心事とする消費者行動を見ることによって，それはマーケティング意思決定者の洞察をより深いものにする。例えば，同じくブランドの選択であっても認知的側面だけを取り上げるのか，感情的側面まで含めるのかによって関連する消費者行動理論は異なったものとなるからである。このフィードバックの段階が，（3）状況要因の特定化である。一般に社会科学においては，予測に関わる状況要因の数は少なくない。また，予測が状況要因に大きく依存する側面もある。したがって，重要な状況要因が漏れないように注意しなければならない。また，個々の状況要因についても考え得る何通りかのケースを想定しておくことが大切である。例えば，景気に関しては，予想される景気だけでなく，好況のケース，不況のケースなどに応じた予測が必要である。また，競争企業の反応の仕方，消費者の反応の仕方についてもいく通りか

のシナリオを考えておく必要がある。その意味で予測は単一の数値をはじき出すというものではなく，あり得るいく通りかのシミュレーションという考え方をとるべきである。

（4）適用する理論・モデル・概念を決める。この段階は関連すると思われる理論・モデル・概念の中から予測に用いるものを決める。用いられる理論・モデル・概念は単一でなければならないということはない。複数の理論が用いられることも可能である。この段階で適切な決定を行う指針は，体系化された消費者行動論から得られる。それは，なぜ知識の体系化が必要なのかを表している。前章で考察を行った科学哲学の流れのうち道具主義的立場に立つならば，ここで取り上げられる複数の理論あるいはモデルの中に論理的に整合しない点があったとしても，それぞれの理論が一貫性を持っているかぎり，そのことはあまり気にならないことになる。それは，さしあたっての問題解決にそれぞれの理論が役立つことでよしとする立場である。道具主義者にとってはどれが最も使えるか，どの理論が最も経済的かということが理論選択の規準となる。そのためには道具箱の中に使えそうな道具が沢山入っていることが重要なのであって，道具の間の整合性は二の次の問題となる。

しかし，そうした研究姿勢が，本当の意味で消費者行動論の理論的水準を高めることにならないことは前章で見た通りである。競合する理論の中でどちらがより優れた説明を与えるのか，それはなぜなのかということを一歩一歩明らかにしていくことで理論的水準を高めていくことが科学的知識の前進であることを確認した通りである。複数の理論による効果が並列的に働く範囲，ある条件のもとで一方の理論が特殊理論として包摂される関係にあること等を解明していくことが知識体系の構築なのであり，それによって，問題解決にあたっての理論選択も合理的に行うことができるのである。それは体系的な医学的知識を持たずに，見様見真似で行われる外科手術が，何らかの異変の生じた場合に対応できない危険なものであることにたとえることができる。もちろん，そうした知識の体系化は効果適用研究という時点でなされるべき事柄ではなく，固有の理論研究の段階で複数の理論・モデル等の比較研究を行う形で，そしてさ

らに基礎的理論研究にも跨る形でなされるべき事柄である。それでも，効果適用研究の段階においてもこうした知識の体系化を前提に研究がなされることは，いわゆる現場と結び付いた理論構築を推進するのである。

効果適用研究の最後の段階は（5）適用できる効果の測定と予測である。この段階は最も外的妥当性を高めた形でなされる市場テストが理想型となる。調査に使われるサンプルの代表性，テストが行われる状況の細部まで，できるかぎり実際の市場と対応していることが望まれる。市場に異質的な消費者グループが含まれているときには，グループごとの予測が必要となる。すでに明らかにしたように，市場テストは何通りかのシナリオに基づいてなされるべきである。特に，関心とする製品・サービスが革新性の高い新製品である場合，こうしたシナリオの作成は慎重に注意深くなされなければならない。何らかの数学モデルが使われる場合など，データを全てパラメータ推定にあてるのではなく，モデルのあてはまり度合いを確かめるためのデータを用意して交差妥当化（cross validation）を行うことが求められる。一般にパラメータ推定は与えられたデータに最も適合する形で求められるため，独立なデータにあてはめた場合には，あてはまりの低下が予想されるからである。また予測は調べられたデータの平均周辺の場合に高いものとなるが，平均から離れるに従って誤差が大きくなることが知られている。パラメータ推定に使われた範囲を超えてなされる予測は外挿と呼ばれ，予測の精度が低くなることにも注意が必要である（佐和 1974）。

もし，第三水準の研究である効果適用の研究が個別具体のマーケティング意思決定のためにだけ行われて，その結果がその企業の内部情報として守秘目的のために全く公開されることがないならば，それが消費者行動研究に貢献するところはほとんどないということになってしまう。しかしそれが，ある時間的遅れをもって公開されたり，部分的にせよ問題点やそこでの知見が学界に明らかにされるならば，それは消費者行動の説明と予測を目的とする消費者行動論の構築に貢献することになる。消費者行動論の理論的水準を上げるのは，もちろん第二水準の固有レベルの理論構築が中心ではあるが，それのみでは消費者

行動研究の予測目的への貢献は薄いものに終わってしまう。実際のマーケティング意思決定をはっきり意識した形での効果適用研究が実施され，その成功例あるいは失敗例が学界にフィードバックされることが，消費者行動論を説明目的と予測目的において，より内容豊かな活き活きとした研究分野にすると考えられるのである。その意味で，第二水準であっても第三水準までを包摂する形で展開される研究は，理論の役割をより明確にするものと思われる。

消費者の空間的買物行動を扱った中西(1983)の『小売吸引力の理論と測定』，山中(1977)の『小売商圏論』，近年のわが国における消費者行動の特徴の解明を試みた田村(2006a)の『バリュー消費』，消費者情報処理理論の適用可能性を意識した清水(2006)の『戦略的消費者行動論』等は単行本の形式にまとめられたそうした研究の好事例である。消費者行動研究が，それを研究の水準として捉えたときに固有の理論構築である第二水準を中心としながらも，必要に応じて第一水準の基礎理論的なところまで遡り，また消費者行動の現場と言われる第三水準の効果適用研究も含む形で，三つの水準が密接に繋げられる形で展開されることが望まれるのである。

4-3　固有の理論研究と学生サンプル

前節で取り上げた三つの水準の消費者行動研究のうち，効果適用研究は消費者行動の予測を研究目的とすることをその大きな特徴としていた。そして，効果適用研究は外的妥当性を重視するものあった。マーケティング意思決定に有用な予測をするためには，予測を行おうとする市場状況とできるかぎり似かよった状況，標本を用いて予測がなされるか否かが予測の精度を大きく左右すると考えられるからである。そのことは，逆に第二水準の消費者行動論に固有の理論研究，あるいは第一水準の基礎レベルの理論研究においては内的妥当性を高めることが最優先課題になることを意味している。その内的妥当性を重視する研究において問われることの一つは，便宜サンプルとして学生サンプルを用いることは妥当であろうかという問題である。

消費者行動研究に限らず，全ての科学で経験的研究を進める場合の現実的なハードルの一つは，理論をテストするためのデータの入手可能性である。もし，データ入手が時間・空間・状況・コスト等で制約される場合には，それが足かせとなって経験的研究の進展はそれだけ遅いものとなる。大学における教育・研究職にあることが多い消費者行動研究者にとって，学生サンプルを使った消費者行動理論のテストが内的妥当性の点で問題が少ないということがわかれば，研究は非常に進めやすいことになる[3]。

　この点に関してCalder, Phillips and Tybout（1981, 82, 83）は，学生サンプルを理論研究に用いることの妥当性を主張する理由として次の二点を挙げている。一つは，消費者行動論において理論的仮説あるいは基本仮説とは「構成概念Aが構成概念Bにプラスの影響を与える」といった傾向的な法則であることがほとんどであるということである。その場合，理論のテストとしては，構成概念Aが構成概念Bにプラスの影響を与えるか否かということを確かめることで，基本仮説は支持されるか支持されないかを明らかにすることができる。効果適用研究の場合には，さらにAの1単位の変化がBのどのくらいの変化をもたらすのかというパラメータの推定を行うことが必要となる。そこでは単にプラスの影響があるというだけでは有用な予測とならないからである。そうした意味で，予測の精度を上げるために高い外的妥当性が望まれることになる。とすると，そうしたパラメータの推定を必ずしも必要としない理論研究においては，構成概念間の基本的な関係を確かめることが課題となるわけであるから，予測をしようとする母集団を代表するランダムなサンプルでなくとも，学生サンプルであっても構わないという。

　さらに学生サンプルが理論研究において有しているプラス面は前節で触れたように，それが年齢・知識水準等に関して比較的同質性が高いサンプルであるということである。マーケティングにおいて標的市場としての母集団を代表するランダム・サンプルとは本質的に異質な消費者を含んでいる。しかし，異質な消費者を経験的テストに用いる場合には集計の効果がそこに紛れ込んでしまう可能性があるために，内的妥当性を確かめる目的には適していない側面があ

る。むしろ内的妥当性を確かめるには，学生サンプルのように同質性の高いサンプルであることのほうが望ましいのである。すると，学生サンプルが比較的入手しやすくて，しかも理論のテストに適しているのであれば，これを用いない手はないということになる。

　それに対して，すでに前々節で取り上げたように，理論研究においても外的妥当性の高いことが望ましいとする考えが Lynch (1982, 83) によって出されている。それは理論が何らかの背景要因によってあてはまらないということはあり得ることで，それを見出さないかぎり理論の厳密なテストになっていないからである。そして，それに対する Calder ら (1982, 83) の反論は，ある範囲で常に働くような背景要因は最初から理論の一部として組み込まれるべきものであり，外的妥当性というよりも内的妥当性の問題になるというものである。こうした論争は Calder and Tybout (1999), Lynch (1999), McGrath and Brinberg (1983), Kardes (1996), Petty and Cacioppo (1996), Winer (1999) 等の一連の論争に繋がっている。

　本書の立場は，理論研究において異質的な消費者を混ぜたランダム・サンプルを用いないという点はその通りであるとしても，そのことが，そのまま学生サンプルを用いることの問題性を消去してしまうわけではないというものである。まず，学生サンプル以外の同質的なサンプルを使っての理論研究の必要性を等閑視してはならないことがあげられる。そして，サンプルが異なれば構成概念 X, Y 間の関係が異なってくる可能性は除外できないと考えられる。

　例えば，ある種の製品・サービス・カテゴリーでは学生は購入経験を持たないため，購入経験のある一般の消費者と比べて，直接経験に基づく知識量が少ないかもしれない。すると，実験で与えられた選択状況において，一般の消費者とは異なる情報処理をしてしまうことが考えられる。与えられた選択肢の情報が少なくて，被験者が何らかの推論を行う場合など，知識量が少ない学生は一般の消費者に比べて，属性間の相関関係を用いた推論，あるいは市場メカニズムが働いていることを考慮に入れての属性間の代償関係を含めた推論 (Chernev and Carpenter 2001, 須永 2010) を行うことが少ないかもしれない。

したがって，学生サンプルで得られた結果が他の消費者層にも大筋あてはまると想定すること，あるいは消費者層間の差異はせいぜいパラメータの大きさ程度だけであると前提してしまうことには，やはり慎重であるべきことになる。

消費者行動研究において，学生サンプルと非学生サンプルを用いることについての経験的な研究をメタ分析した結果をさらにメタ分析している Peterson (2001) の研究は，この問題について，どちらの立場をとるかに関して依拠すべき研究になると思われる。その結論によると，学生サンプルが同質的であるという点は僅かの差ながら支持されたことが報告されている。しかし，サンプルの同質性が，より大きな効果量（effect size）の発見に結び付いているかというと必ずしもそうではないという結果となっている。また，見出された関係の方向性が学生サンプルと非学生サンプルの間で逆転しているケースが20％弱あることが報告されている。したがって，結論的には学生サンプルを理論研究に用いて，そこから一般的な結論を引き出すことはやはり注意が必要であることになる。

このことは効果適用研究として位置付けられる研究についても，場合によっては理論研究にフィードバックされる可能性のあることを意味している。学生サンプルあるいはその他のサンプルで支持されたと考えられていた理論仮説が特定の消費者層にはあてはまらないことが効果適用研究の段階で初めて判明し，そのことが理論の精緻化のきっかけになる可能性もあるからである。

以上の考察から，学生サンプルを理論研究に用いることを差し止める必要はないとしても，それをもって理論研究の結論としてしまうことには問題が含まれていることになる。研究の繰り返しのように見えても，異なるサンプルで理論仮説のテストを繰り返すことはやはり必要なのである。今日の消費者行動研究の技法の中には，異なる母集団間の類似度と相違度を計量的に推し量る多母集団分析と呼ばれる方法があるが，そうした技法を活用して経験的な研究を展開していくことの有用性はもっと認識されるべきである。

（1）この三水準への分類は Calder, Philips and Tybout (1981, 82, 83) 等の分類に基づいて

いる。ただし、Calder 等は二番目の水準として介在研究（intervention research）という表現を用いているが、介在という表現が誤解を招きやすいため、ここでは固有レベルの理論研究という用語とした。

(2) 石井（1993）『マーケティングの神話』、及び石井と石原の論争に端を発し、関西のマーケティング研究者を巻き込む形でまとめられた石井・石原（1996）『マーケティング・ダイナミズム』における石井論文「製品の意味の創造プロセス」(103-120頁)、「消費者需要とマーケティング―石原理論再考―」(151-173頁) は、製品が市場に導入された後で消費者との相互作用により意味付けがなされるため、実際のマーケターによる予測がこのような形であてはまらないことを強調する。もちろん、予測通りに、そして開発側が想定したコンセプトのままに製品が市場に受け入れられなかったとしても、そのことで、どのような消費者を標的として、どのようなコンセプトで製品を開発するかという事前の準備活動を行うことの意義あるいは予測を行うことの有用性を否定してしまっては、マーケティングの機能そのものを否定してしまうことになる。いくつかのありそうなシナリオを描いて未見の将来に臨むことで、予測から乖離した状況への対応もしやすくなるのである。（繰り返しになるが）全て事後的にルールが決められるとしてしまうなら、出たとこ勝負式の全くの無駄をしなければならないことに留意しなければならない。石井の議論は硬直的なフォーマルに過ぎる考え方への警鐘としての価値は認められても、過度に強調されるべきものではない。

(3) 学生サンプルを用いてデータ収集することも、大学の倫理委員会の承認を得てという制度が広まりつつあり、一昔前のようにスピーディなデータ収集方法ではなくなりつつある。

第5章　消費者行動の理論と経験的テスト（その2）

5-1　比較研究と個別研究

　反証主義の立場から比較研究を提唱するSternthal, Tybout and Calder (1987) によると，単一の理論の妥当性を確かめる確証的 (confirmatory) 研究では一般に，①マニュピレーション・チエック，②媒介過程の確認，③異なる条件下での実験の繰り返しという三つの方法が採用される。マニュピレーション・チエックは研究者側が調べたい事柄について何らかの処理を加えたときに，その処理が被験者にとって，研究者側が意図した通りのものとして受け止められたかということである。もし，実験処理自体が意図された形で受け止められていないならば，実験は不完全なものでしかないからである。さらに，テストされる理論あるいはモデルの最終的なアウトプット（ブランド選択モデルであるならば，いずれかのブランドの選択）だけでなく，媒介過程における変数（例えば態度）についてもモデルで予想される通りのものとなっているか否かという検討がなされる。それは理論が描く通りの過程を経て，最終的な行動が導かれているのか否かの確認である。そして三つ目は，実験の繰り返し，あるいは条件を多少変化させた実験においても同じ結果が得られるのかという確認である。それは理論支持的な結果が偶然的な要因や，特殊な条件によって生じているものでないことの証拠となるからである。

　しかしながら，Sternthal等によると，個別の理論についての三つの確証的証拠を求める研究方法は，それなりの意義を持ちながらも，決定的証拠にはならないとする。マニュピレーション・チエック，媒介過程のチエック，実験の繰り返しをクリアすることによっても，必ずしも競合する理論による説明の可能性を排除することには繋がらないからである。そこで彼らは競合する理論の

いずれが現象の一貫した説明を与えるか，というようにデザインされた比較研究を行うことを主張する。

　本書は，こうしたSternthal等の考え方を大筋で支持するものであるが，二つの点で違いがある。その一つは，比較研究が現象を説明する競合的な理論の中で，より優れたものへと絞り込んでいく上で有用であることは間違いないとしても，取り上げられる理論は常に競合的な関係にあるとはかぎらない点である。すでに，前半部分の科学哲学のレベルにおいて取り上げたように，理論あるいは仮説の中には併存的関係にあるものや，場合によっては補完的関係にあるものが存在する。比較研究は競合する理論の中でいずれがより優れているのかを明らかにしていく（Bagozzi 1984）ことだけに有用であるのではなく，理論間の併存的関係ないし補完的関係のような関係を明らかにしていく上でも有用なのである。

　そして第二に，併存関係にある場合でも，いずれの理論による説明部分が大きいのかという，いわゆる"効果量（effect size）"を推定することを可能にする点である。この効果の相対的な大きさを知ることは消費者行動の説明だけでなく，予測を目的とするときに極めて重要な知識となる。かぎられた資源を有効に使うことが至上命題であるマーケターにとって，どの理論に基づいたアプローチをすることがより効果的なのかを知ることができるからである。

　ここでは消費者行動研究の中で近年，研究の進展の見られる解釈レベル理論（construal level theory）を取り上げ，他の理論との比較研究の事例（実験1）と解釈レベル理論に絞った個別研究の事例（実験2）を取り上げ，事例[1]に沿いながら問題点の整理を進めてみよう。ここでの比較事例と個別事例のいずれについても，それらが決定的な実験事例になっている模範事例[2]ということではない。むしろ研究の過程でしばしば出くわすような問題を含んだものであり，よく見かけられるという意味での典型事例とでも呼ぶべきものである。

【実験1】

　消費者の選択行動に関して，近年注目されている研究テーマの一つは，選好

5-1　比較研究と個別研究　109

の逆転現象である。選好の逆転現象は消費者による二つの選択肢間での選好において，情報の提示のされ方，消費者の選択問題の捉え方などによって逆転現象が見られることであり，消費者が古典的な経済学で考えられていたような完全な合理性ではなく限定的合理性を持っていることの表れと見ることができる。ここで，選択の逆転現象に関わりを持っている理論仮説として解釈レベル理論（construal level theory）と比較の方向性効果（effect of direction of comparison）の二つを取り上げ，さらに，それらとほぼ併存的な関係が考えられる支払意向価格（WTP : willingness to pay price）に関する仮説を取り上げて検討を行うことにしよう。

　支払意向価格は選好の逆転現象を説明することをその本来的な研究目的として取り上げられるものではないが，潜在的に選好の逆転現象に関わりを持っている。それは二つの選択肢の間での消費者の選好は選択行動によって測定することもできるが，二つの選択肢の間での支払意向価格の差として測定することもできるからである。そして，これら二つの測定結果は常に一致するとはかぎらず，そこには選好の逆転現象が生じる可能性が含まれている。

　支払意向価格は消費者の「この商品・サービスであればこのくらいの価格であろう」という内的参照価格理論（白井 2005）の体系から説明可能なものであるが，一旦具体的な外的参照価格が示されて，そこから新たな情報の提示によって支払い意向価格が形成されるプロセスは消費者の価格心理の基本原理とも言うべき「できるだけ支払い価格を下げたい」という原理に従ったものとなることが考えられる。すなわち，品質アップ・機能追加等による追加支出の意向はできるだけ追加価格幅をおさえた形でなされると考えられる。それに対して，同じ幅の品質ダウンあるいは機能削除による支出削減の意向は，できるだけ削減価格幅を大きくした形で支払意向価格が表明されると考えられる。なお，支払意向価格の測定については，今日では単独の価格としての測定を行うよりは，むしろ一定幅として測定すべきことが考えられている（Wang, Venkatesh and Chatterjee 2007, Dost and Wilken 2012）。例えば，底辺の最低価格，購入確率が0.5となる無差別価格，天井としての最高価格といった捉え方である。ただ

し，ここでは提示された外的参照価格に対してどれだけ追加するか，あるいは削減するかという問題であるため，測定を容易にする意味で無差別価格に対応すると考えられる単一の購入意向価格として測定することにした。

　解釈レベル理論は心理的距離の大きさによって個人の用いる心的表象としての解釈レベルが異なることにより，物事の評価・選択に差が出てくると考えるものである（Trope and Liberman 2003, Liberman, Trope and Wakslak 2007）。心理的距離が大きいときは，高い解釈レベルとなり，それは抽象的，単純，本質的，構造的，上位的，脱文脈的，目標関連的な心的表象になるという。それに対して心理的距離が小さい場合には，低い解釈レベルとなり，それは具体的，複雑，副次的，非構造的，下位的，文脈的，目標非関連的な性質のものになるとされる。高解釈レベルは why の質問に関わるもので，消費者行動に即して言えば，製品・サービスの機能的に優れていることが高く評価されることを意味している。低解釈レベルは how 質問に関わるもので製品・サービスの入手容易性，使いやすさ等の点が重視されることになる。

　心理的距離は，時間，空間，社会的距離（親しい人か親しくない人か），情報の提示が言語か視覚的か，などによってその大小が決まってくるという。ここでは対象製品として，標準機能を持った電子辞書と標準機能にメイン・パネル内の文字や図を印刷できる機能を備えた電子辞書（架空）との評価・選択を考える。これらの2モデルが6ヶ月先の発売という条件では心理的距離が大であるため高解釈となり，印刷機能を持つ電子辞書（印刷モデル）が相対的に高く評価され，選択比率も高まるのに対して，それらが現在時点で発売されたとの条件下では心理的距離が小さいため低解釈レベルとなり，電池寿命，重量，維持メンテナンス等の点で使いやすい標準型電子辞書（標準モデル）の評価が相対的に高くなり，選ばれやすくなることが予想される。

　比較の方向性効果は二つの選択肢の一対比較においてどちらが比較主体となるかによって，選択に影響が出てくることを指している（Dhar and Simonson 1992, Dhar and Sherman 1996, Dhar, Nowlis and Sherman 1999, Mantel and Kardes 1999）。Dhar and Simonson（1992）によると二つの選択肢がともに弁

別的なプラスの特徴を有しているときは，比較主体の弁別的特徴を手放すことの痛手のほうが比較客体の弁別的特徴を得ることによる効用よりも大きく感じられるために，比較主体のほうに有利な選択結果になると言う。この基本仮説は損失の場合のほうが利得の場合よりも価値関数の勾配が急である，というプロスペクト理論（Kahneman and Tversky 1979）の価値関数の性質から導かれたものである。すると，二つの電子辞書（標準モデルと印刷モデル）を被験者に比較してもらうときに比較の主体として提示したほうが選択において有利になることが予想されることになる。

ここで二つの選択肢の提示の仕方を示すと表5-1のようになる。標準モデルが比較主体となるときには，標準モデルの価格は2万円である。この標準モデルに対して同時に発売される印刷機能の追加されたモデルに対して，いくら

表5-1 提示される選択肢

標準モデル	印刷モデル
文字くっきり表示の標準カラー液晶	文字くっきり表示のカラー液晶
メインパネル，手書きパネル共	メインパネル，手書きパネル共
タッチペンで入力可	タッチペンで入力可
衝撃に強い設計	衝撃に強い設計
ネーティヴ発音の音声読み上げ	ネーティヴ発音の音声読み上げ
豊富な国語系，英語系中心	豊富な国語系，英語系中心
130コンテンツ：コンテンツはビジネス，大学生，教養，その他専門向けがあり，選択可	130コンテンツ：コンテンツはビジネス，大学生，教養，その他専門向けがあり，選択可
コンテンツ追加も可	コンテンツ追加も可
重量350g	重量400g
充電池寿命最大150時間	充電池寿命最大150時間
	毎回印刷の場合　5時間
厚さ18ミリ	厚さ18ミリ〜23ミリ（プリンター部分）
	印刷機能：メインパネル内の文章・図柄，モノクロ印刷，ズームアップ可，
	印刷用紙：ロール形式　300回印刷可
	単価300円：印刷1回あたり1円
	インクリボン：3,000回印刷可
	単価3,000円：印刷1回あたり1円

まで追加支出可能かを被験者に質問する。それに対して，印刷機能付きモデルを比較の主体とするときは，このモデルの価格2万5千円からいくら差し引いた価格を同時発売される標準モデルに対して支払うか，という意向価格が質問される。なお，ここでの標準モデルの価格と仕様は実際の電子辞書市場での平均的な内容に近いものである。

データ収集は2010年12月インターネット調査（楽天リサーチ）により，2年以内に電子辞書を購入した20代から60代までの男女約800人を対象に発売時点（現在，6ヶ月先）×比較主体（標準モデル，印刷モデル）でランダムに4分割したものである。

消費者による選好が，二つの選択肢の間での選択問題として測定されても，あるいは二つの選択肢間での支払意向価格の差として測定されても，そうした測定の手続に関して不変であるとする手続不変性（procedural invariance）（竹村 2009年，19-41頁）を前提にすると，解釈レベル理論と比較の方向性の効果のいずれについても選択上有利となる電子辞書に対しては，それだけ相対的に高い価格を許容するという回答として現れることになることから，次の四つの研究仮説が導かれることになる。

【研究仮説1】機能を追加する場合（比較主体は標準モデル）の支払意向価格の追加幅は機能を削除する場合（比較主体は印刷モデル）の支払意向価格の減少幅よりも小さいであろう。(価格心理の効果プラス比較の方向性効果)

【研究仮説2】いずれのモデルでも比較主体となるときのほうが比較客体となるときよりも選択される比率が高くなるであろう。(比較の方向性効果)

【研究仮説3】時間的距離が小（現在時点発売）のときより，大（6ヶ月先発売）のときのほうが被験者は標準モデルと印刷モデルとの価格差を大きく見る支払意向価格を表明するであろう。(解釈レベルの効果)

【研究仮説4】時間的距離が小（現在時点発売）のときより，大（6ヶ月先発売）のときのほうが印刷モデルが選択される比率が高くなるであろう。(解釈レベルの効果)

比較の方向性効果と解釈レベルの効果は常に整合的関係にあるわけではない。

両者の関係は図5-1に示すように整合する部分と不整合の部分とを有したねじれた関係となっている。両効果が存在するとき上のケースでは整合的な関係となり，下のケースでは相殺的な関係にある。ただし，両効果のテストは上の整合するケースと下の整合しないケースとの間で行われるため，整合するケース，あるいは整合しないケースだけを分離してテストすることはできない。比較の方向性効果のテストは図5-1で垂直の関係での有意差のテストとして，解釈レベルの効果はタスキ掛けの関係での有意差のテストとなることが明らかである。そしていずれの場合にも，両効果が整合的に働くケースと相殺的に働くケースとの間の有意差を検定していることになる。それでも両効果の働きが独立であるとすると，調べられていないほうの効果は上のケースと下のケースに同じ量だけ含まれていることになるから，上のケースと下のケースとの有意差の検定には影響を与えない形で差し引かれることになる。両効果が完全に独立でない場合には調べられていない効果は調整変数（moderating variable）的な役割を果たしていることになる。

このように二つの効果（二つの基本仮説）が含まれる可能性がある現象をテ

図5-1　解釈レベルの効果と比較方向性効果の関係

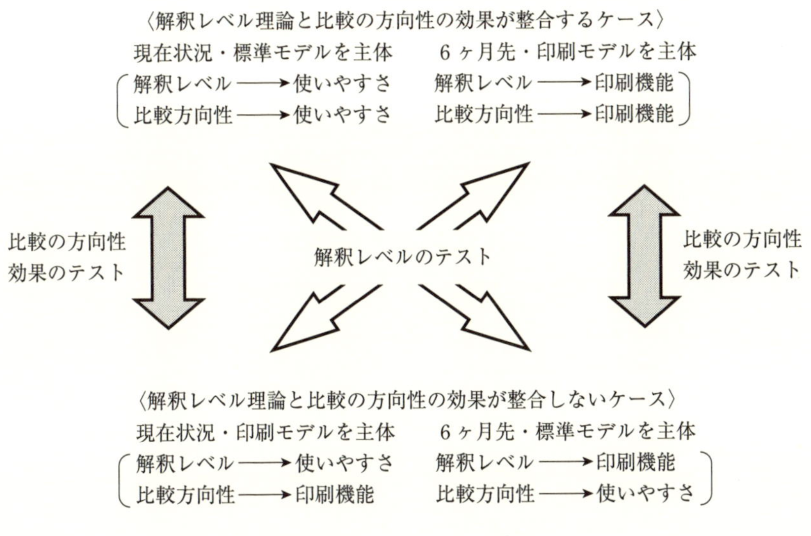

〈解釈レベル理論と比較の方向性の効果が整合するケース〉

現在状況・標準モデルを主体　　　6ヶ月先・印刷モデルを主体

| 解釈レベル ── 使いやすさ | 解釈レベル ── 印刷機能 |
| 比較方向性 ── 使いやすさ | 比較方向性 ── 印刷機能 |

比較の方向性効果のテスト　　　解釈レベルのテスト　　　比較の方向性効果のテスト

〈解釈レベル理論と比較の方向性の効果が整合しないケース〉

現在状況・印刷モデルを主体　　　6ヶ月先・標準モデルを主体

| 解釈レベル ── 使いやすさ | 解釈レベル ── 印刷機能 |
| 比較方向性 ── 印刷機能 | 比較方向性 ── 使いやすさ |

ストする場合は，二つの基本仮説が常に競合的あるいは排他的な関係にあるわけではなく，競合的に働くこともあれば独立して併存的に働く場合もあることに注意しなければならない。そうした場合，二つの効果がどのように作用しているのかは慎重にデザインしつつ，経験的研究を重ねるしかない。それでもこうした比較研究を進めることによって理論間の関連をより明示的なものとし，消費者行動論の体系化に繋げていくことが期待できるのである。

【結　果】

まず，支払意向価格の変化額を従属変数とし，価格の追加と削減（比較の方向性）と解釈レベルを説明変数とする分散分析を行った結果は表5‐2に示される。表5‐2から，価格の追加と削減（比較の方向）と解釈レベルを表す時間的状況（現在と6ヶ月先）との交互作用は有意確率（両側）が.289となっており，統計的に有意でないことがわかる。二つの説明変数についての主効果は価格の追加と削減（比較の方向）は有意確率が.000（片側）となっているのに対して，時間的状況は.060（片側）であり，10％水準で有意という結果となっている。

二つの説明変数を独立とした以下の検定においてもほぼ同じ結果となっている。電子辞書を対象として支払意向価格についての実験的データの分析の結果は，研究仮説1を支持するものとなった。表5‐3は印刷機能の追加による支払意向価格の増分が，印刷機能を外すことによる支払意向価格の減少幅に比べて明確に小さいことを示している。消費者は価格の追加はできるだけおさえようとするのに対して，価格の切り下げとなると大きな幅を期待することが明白

表5‐2　分散分析の結果

説明変数	自由度	平均平方	F	p（両側）
現在対6ヶ月先	1	38854980.6	2.417	.120
追加対削減	1	1.593 E9	99.085	.000
交互作用	1	18114437.7	1.127	.289
誤　　差	785	16074630.3		
総　　和	789			

調整済み R^2 =.112

表5-3 研究仮説1のテスト

現在時点	印刷機能の追加によるWTPの平均増分	4,833.58円	n=193
	印刷機能がないことによるWTPの平均減少分	7,372.36円	n=199
	t=6.92 P<.000（片側）　（仮説1：支持）		
6ヶ月先	印刷機能の追加によるWTPの平均増分	4,974.37円	n=199
	印刷機能がないことによるWTPの平均減少分	8,119.29円	n=198
	t=7.20 p<.000（片側）　（仮説1：支持）		

表5-4 研究仮説2のテスト

		標準モデル選択	印刷モデル選択
現在時点	標準モデル主体　n=193	122	71
	印刷モデル主体　n=199	140	59
	仮説と逆符号		
$\chi^2=1.942$（連続修正）　p=.081（片側）　（仮説2：不支持）			
		標準モデル選択	印刷モデル選択
6ヶ月先	標準モデル主体　n=199	127	72
	印刷モデル主体　n=198	123	75
$\chi^2=.061$（連続修正）　p=.402（片側）　（仮説2：不支持）			

である。この現象は価格心理の効果と比較の方向性効果の二つから説明することが可能である。しかし，この二つの効果が横並び的に働いているのではないことが，研究仮説2の検討から明らかとなる。表5-4は比較の方向性効果が選択比率として現れるか否かを示したものである。結果は選択比率に有意差はなく，研究仮説2を支持するものとなっていない。現在時点についてはむしろ研究仮説2とは逆の符号となっている。つまり，比較客体のほうが有利になっているのである。したがって，表5-3の結果についても比較の方向性効果を含むというよりは，価格心理の効果のみを反映したものと考えることが妥当と思われる。

支払意向価格（WTP）と選択との関係を今少し掘り下げてみよう。二つの電子辞書のうち，どちらのモデルを選択したのかによって，支払意向価格にはどのような差があるのであろうか。現在時点で標準モデルに印刷機能が追加されるという条件のもとで標準モデルを選択した被験者（n=122）の平均追加価

格は4,367.87円であり,印刷モデルを選択した被験者（n=71）の平均追加価格5,633.80円のほうが有意に高くなっている（t検定,p=.008（片側））。それは印刷モデルを選んだ被験者が,印刷機能の追加をそれだけ高く評価しているということを意味している。6ヶ月先に標準モデルに印刷機能を追加する場合にもほぼ同様の結果となっている。標準モデルを選択した被験者（n=127）の平均追加価格は4,359.06円となっており,印刷モデルを選択した被験者（n=72）の平均追加価格6,059.72円と比べて有意に小さいからである（t検定,p=.007（片側））。

印刷モデルを比較主体とした場合,現在時点ではどちらのものを選んでも支払意向価格の引き下げ幅の大きさには有意差は見られなかった（標準モデル選択（n=140）,平均引き下げ価格7,455.0円；印刷モデル選択（n=59）,平均引き下げ価格7,176.3円,有意差なし,p=.630（両側））。

6ヶ月先の条件下においても,印刷モデルを比較主体とした場合,結果としてどちらを選んでも価格引き下げ幅に有意差は認められなかった（標準モデル選択（n=123）,平均引き下げ価格8,263.4円；印刷モデル選択（n=75）,平均引き下げ価格7,882.93円,有意差なし,p=.511（両側））。

ただし,この場合は,標準モデルを選択した被験者が,印刷機能の除かれることに対して有意ではなくとも,大きな価格引き下げ幅を考えているということで,選択と支払意向価格の間に選好の逆転現象が起きていることになる。なぜなら,大きな価格引き下げ幅はそれだけ印刷機能を重視していることになるからである。この点は当初考えていたものとは別の価格心理のメカニズムが働いているとの解釈が必要と思われる。技術革新の見られる製品分野では技術革新を伴った新機種が登場した場合,既存機能の機種の価格の切り下げが見られることが少なくない。そうした場合,新機能に関心を持たない消費者にとって,既存機能の製品を切り下げられた価格で購入するチャンスと受けとめられるであろう。そうしたところから,印刷機能を備えた電子辞書を比較の主体とした場合に,標準モデルに対して市場価格の一段の切り下げ期待が標準モデルを選択する消費者にむしろ強く働いたと考えられる。

また，この事例は支払意向価格の測定が容易でないことも示唆している。今回の実験で測定しようとした支払意向価格の増加分あるいは減少分は，印刷機能の追加あるいは削除に対応する価格である。すなわち，それは被験者にとって両機種の価値が釣り合うところになっているはずである。とすると，標準機種と印刷機種との選択比率は，いずれも5割に近いところになるはずと予想される。それは購入か非購入かの選択が無差別になる価格を購入意向価格とするMoothy, Ratchford and Talukdar (1997) の考え方に近いものである。ところが選択の結果は現在時点でも，6ヶ月先の条件下でも3対2から2対1で標準機種を選ぶ被験者が多くなっている。このことは支払意向価格の回答の中に，このくらいの価格になるであろうという予想価格的意味が含まれている可能性がある，と言わなければならない。このことは一回の実験結果で断定的な結論を出すことの難しさを示している。

以上の結果から，今回の結果からするかぎり，意識的・無意識的に強く働く価格心理の効果と比べたときに，どちらかと言えば無意識的な心理メカニズムである比較の方向性効果が紛れ込む余地はほとんどなかったのではないかと考えられる。ただし，このことは今回の結果が比較の方向性効果の存在を反駁していると結論付けることにはならない。一つには今回のインターネット調査において，比較の方向性を作成する処理が十分でなかったことも考えられる。インターネット調査がかなりのスピードで回答されることを考えると，回答者の比較を方向付けすることが成功していたか否かについては別途の確認が必要である。

次に解釈レベル理論に関する研究仮説3を取り上げよう。6ヶ月先のほうが現在時点に比べて支払意向価格の追加及び切り下げ幅が研究仮説の通り大きくなっているであろうか。分析結果は表5-5に示される通りである。

6ヶ月先の状況のほうが価格差は大きくなるであろうという研究仮説3は，標準モデルを比較主体とするときは支持されなかった。それに対して，印刷モデルを比較主体とするときには5％水準で有意差が見られた。それは印刷機能を外す場合の価格の切り下げ幅に関してのみ，解釈レベル理論による予測が支

表5-5　研究仮説3のテスト

標準モデルを比較主体とするとき印刷機能への平均追加価格		
現　　在	n=193	4,833.58円
6ヶ月先	n=199	4,974.37円
t検定　p=.370（片側）　（仮説3：不支持）		
印刷モデルを比較主体とするとき標準機能への平均切り下げ価格		
現　　在	n=199	7,372.36円
6ヶ月先	n=198	8,119.29円
t検定　p=.026（片側）　（仮説3：支持）		

持されたことになる。つまり解釈レベル理論についての部分的な支持結果として見ることができる。そして，先に考察を行った分散分析においては，解釈レベルと比較の方向性との交互作用は有意となっていなかったが，サンプルを標準モデルを比較主体とする場合と印刷モデルを比較主体とする場合に分けている表5-5の下位分析では，印刷モデルが主体の場合について有意差があったことは，比較の方向性が調整変数的に影響していると解釈可能である。

　そしてそのことは，支払意向価格ではなく選択比率を手掛かりとするときも指摘できる。表5-6は現時点と6ヶ月先の二つの機種の選択比率について標準モデルを比較主体とする場合と印刷モデルを比較主体とする場合に分けて分析したものである。

　選択比率に着目した場合でも標準モデルを比較主体とするケースは，現在時点と6ヶ月先でほとんど差のない形となっており，印刷モデルを比較主体とするケースでは，限界レベルで研究仮説通り有意差が見られるからである。

　このように見てくると，意識的・無意識的に働く価格心理と比べるならば，無意識的な心理メカニズムである比較の方向性効果はほとんどその効果の存在が認められなかったにもかかわらず，同じように無意識的な心理メカニズムである解釈レベル理論との関係においては，比較の方向性は調整変数的な役割を果たしているとも考えられることになる。今回の場合，印刷モデルの弁別特性だけが注目され，標準モデルが軽量であること，バッテリー使用時間の長いことなどの弁別特性があまり注目されなかったかもしれず，そうした点が標準モ

表5-6 研究仮説4のテスト

		標準モデル主体	
		標準モデル選択	印刷モデル選択
現　　在	n=193	122	71
6ヶ月先	n=199	127	72
	(仮説4:不支持)		

		印刷モデル主体	
		標準モデル選択	印刷モデル選択
現　　在	n=199	140	59
6ヶ月先	n=198	123	75
χ^2検定（連続修正）	p=.052（片側）	(仮説4:支持)	

デルを比較主体とするときに比較の方向性効果が働かなかった理由となっているのかもしれない。あるいは，6ヶ月先に印刷モデルが登場というシナリオは，たとえ仮説的な条件ではあっても実現可能性のある現実的なシナリオとして被験者に受け取られたことも考えられる。ただし，そうした解釈が妥当か否かについては今回のデータから確認することはできない。

【実験2】

解釈レベル理論のテストだけを考える実験2を見てみよう。ここでの研究仮説は上で立てた研究仮説4のみである。

【研究仮説4】時間的距離が小（現在時点発売）のときより，大（6ヶ月先発売）のときのほうが印刷モデルが選択される比率が高くなるであろう。(**解釈レベルの効果**)

同じく2種類の電子辞書を取り上げるが，選択肢の提示の仕方として，比較の方向性を含めない並列的提示を行う。そのため，支払い意向価格の質問は含めないで，あらかじめ標準モデルは2万円，印刷モデルは2万5千円と価格設定して，両者が同時発売されるとの状況で，現在時点と6ヶ月先との条件差のみ（n=200ずつ）を調べることにする。回答者の重複を避けるために実験1とは別のインターネット調査サービス（ライフメディア社）を用いて，実験1と

表5-7 解釈レベルの効果に限定した場合の選択

		標準機能モデル	印刷機能モデル
現　在	n=200	126	74
6ヶ月先	n=200	108	92

χ^2検定（連続修正）　p=.043（片側）　（仮説4：支持）

ほぼ同時期に同じ性別・年齢構成でデータ収集を行った。

【結　果】

現在条件と6ヶ月先条件で標準モデルと印刷モデルの選択比率は次の表5-7の通りとなった。結果は解釈レベル理論による予測が5％水準（片側）で有意となり，支持されることを示している。すなわち，心理的距離が遠い6ヶ月先の発売の場合には，印刷機能の付いた電子辞書が現在時点よりも相対的に選ばれる度合いの高いことを示している。

調査では回答者に電子辞書の選択理由を自由回答方式で記入してもらっている。調査仮説を知らない二人の判定者に選択理由を，①機能的理由，②使いやすさ理由，③価格的理由，④その他の4カテゴリーに独立に分類してもらったところ，判定一致率は95％となった（378/398=.95 Perreault, Jr. & Leigh (1989)の信頼性係数=.966）。一致しなかった判定は二人で話し合って四つのカテゴリーのいずれかに判定してもらった。その結果は表5-8のようになっている。選択理由が，現在条件下で使いやすさが多く，6ヶ月先条件下で機能を重視しているパターンになっていれば，Sternthal等（1987）が取り上げる媒介過程の確認として解釈レベル理論を支持するものとなるはずであるが，結果はいずれの場合でも機能を理由としたものが多く，傾向としては仮説支持的であるが，有意にはなっていない。すなわち，表5-7の結果は被験者のあげた選択理由によってはクロスで妥当化されるものとはなっていないから，実験2の結果は明快な形で解釈レベルの効果を支持するものとはなっていないことになる。

以上に示した解釈レベル理論を中心とした比較研究（実験1）と個別研究（実験2）とは，いずれもすっきりした決定的なものとはなっていない。それ

表5-8 選択理由の分布

	機　能	使いやすさ	価　格	その他
現在条件下	137	31	15	15
6ヶ月先条件下	147	25	17	11

$\chi^2 = 1.727 < 4.642$ （自由度3；片側10％での判定値）

でも、比較研究と個別研究との違いに注目することは大切である。特定の関心のある理論について実験2のような形の個別研究を行った場合、確かにそれは関心とする理論について（ここでは解釈レベル理論）経験的に支持的な結果、あるいは非支持的な結果を示すものとはなっていても、消費者行動論としての知識体系の構築には、貢献が比較的少ないと言わねばならない。それは今回の実験2の結果が示すように、解釈レベル理論に対しての全体としての経験的支持と、残された課題（媒介過程の確認が十分にできなかったこと）の示唆という貢献はあるものの、それが関連する他の理論の中でどのように位置付けられるのかということに関しては、ほとんど新しい知見を与えないからである。

　それに対して、実験1の比較研究は限定された条件下の研究ではあっても、比較の方向性効果との関連及び価格心理との関連付けについての考察を促すものであった。また、分散分析における交互作用の効果としては有意となっていなかったが、印刷モデルを比較主体として、印刷機能を取り除くという条件下においては、現在時点と6ヶ月先の間の選択の違いが有意になっていたことから、比較の方向性が調整変数のような形で解釈レベルの効果に作用している可能性が示唆された。こうした結果は、今後の解釈レベル理論の研究において比較の方向性効果の関連をさらに整理していく必要性のあることを示唆するものとなる。

　また、これらのことは複数の理論仮説が必ずしもAかBかという代替的・排他的な競合関係だけにあるわけではなく、一つの現象に共に働く併存関係、あるいは何らかの補完的関係にある可能性をむしろ前提にすべきことを意味していると言えよう。Sternthal等が考えるように、比較研究をすることによっ

て，そのまま理論間の篩（ふるい）分けが進むといった図式を常に想定することはできないのである。比較研究は理論間の篩分けだけではなく，理論間の関連付けを促進するという意味で知識体系構築に貢献する研究方法ということになるのである。

　実験1と実験2とを比較することにより，実験1の比較研究が優れている点がはっきりとするもう一つの点は，比較研究において複数の理論による効果の大きさについて，相対的な差をつかむことができることである。実験1では比較の方向性効果は解釈レベル理論との関係において，せいぜい調整変数的な役割を持っているかもしれないということが示唆されただけで，その有意な効果をつかむことはできなかった。解釈レベル理論は部分的にのみ支持的な結果となるものであった。それに対して，支払い意向価格に現れた価格に関する心理的メカニズムは，大きな価格差をもたらす強い効果を持つものであることが明らかになった。機能追加と機能削除との支払意向価格の変更幅は2,538.78円（現在時点）と3,144.92円（6ヶ月先）であるのに対して，解釈レベルの効果としての変更幅は140.79円（機能追加），746.93円（機能削除）でしかなかったからである。こうした変更幅を効果量（effect size；Cohen's d）と呼ばれる平均標準偏差で割った数値で見ても，支払い意向価格の効果量は現在時点が$d=0.700$，6ヶ月先が$d=0.723$で，標準偏差の約70％の変更幅となっているのに対し，解釈レベルのほうは機能追加が$d=0.034$，機能削除が$d=0.195$であり，機能削除の場合でも標準偏差の20％弱でしかないから，両者の間にかなりの差があることが読み取れる。

　こうした結果は，たとえ複数の理論が並列的に働くような状況であっても，その効果に大きな隔たりがあることを示すもので，消費者行動の予測目的にとっては貴重な知識となるものである。実験2のような形で，それぞれの理論を個別にテストしているかぎりでは，それらの多くが統計的に有意であるというものであっても，それらがまとめて含まれるような状況における優先順位のようなものをつかむことは難しいのである。消費者行動の予測目的においては，企業の有する資源がかぎられているために多くの手を打つことができず，いず

れかのアプローチにかぎられてしまう状況も考えられる。そうした場合，複数の理論の効果の強さをつかんでおくこと，そしてその効果適用を行っていくことは前節で見たように極めて重要な事柄になる。その場合，解釈レベル理論あるいは比較の方向性効果といった知識が，効果適用を行う局面で含まれる度合い，あるいは研究データの中に紛れこむ度合いといったことを比較研究は明らかにする[3]。

例えば，もし取り上げた三つの効果についての今回の結果が妥当なものであるとするならば，新機能の追加あるいは削除ということに関して，マーケターは支払意向価格に現れる非対称な価格の心理に最も注意すべきことになる。新機能を追加することに対して，消費者はできるだけ支払意向価格の追加幅を小さくしたいという心理が働くが，同一の機能が削除される場合には大幅な価格切り下げを求めることを知っておかねばならない。また，新機能の機種が発売されるときに既存機能の機種も合わせて新たに発売されるという状況であったとしても価格の切り下げが期待されており，そのタイミングで既存機種の購買を行うことが費用対効果としての価値を最も高め得ると考える消費者の存在を考慮に含めることも重要な点となる。そして，それらの効果と比べるならば時間的距離，あるいは比較の方向性という意思決定の状況要因が紛れ込んでくる効果は，たとえ存在してもその効果は相対的に小さなものでしかないということになる。それでも，マーケターは将来の購買や利用を予測して予約を行うといった状況，あるいは新製品の導入前に購入意図の調査がなされるといった状況において，含まれてくる解釈レベルの効果に注意していなければならない。また購入意思決定場面において，選択肢の提示の順序が選択に微妙に影響する可能性への注意が必要ということになる。しかしこれらの効果に注意を向けるあまり，支払意向価格に現れる価格心理の効果から目をそらすならば，小魚に目をとられて大魚を逃してしまうことになる。

マーケティング意思決定にとって有用な予測目的に役立つ消費者行動論には，こうした相対的な効果の大きさに関する知識も含んでおくべきことになる。先に述べたように，予測とはどちらの方向へ進むのかということだけでなく，そ

図5-2 媒介過程の存在

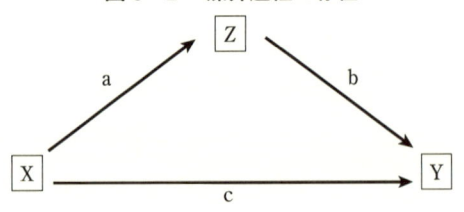

```
        Z
      ↗   ↘
    a       b
  ↗           ↘
X ─────────────→ Y
         c
```

の方向へどの程度進むのかという情報を含むときに有用な予測となるからである。

　消費者行動研究において複数の仮説が併存的に働くことを前提にすべきことは，Baron and Kenny（1986）の媒介変数についての論文を批判的に取り上げたZhao, Lynch Jr. and Chan（2010）の*Journal of Consumer Research*誌上の論文にも論じられている。Baron and Kennyの考え方は非常に広く知られており，*Social Sciences Citation Index*に2009年9月の段階で12,688件の引用がなされているという。Zhao等によると，Baron and Kennyの考え方は，基本的には妥当なものであっても，媒介過程の存在を確かめる条件が厳しすぎる点がある。それは図5-2のようなXとYとの間に媒介変数Zの存在を示すために，XからZへの影響aとZからYへの影響bが有意であるだけでなく，直接的な影響cがゼロであることを取り上げているからである。Zhao等はcがゼロでなくとも，a・bが統計的に有意であればそれだけで媒介変数Zの存在を議論するのに十分であると言う。それはXとYとの間の回帰関係は，そのまま両者の直接的な影響関係以外にもその他の隠れた媒介変数によって引き起こされている可能性があるからである。

　そして，Zhao等の指摘が意味することは，消費者行動研究において，一つの現象を説明する要因は理論あるいはモデルで取り上げられた要因だけにかぎられるものではなく，それ以外の要因が働いている可能性があることを常に想定していなければならないということである。複数の仮説は常にAかBかというように背反的な関係にあるわけではない。AとBとが並列的に働くだけでなく，そこにはC，D，Eというそれ以外の効果が隠れて働く場合が少なく

ないのである。

5-2　探索的研究・記述的研究・因果的研究

　科学哲学においては論理経験主義以来，研究方法を論じるにあたって，発見の文脈（context of discovery）と正当化の文脈（context of justification）とをはっきり分けることがなされる（Hunt 1976）のが普通である。前者は科学の理論がどのように構築されるのかということに関わっており，後者は構築された理論がはたして妥当なのかということに関わっている。そして，科学の方法論が関わりを持つのは，このうち後者の正当化の文脈であるとされる。例えば，競合的な関係にある二つの理論，AとBとがある場合，どちらを採用すべきかの決定は，どちらのほうがより広い現象を矛盾なく説明できるかということで決せられるべきであって，どちらのほうが理論構築までにより多くの時間と労力を費やしたのか，ということには無関係でなければならないからである。浴槽の中で思いついた理論であれ，研究室で多くの資料に囲まれる中に構築した理論であれ，より厳しい論理的・経験的テストを通過する理論のほうが優れているのである。理論構築の過程における投入努力の軽重は，理論を評価するうえで何の関わりも持たないのである。本書の基本的立場もこの点に関してはいささかも立場を異にするものではないだけではなく，むしろ二つの文脈の明示的な区別を，科学哲学のレベルだけでなく，理論とテストのレベル，そして分析技法のレベルにまたがって，堅持することを強調するものである[4]。

　その一方で，消費者行動研究者になじみの深い研究の分類は，マーケティング・リサーチにおいて採用される探索的研究（exploratory research）・記述的研究（descriptive research）・因果的研究（causal research）という三分類である（Aaker, Kumar, Day and Leone 2011, Iacobucci and Churchill Jr. 2010, Malhotra 2010）。この三分類のうち探索的的研究はそのまま発見の文脈に，そして因果的研究は正当化の文脈にカテゴライズされることは間違いない。しかし，記述的研究は発見の文脈に属するものもあれば，正当化の文脈に属すると

考えられるものもあることに注意しなければならない。この記述的研究における区分けは，研究に先立って，明示的な研究仮説が存在しているか否かにかかっている。研究者が何らかの研究仮説を立てて，それをテストする形で記述的研究が行われる場合には正当化の文脈にあるのが普通である。それに対して，その記述的研究の結果，市場における傾向のようなもの，あるいは全体像を浮かび上がらせようとするような記述的研究は，発見の文脈に属している。それは市場における消費者行動を記述したものであっても，事実としての消費者行動がどうなっているのかを明らかにすることを主目的としている点で，探索的性質を持っているからである。例えば，市場に特定のデザインを好む消費者がどの程度いるのかといった比率を推定することを目的とした研究，あるいは市場の中での消費者の類型化の研究などはどちらかと言えば発見の文脈に属する記述的研究である。

　もちろん，ここでの区分けは明示的な研究仮説あるいは理論の存在の有無を規準としたものであって，発見の文脈にカテゴライズされる記述的研究の中にいささかでも暗黙的な仮説が含まれていてはならないというものではない。消費者行動のどの側面を観察し，どのようなデータを収集するかといったことは，ぼんやりとしたものであっても，何らかの仮説のようなものを研究者が持っていなければならないからである。また，研究の方法として統計的仮説検定の方法が使われたとしても，そのことで，その記述的研究が正当化の文脈に分類されるということを意味するものではない。例えば，ある比率を超えた消費者の反応があった場合に新製品の導入に踏み切るという形で統計的検定が用いられる場合，確かにその比率に関しての標本に基づく母集団についての推論をより確実なものとしているわけであるが，それは知識体系としての消費者行動論に繋がっているわけでも法則的な関係を確かめたいわけでもないため，理論の正当化の文脈に属するとは言えないからである。

（1）事実発見を目的とした記述的研究

　消費者行動研究において探索的性質を持った記述的研究は多くなされている

が，それは，そうした探索を通してそれを消費者行動の理論構築に繋げるというよりも，それ自体がそのまま，マーケティング意思決定のための基礎的知識となるためである。市場に関する記述統計的な事実情報は，市場の現状を把握するために欠くことのできない情報である。例えば，市場の中でどのくらいの消費者がその製品・サービスに関心があり，どのくらいの頻度で，どの程度の量を購入しているのか，購入者は増えつつあるのかといった事柄を知ることは即マーケティング意思決定に繋げることができる。現時点での市場に関する事実的情報は，ごく近い将来の予測にもなる。今週の購入量の最頻値に関する情報は，来週の購入量の最頻値の最も手っ取り早い予測値として使うことができる。これらの情報は基礎的である分だけマーケターの意思決定にとって必要不可欠であると言ってよい。しかし，こうしたやり方は既存の製品・サービス及び諸条件を全く変えない形での帰納に基づく予測であり，その適用可能性は諸条件がそっくりそのまま再現される範囲に限定されることに注意しなければならない。

(2) 予測を目的とした記述的研究

それに比べて，もしそこで観察されるデータの中に規則性のようなものが見出されるならば，予測の適用範囲は広がってくる。市場需要の中に季節性のような上下動が含まれていること，あるいは高年齢・高学歴の消費者になるにつれて購入量が多くなること等が見出されるならば，そうした規則性及び傾向に基づいて，より遠い将来の予測，よりきめ細かな予測，あるいはすでに起きている現状とは異なる状況下での予測を行うことが可能となる。

記述的研究でも，こうした規則性の発見を目的としてなされる研究は理論構築に一歩近づいていると言える。それは何らかの形で要因間の関係を浮かび上がらせることになるからである。消費者の人口統計的変数，経済的変数，心理的・社会的変数などを用いて消費者を類型化し，こうした類型と特定の購買行動との関連を明らかにする研究などは，このカテゴリーに属すると考えられる。あるいは，現在完了型での時系列のデータから長期的な変動の傾向をつかみ，

それを次期の市場需要の大きさの予測に使う時系列分析は，単なる事実的情報というレベルを超えて，マーケティング意思決定のための予測を主目的としたものである。しかし，こうした予測はすでに第1章第1節のところで見たように，現象の説明に基づかない予測であり，消費者行動のモデルあるいは理論を背景としていないため，どちらかと言えば，正当化の文脈よりも発見の文脈の中に位置付けられることに注意しなければならない。記述的研究のかなりのものは中間的立場に立っていても，探索的研究の性質を色濃く持っているのである。

日々に実践的必要性に迫られているマーケターにとっては，市場の現状についての事実的情報，あるいは見いだされた規則性が使えることで十分であると考えるかもしれない。なぜそうした規則性が見られるのかを解明しようとすることは学者が関心対象とする事柄であって，実践者にとっては不必要なことにすら思われるかもしれない。しかしながら，すでに第1章第1節で論じたように，実践的目的のためにも現象を説明する理論あるいはモデルを構築することが必要なのである。それは説明に基づく予測のほうが，単なる規則性に基づく予測よりも，問題に対するより優れた指針を与えるからである。それは統計的に擬似相関と呼ばれる知識で事足りるとするのか，因果関係をつかんだ知識へ進むのかの差異としてしばしば示される。

理論あるいはモデルとは，関心とする事柄に関して，厳密に規定されたいくつかの概念（構成概念 construct と呼ばれる）間の法則的関係を含んだ体系である（Hunt 1976：阿部訳 1979）。法則的関係は単なる規則性だけでなく，概念間の関係がなぜそのようになるのかの論理的説明を含んでいなければならない。それに対して，規則性は二つの事柄の間に見いだされる結び付きであり，統計的には相関関係が見られることである。観察される事柄の間に規則性が見られる場合，その理由がわからなくても予測に使うことができる。例えば車の売れ行きと女性のスカートの短さの間に強い相関があるときに，車のマーケターは巷の女性のスカートの長さから車の売れ行きを予測することができる。しかし，車の需要が落ちたときに，女性達に短いスカートを着用してもらうことで車の

売れ行きを回復しようと図ることは有効な策とはならない。車の売れ行きと女性のスカートの短さとの相関は景況感のような別の第三変数からもたらされる擬似相関であって，両者の間には直接の結び付きはないからである。

したがって，より実用性の高い予測を行うためには，現象の中に規則性がなぜ観察されるのかという法則的関係を含めたモデルないし理論へと，知識を進めることが必要になる。消費者行動研究の目的の一つは予測であるが，研究が当面の予測目的に使えればそれでよしとする考え方は，道具主義的な科学観に繋がってしまうことになる。第2章でも論じたように，消費者行動論をマーケティング意思決定のための単なる道具箱と見る道具主義的考え方からは，長期的に本当に役立つ道具箱を準備することにも限界があるのである。

(3) 説明を目的とした記述的研究

消費者行動研究における記述的研究が全て探索的色彩を持っているということではない。一部の記述的研究は正当化の文脈に属するものである。記述的研究が，消費者行動の理論あるいはモデルから導かれた研究仮説を経験的にテストすることを目的としてなされる場合がそうである。実験的方法を用いた因果的研究でないところから，調べたい要因だけの効果をつかむことが困難であるという問題を抱えていても，その他の要因を統計的にコントロールすることで現象の因果関係の推論を行うことができる。それは，実験的研究と併用されることで，実験的研究が持っている，実際の市場条件のもとであてはまるのかという外的妥当性の弱点を補うことができる。消費者行動の説明のための理論の経験的妥当性のテストにおいて，記述的研究の果たす役割を過小評価することはできないのである。

(4) 分析技法レベルにおける区分

本書はこのように消費者行動の個別の理論とテストのレベルにおける中間的な領域としての記述的研究において，発見の文脈と正当化の文脈に沿った区分を明確に行っていくことを唱えるものであるが，それはより具体的な分析技法

の水準においても，一貫して保たれるべき視点であることを認識する必要がある。分析技法の選択にあたっては，ややもすると研究方法論上の考察が希薄となり，分析技法自体の新奇性のほうに関心が向けられがちである。その分野で新しい分析技法がどのような知見をもたらすのかということを取り上げることは，研究論文の作成に繋がりやすいからである。

　しかし，後続の章で取り上げるように分析技法は消費者行動の理論とテストというレベルの方法論に沿って選択されなければならない[5]。そして分析技法においても，データ主導型の探索的研究に適した分析方法と理論あるいはモデルのテストに適した分析方法とがあることに注意しなければならない。例えば，探索的因子分析（exploratory factor analysis）はその名が示すように，何らかの関連を有すると思われる項目（観察変数）の背後にある潜在的な変数としての因子を探り出すのに適している。データから浮かび上がってくる因子は研究者が何となく予想したようなものになるかもしれないが，予想するところとはかなり違ったものになるかもしれない。また，取り上げた観察変数が実質的にいくつの因子に集約されるのかも手探りということになる。それに対して確認的因子分析（confirmatory factor analysis）は，研究者の側であらかじめ潜在変数の性質及び測定の仕方を定めたものを経験的にテストするものである。それは因子と観察変数との結び付き，及び因子間の相関についても統計的検定理論を伴うもので，因子の測定がより厳密にテストされることになる。

　分析技法として重回帰分析が使われる場合でも，探索的性質の研究と理論のテストを目的にした研究ではかなり内容が異なってくる。探索的研究では関心対象とする従属変数に，統計的に有意となる説明（独立）変数をデータ主導的にステップワイズ方式で探すといったやり方がとられやすい。多くの場合，予測の精度としての決定係数を高くすることが優先されがちである。関連のありそうな変数をできるだけ多く取り込む形で，予測の精度を高めることが第一義となる（連立方程式体系を考える計量経済学では誘導形（reduced form）と呼ばれる；Johnston (1972)）。その場合，統計的に有意となる説明変数はその論理的説明が多少難しくても取り込まれ，逆に論理的に関連があるはずの説明変数で

あっても有意とならない場合には予測のための回帰式から外される。

それに対して理論をテストする研究における重回帰分析では、取り上げられる説明変数は理論的に導かれるものでなければならず、決定係数だけが優先するわけではない。それは計量経済学では構造方程式 (structural equation) と呼ばれ、その偏回帰係数は構造パラメータとしての理論的意味を有している。もし理論的に特定化した構造方程式の説明変数のいずれかが統計的に有意とならない場合には、理論式が経験的に支持されなかったケースとして解釈されることになる。

さらに研究が理論主導型であるのかデータ主導型であるのかは、分散分析のような一般的な分析手法であっても、微妙な違いをもたらしてくる。計画的比較・対比 (planned comparison/contrast) が理論主導的にグループ間の比較を行うのに対して、事後的比較あるいは全グループの間での有意な差のあるものを探す多重比較はデータ主導的であることになる。

消費者行動の記述的研究を以上のように、事実発見を目的とした研究、予測を目的とした研究、説明を目的とした研究の三タイプに分類するとき、本書の依って立つ方法論(科学的実在論)に立つかぎり、正当化の文脈に属するのは、説明を目的とした研究にかぎられることになる。それでは、われわれは消費者行動論の多くの教科書に含められて論じられている、消費者の類型化の研究あるいはライフスタイル研究のような探索的色彩を強く残した研究成果を、消費者行動論の体系から本来除外するべきなのであろうか？ 本書の立場は、理論的成果の体系としての消費者行動論をあるべき理想像とするものであるが、説明を明示的に含まない前理論的な研究成果を除外してしまうことを主張するものではない。本書で、このように二重基準のようなあいまいさを含んだ立場を採用するのは以下の三つの理由に基づくものである。

一つは、科学的方法論のところで述べたように、方法論を論じる水準には個人研究者としてのものと、学界レベルにおけるものとの二つがあるということである。学界レベルの方法論としては批判的多元主義のような異なる立場の存

在を容認する考え方が望ましいというものであった。学生にその分野の基礎的知識を提供することを主目的とする教科書に採用される規準は，学界における多様な考え方を含んだものであるべきと考えられる。そこでは，道具主義的な考え方を反映した，予測目的のための研究成果も排除されるべきではないのである。そして，同じような議論が相対主義的な科学観を背景とする解釈的研究成果にもあてはめられるべきことになる。もちろん，一貫して，科学的実在論，あるいは反証主義，そして道具主義，解釈主義に立った教科書が作成されることも排除されるべきではないであろう。大切なことは異なる考え方やアプローチがあることが学生に示されることと，厳密性を求めての相互的な批判が学界においてなされていくことである。

　二つ目の理由は，現在の消費者行動論の理論水準からして，消費者行動の単なる分類に終わっているもの，消費者の類型化といった言わば前理論的とも呼ぶべき研究成果を除外してしまうならば，消費者行動研究の目的の一つである消費者行動の予測という要請に応えることができないからである。説明に基づく予測ということが十分可能な状況になっていない現状では，説明に基づかない予測，すなわち道具主義的な成果であっても，それを使わざるを得ないのである。学界がなすべきことは'道具箱'であっても，その中から拾うべきものは拾い上げ，それを足掛かりとして現象の一貫した説明が可能な理論構築を進めていくことであると思われる。それが道具箱的な消費者行動論から，理論的な知識体系としての消費者行動論へと脱皮していく現実的な道ではないであろうか。

　三つ目の理由は，確かに本書は消費者行動の説明に基づく予測を重視するものであるが，説明に基づかない予測との間の線引き自体が困難な点である。科学哲学においても，現象の説明ということに関して合意が形成されているわけでなく（ローゼンバーグ 2005），個々の理論・モデルがどこまで説明の要件を満たしているかの評価をすることは容易ではないのである。消費者の類型化のような探索的研究の色彩の強いものについて，それが特定タイプの消費者が関心とする購買行動をとりやすいことを見出すことによって予測に使われている

場合,それを説明に基づかない予測であると判定することは比較的容易にできるかもしれない。しかし,銘柄選択に関わる線形学習モデルのように過去の購買から学習によって購買確率が大きくなることを内容とするような場合には,それを単に規則性に基づいた予測とするのか,あるいは説明に基づいた予測と判定するのかは容易ではないのである。そうした場合の線引きは,研究者の依って立つところの科学的方法論上の微妙な差によって異なってくるだけでなく,懸案となっている特定の理論の評価の仕方にも依存している。既存の研究成果を消費者行動論の体系から外すという判断は慎重であったほうがベターと思われるのである。

(1) 本章で分析した電子辞書に関するインターネット調査データは早稲田大学重点領域研究 b—09,及び科学研究費補助金(基盤研究 B)の支給を受けてなされたものである。
(2) 比較研究の事例としては,古典的学習理論と情報処理理論とを比較した Gorn の研究(1982)がよく知られている。Gorn は予備調査で選好が5分5分になるような,青とベージュのボールペンを用意しておき,同時に予備調査で確認しておいた好ましい音楽と好ましくない音楽を背景音楽として用いた実験を行っている。その結果は,ボールペンの色に関わりなく好ましい音楽を背景とするほうが選択されたというものであった(実験Ⅰ:表—Ⅰ)。

表-Ⅰ 背景の音楽とボールペンの選択

	広告されたボールペン	広告されないボールペン
好ましい音楽	79%	21%
好ましくない音楽	30%	70%

n = 195

表-Ⅱ 書き味訴求(青)と背景音楽(ベージュ)の効果

課題	青いボールペン	ベージュのボールペン
後で受け取るボールペンを選ぶ (n = 59)	42人	17人
どちらかを選ぶだけ (n = 63)	23人	40人

実験Ⅰの結果は古典的学習理論を支持している。しかも,たった1回の広告呈示で被験者は条件付けがなされたことになる。

Gorn の研究でより興味深いのは表-Ⅱに示される実験Ⅱである。ここでは実験Ⅰと同

じボールペンと音楽が用いられるが，広告の内容と実験において被験者に与えられる課題について異なる操作が追加される。被験者は青いボールペンについては書き味を論理的に訴求する広告に露出される。一方ベージュのボールペンは好ましい音楽を背景とするだけで，特別な訴求点は持っていない広告が用いられる。被験者はこの二つの広告に露出されるわけであるが，二つの異なる課題グループに分けられる。一方のグループ（63人）は実験Ⅰと同じようにどちらのボールペンがよいかを選択するだけである。それに対してもう一方のグループ（59人）では，被験者は，後で自分が受け取るボールペンを選ぶことが課題とされる。

　Gornによると実験Ⅱの結果が意味することは，後で受け取るボールペンを選ぶという関与が高いグループにおいては，なぜ書き味がよいのかという情報の処理がなされるのに対して，どちらかを選ぶだけという関与の低い状況では，背景の音楽の方が論理的な訴求点よりも大きな効果を持っていることになる。そのことは情報処理理論と学習理論とは競合する理論というよりも状況に応じて使い分けができるような関係にあることになる。

　Gornの実験Ⅱは，一つの実験の中で異なるパラダイムの棲み分けを示唆する点で極めて興味深いものであった。そのため，何人かの研究者によって追試がなされるが，その結果の再現性が低いことが問題となっている。実験Ⅱのあまりにもきれいな結果は，データの理論負荷性のところで見たように，実験が被験者が予期する結果へと意識的・無意識的に誘導する流れを作成してしまう，いわゆる要求効果（demand effect）のせいではないかとの指摘が出されている（Kellaris and Cox 1989）。いずれにせよ，実験結果の再現性がないことは，Gornの研究の科学的価値を大きく下げるものであることは言うまでもない。それは，要求効果を含む実験におけるその他の刺激提示条件の細かな差異によって，結果がもたらされている可能性を意味するからである。実際のところ，Gornの研究の追試験においては，刺激の提示の仕方などの細部まで完全に一致した形でなされているわけではない。しかし，小さな実験状況のばらつきによって基本的仮説の効果が打ち消されてしまうなら，その研究結果は支持されなかったものとして受け止められることになる。特にその研究がパラダイム間の比較に繋がるような研究である場合には，結果の再現性は強く求められなければならないであろう。Gornの研究は一見模範事例のように見えて，本当のところは問題事例となっていると言うべきである。

　このように比較研究が狙いとするほどにはスムースに進まない事例の提示は，決定不全性を唱える相対主義者にとっては，わが意を得たように思われるかもしれない。確かに，この事例が示すように比較研究は容易ではない。しかしそのことは理論間の比較ができないということを意味するものではない。Gornの研究のように再現性の乏しいことは，多少の時間はかかっても，やがては明らかになってくるのである。また，理論が予測する効果の相対的な大きさの比較ということが，ここでも意味を持ってくることが明らかである。古典的条件付けについての学習理論と情報処理理論とが関与という鍵概念によって適用範囲を分けるという考え方が，その他の測定の諸条件が異なれば崩れてしまうということでは，予測に使えるだけの説明力を持っていないことになる。そこでは関与という調整変数の役割であっても，その他の考え得る諸条件（例えば実験における刺激の提示の仕方）と比べてはっきりとした効果の差を示さなければならないのである。

(3) ここでの比較研究の考え方は統計的データ分析における多変量解析の考え方と似かよっていると言えなくもない。多変量解析では三つ以上の変数を同時に分析することによって，二つの変数間の関係だけに着目していたのでは見えない関係を明らかにすることができる。例えば，複数の独立変数を考える多重回帰分析では，他の独立変数の働きを統計的に一定にコントロールしたもとでのその独立変数と従属変数との関係を偏回帰係数として捉えるが，それは他の独立変数の働きを考慮に含めない単純回帰分析における回帰係数より優れている。すなわち多くの関連する変数を同時に含めて分析することで，一つ一つの変数の本当の効き方に近いところに接近できるとする考えである。ここでの複数の理論の比較研究も同じような考え方があてはまるが，異なる点は多変量解析が，背後に理論的なものを持っていたとしても，やはりデータ主導的な統計的分析であるのに対して，理論の比較研究においては理論主導的にデータとの突き合わせがなされるということである。それは多くの場合実験的な操作処理を含んでおり，その操作処理が理論仮説で予測した通りの結果になるかというところに主たる関心がある。

(4) 方法論を論じる場合に発見の文脈と正当化の文脈との区別を取り払って，むしろ発見の文脈を中心として，いかにして優れた理論を構築するかを関心事とする論者も存在する。例えば Zaltman, LeMasters, and Heefring (1982), *Theory Construction in Marketing: Some Thoughts on Thinking*, John Wiley & Sons における Theories-in-Use アプローチ等がその例である。そうした考え方への批判は大屋 (1991)「第4章 G. ザルトマンのマーケティング方法論に関する批判的考察」，堀田編著 (1991)『マーケティング研究の方法論』，中央経済社，125-154 によってなされている。

(5) データ主導型研究はその中に明示的な研究仮説が含まれないため，研究者の先入観を含まず，客観性の高いものになると期待することはできない。データ主導型研究は取り上げられるデータ，あるいはどのような分析技法を使ってデータを分析するのかということに影響される度合いが大きくなると考えられるからである。質的な定性分析の場合には少数の事例についての非常に詳細なデータが収集されるため，取り上げられる事例の選択が決定的な重みを持つ（キング・コヘイン・ヴァーバ 1994, 渋谷 2009, 田村 2006b）であろうし，定量的な分析の場合には，用いる分析技法によって，どのような側面の量的データが収集されるかが決まってくる。つまり，データ主導型研究はデータの入手可能性と，用いる分析技法によって，その性質が大きく規定されるものである点に注意しなければならない。

第6章　消費者行動研究と統計的分析技法

6-1　研究仮説と統計的検定仮説

　第2章で述べたように，消費者行動論に含まれる法則は，ほとんど統計的法則としての性質を持つものである。すなわち，私たちの有する消費者行動についての知識は，全ての消費者行動にあてはまる普遍的な性質を持ったものではなく，せいぜい特定の反応をする確率としての知識でしかないことを踏まえておくことが必要である。また，消費者行動の研究は対象とする母集団を全て調査する全部（悉皆）調査ではなく，その一部を取り出して，母集団全体の推測を行う標本調査であることを踏まえておかなければならない。全部調査は費用と時間の点で非現実的であるだけでなく，ある意味では調査をしないでマーケティング戦略を実施する状況（あるいは全市場規模でのテスト・マーケティング）ということにもなってしまうからである。

　そうしたところから，消費者行動研究においては推測統計学，とりわけ統計的検定の方法が用いられることが圧倒的に多くなってくる。第5章第2節で考察を行った理論テスト型の研究は，ごく一部の事例研究のような質的研究を除いて，そのほとんどは統計的検定を含む量的研究であることになる。その意味で，統計的検定は消費者行動研究の非常に重要な分析技法の集合であるということになる。そのことは，統計的仮説検定が用いられることが常態的となるために，統計的仮説検定と理論のテストがつい同一視されてしまう傾向まで生じてくることを意味している。

　第1章で見たように研究の方法論は，科学哲学のレベル，消費者行動論における理論とテストのレベル，具体的な分析技法のレベルという三つのレベルで捉えることができるが，これらの三つのレベルは相互に関連を有している。選

ばれた第三レベルの分析技法が第二レベルの理論のテストに影響を与えるといった側面もあることには注意しなければならない。例えば，現象の測定に用いられた尺度によって，用いられる統計的検定方法が異なる場合，検定結果も異なる結果，理論が支持されるのか否かが微妙に異なってくることがある。しかし，そのことは理論のテストと統計的検定という異なるレベルの問題を同一視してよいということではない。両者は明確に異なるとともに，崩してはならない関係を有している。それは理論のテストに関しては，理論から研究仮説を導出し，それを統計的検定仮説に翻訳することで統計的検定がなされ，その結果が理論のテストとしてフィードバックされるという関係である。すなわち，第二レベルの固有の理論とテストにおける方法論が，第三レベルの方法論である分析技法における方法論を規定するという関係である。本節では，こうした関係を無視して両レベルの方法論を同一視すること，とりわけ統計的仮説検定における論理を理論のテストのレベルまで持ち込んでしまう問題性を明らかにしよう (Cho and Abe 2011)。

　理論をテストするために演繹的に導出される予測的言明としての研究仮説 (research hypothesis ; RH) は，理論的仮説 (theoretical hypothesis)，あるいは単に仮説と呼ばれる。それは一般にテストされるべき概念間の関係を「RH；高関与の消費者は広告メッセージの中の多くの項目を記憶するだろう」といった言語の形で表したものである。それに対して，統計的仮説 (statistical hypothesis) は母集団の分布に関するパラメータを相互背反的な一対のセットとして記号で示したもの（例；帰無仮説；$H_0: \mu_1 - \mu_2 \leq 0$，対立仮説；$H_1: \mu_1 - \mu_2 > 0$ ただし，μ_1: 高関与消費者の平均記憶項目数，μ_2: 低関与消費者の平均記憶項目数）で，概念間の論理的関係といった事柄には中立的なものである。

　こうした表記上の違いは，取るに足らないに事柄に見えるかもしれない。むしろ，統計学の教授上の便利さ，あるいは研究仮説をいちいち統計的検定仮説に翻訳するという冗長性を省くというメリットから，両者を同一なものとして扱いたいという考えが生じるかもしれない。事実，そうした考え方は，ときとして経済統計学あるいは経営統計学の標準的なテキストに見られることがある。

例えば、「H_0: 理論/モデル A　対　H_1: 理論/モデル B」という表記の仕方（例；Cheung and Erlandsson 2005）、あるいは「研究仮説が対立仮説である」（例；Anderson, Sweeney and Williams 1999）、「主張が対立仮説である」（例；Bhattacharya and Johnson 1977）等がそうした例である。一見したところ、これらの言明には、特段の問題が含まれているようには見えないかもしれない。しかし、こうした統計的検定と理論の経験的テストを同一視する考え方には二つの混乱を生じる可能性が含まれている（Cho and Abe 2011）。

〈無関連型研究仮説の存在〉

その一つは、研究仮説の中に二つのタイプが存在することを見過ごしてしまうことと、それに気付くことなく仮説検定を行ってしまう可能性である。理論から導かれる研究仮説の中には二つの概念間の関係の存在を示す形の有関連型研究仮説（Research Hypothesis in Existential Form；RHEF）と呼べるものと、概念間の関係の存在しないことを示す形の無関連型研究仮説（Research Hypothesis in Non-Existential Form；RHNF）と呼べるものが存在する（Cho and Abe 2011）。ほとんどの研究仮説は RHEF であり、それは研究者の主張するところが「正の影響を及ぼす」、「負の関係がある」、「差がある」というような場合である。それに対して稀ではあるが、研究仮説の中には概念間の無関係を主張するものもある。「影響を及ぼさない」、「関係がない」、「差がない」といった主張が含まれるものは RHNF となる[1]。

理論は本来概念間の法則的関係を示すものであるから、研究仮説は全て RHEF になるものと思われるかもしれない。しかし、概念間の法則的関係の中に明示的に二つの概念が無関連であるというものは含まれていなくても、研究仮説としては、両者が無関連であるということを示すことが必要になる場合がある。それは例えば、既存の理論は X が Y を規定するという構造を有しているのに対して、対抗的な新理論として X は Z を通してのみ Y に影響を及ぼすという構造を提唱するときに、X と Z 及び Z と Y についての法則的関係についての RHEF だけでなく、「X は直接には Y に影響を与えない」という

RHNFをテストすることが必要になるためである（例；Spreng, MacKenzie and Olshavsky 1996）。あるいは「XはYに影響するが，YのXに対する逆の影響はない」（例；Bagozzi 1980b）というケースにおいても，無関連型研究仮説は含まれてくる。

「研究仮説が対立仮説である」といった言い方がなされる場合には，研究仮説として暗黙裡にRHEFを前提にしているのである。それは研究仮説を否定する形の帰無仮説を棄却することで，研究仮説の内容を含む対立仮説を採択したいからである。しかし，研究仮説がRHNFである場合にはこの言明は成立しないことになる。二つの概念間に関係がないことを主張するRHNFの場合，統計的検定仮説への翻訳は帰無仮説がRHNFの内容を含むことになるからである。ここで，RHNFの場合でも帰無仮説と対立仮説とを入れ替えて統計的検定を行えばよいのではないか，という考え方がなされるかもしれない（例；Keiding and Butdz-Jorgensen 2005, Mansfield 1983）。しかし，この考え方には誤りが含まれている。なぜなら，統計的検定において帰無仮説は常に等号（≤，≥，または＝）を含んでいなければならないからである（Lind, Marchal and Mason 2002）。そうでないかぎり，帰無仮説を棄却する基準となる第1種の過誤の確率としての有意水準を知ることはできないのである。対立仮説は常に等号を含まない形（＜，＞，または≠）となるため，対立仮説は研究仮説であるRHNFを否定するものとなる。したがって「研究仮説が対立仮説である」という言い方をしている場合には，研究仮説の中にRHNFが存在していることを見過ごしているか，あるいはその存在について気づいていても，その性質について十分考えていないことになる。

こうした例に見られるような分析技法レベルの方法論である統計的検定方法を理論のテストというレベルにまで押し広げて考えるやり方は，研究の進め方についての概念的混乱だけでなく，具体的にも問題を含んだやり方を無意識的に行ってしまうことになる。研究仮説がRHEFである場合とRHNFである場合について，それぞれ統計的検定を行うというケースを考えてみよう。RHEFの場合には研究者の主張（研究仮説）は統計的検定において対立仮説へ

と翻訳され，研究者の主張を否定する形の（理論に基づかない，案山子（かかし）的存在の）帰無仮説を棄却することによって対立仮説が採択され，それによって研究仮説が支持されるという，いわゆる反証の論理（logic of disproof）が成立することになる。統計的検定はこの反証の論理に立つものであり，そこには問題は含まれない。

一方研究者の確かめたい研究仮説が「関係がない」といった RHNF である場合には，それが統計的検定仮説に翻訳されたときには，内容的に帰無仮説に対応するものとなるため，帰無仮説は案山子ではなく，実質的に理論から導かれた研究仮説を背負うものとなり，この帰無仮説を採択することによって研究仮説が支持されることになる。そこでは反証の論理ではなく立証の論理（logic of proof）が使われなければならなくなる。帰無仮説の正しいことが理論的に考えられる場合にはそれを採択しなければならないことが，Harcum 等（Harcum 1990, Cashen and Geiger 2004）によって論じられている。しかしながら，統計的検定方法はこの立証の論理に関しては非常に弱いものでしかない。統計的検定は帰無仮説を採択するための明快な基準を与えるものではないからである（Wonnacott and Wonnacott 1984）。

帰無仮説が採択されることは，そのまま帰無仮説が文字通り真であることを意味するものではないのである。すると，論理経験主義者（Carnap 1936）の唱えるように研究仮説を支持する結果を積み重ねることによって，徐々に研究仮説を確証していくやり方をとるということが考えられる。それでも立証の論理として統計的検定方法を用いることに対する反対の意見がある。その論拠は，帰無仮説とごく僅かに異なる仮説の場合にはそうした検定を繰り返しても，常に仮説支持的な結果となってしまうからである（Mayer 2001）。しかしながら，本書ではこうした帰無仮説の採択という結果の繰り返しは，弱いながら研究仮説を支持するものとの見解をとるものである。ただし，反証主義者が厳密な理論の条件として主張するように，できるだけ帰無仮説が棄却されやすいように信頼区間を小さくすることが望まれる。もし，信頼区間が非常に小さく，それが許容できる誤差として無視できるほどの大きさになれば，実質的な問題はな

くなると考えられる。信頼区間を小さくすることは，もちろん大きなサンプル・サイズを用意しなければならないという代償を伴うことは言うまでもない。

研究仮説RHNFをテストしている場合の注意点の一つは，第1種の過誤の確率（帰無仮説が真であるとき，それを捨てる確率）として，むしろ大きめのαを使用することによって，研究者の主張を第2種の誤りの確率（帰無仮説が偽であるときそれを採択する確率）を大きくすることなく検定できることである。その意味で有意水準0.1は0.05よりも保守的な検定となる。

このようにRHNFを用いる研究者は，それが検定としては弱いものでしかないことを理解しておかねばならない。Cho and Abe (2011) によると，消費者行動に関する論文が発表される5つの主要学術誌，*Advances in Consumer Research, Journal of Consumer Research, Journal of Marketing, Journal of Marketing Research, Marketing Science* の2000年から2007年の間に166のRHNFを扱った論文があるが，この限界に触れている論文の数は零である。

〈経験的テストの流れ〉

理論の経験的テストと統計的検定方法を同一視することがもたらす混乱のもう一つは，理論の経験的テストそのものに関して混乱することである。理論の経験的テストには7段階のプロセスが含まれる（Cho and Abe 2011）。それらは，①理論，②理論からテストすべき研究仮説を演繹的に導出する，③研究仮説を統計的仮説に翻訳する，④収集されたデータに基づいて統計的検定を行う，⑤統計的検定結果を研究仮説の支持または不支持としてフィードバックする，⑥理論の支持または不支持，⑦経験的テスト結果を研究者の科学哲学的視点（反証主義，科学的実在論等）から解釈する，の7つである。そして，そこで大切なことは，この7段階の流れに沿って研究が進められるということである。段階の流れを逆方向にしたり，冗長さを避けるという意味で段階の省略がなされることは様々な過誤をもたらす原因となる。

統計的検定の論理と理論の経験的テストの論理を同一視することは，段階の③から⑤までを全ての7段階に押し広げていることになる。研究仮説は理論か

6-1 研究仮説と統計的検定仮説　143

ら導出されたものでなければならず，研究仮説が統計的検定仮説に翻訳されるのである。対立仮説（統計的仮説）を研究仮説とする考えは，統計的仮説検定を理論の経験的テストに優先させた考え方である。すでに見た通り，研究仮説の内容（RHEFかRHNF）に応じて主張は対立仮説に置かれることもあれば，帰無仮説に置かれることもあるからである。そして，研究仮説の統計的仮説への翻訳にあたっては，ときには複数の選択肢があることにも注意しなければならない。研究者はときには厳密なしかし測定が困難な検定方法か，それとも比較的厳密性には欠けていても緩やかな尺度で済む検定方法を用いるか，の選択をしなければならない。統計的検定仮説と研究仮説を同一視する考えは，研究仮説を統計的仮説に翻訳するにあたっての考慮すべき要因の無視，あるいは，その検定結果だけが経験的テストであるという錯誤を与えてしまうことになる。

　また統計的仮説検定と理論の経験的テストを同一視する考え方は，対立仮説か帰無仮説かという問題の捉え方を，理論仮説Aか理論仮説Bかという対抗仮説間の問題のように錯覚させる場合が多いことに注意しなければならない。統計的検定において一般に見られる反証の論理における対立仮説は，研究者の主張するところの実質的な研究仮説（RHEF）を反映したものであるが，その場合の帰無仮説は対抗する研究仮説ではなく案山子でしかないのである。立証の論理が使われるRHNFの場合には帰無仮説が実質的な研究仮説を反映し，対立仮説はその否定だけであって，これまた特定の研究仮説を反映しているわけではない。

　一回の統計的テストで，対立する二つの研究仮説の決着がなされるというのはほぼ例外的なケースと受け止めなければならない。対抗する研究仮説A，Bについての統計的検定は研究仮説Aを翻訳した統計的仮説としての対立仮説と帰無仮説，研究仮説Bを翻訳した統計的仮説としての対立仮説と帰無仮説という形で，別々の形になっているのが普通である。これは分散分析のような技法を用いて統計的検定がなされる場合でも，二つの主効果のテストとして分離されるのである。重要な点は，研究仮説のテストの論理が優先されることであって，統計的仮説検定の考え方が，研究仮説の立て方に優先するような考

方は本末転倒であるということである。場合によっては，研究仮説のテストは統計的仮説検定によらないで，確定論的（deterministic）になされることがあることも踏まえておかなければならない。また統計的仮説検定が行われる場合でも，具体的にどの検定方法が使われるべきかは，関心とする研究仮説の性質によって大きく規定されることになるからである。

　こうした事柄は，改めて指摘するまでもない事柄のように思えるかもしれないが，残念ながら，不正確な考え方は少なくない。そのことは，統計的仮説と研究仮説の同一視だけでなく，統計的仮説と理論との同一視まで（7段階のステップの①段階まで）なされる状況が混乱の深刻さを反映している。例えば，「帰無仮説は既存理論あるいは一般に受け入れられた理論であり，対立仮説は何らかの新しい理論である。(Harnett and Soni 1991)」といった表現がそれである。あるいは，本来性質的に統計的現象でない事柄までに統計的検定の論理が押し広げられている場合もある。例えば，「H_0；　太陽は地球の周りを回る。H_1；地球は太陽の周りを回る。(Johnson 1999)」，「H_0；被告は無実である。H_1；被告は有罪である。(Anderson, Sweeney and Williams 1999)」等の帰無仮説はどのような統計的分布を前提にしているのであろうか。

　さらに，統計的仮説検定の考え方が，科学哲学の領域（7段階のステップの第7段階）にまで拡大解釈されることもある（Cho and Abe 2011）。その典型は統計的検定における反証の論理と科学哲学における反証主義（falsificationism）とを混同視するものである。例えばCohenによる次の表現には同一視の考え方が含まれている。それは「われわれの測定と理論が進歩するにつれて，われわれは，Meel（1967）がかつて論じたように，われわれの理論を帰無仮説とし，それに挑戦するというポパー流の原理を達成できるようになる。」(Cohen 1994)という表現である。統計的検定における反証の論理は主張すべき事象の背反事象である等号を含む帰無仮説を一定の危険率（有意水準）のもとで棄却することにより，対立仮説を採択するというものであり，帰無仮説は便宜上設定された案山子であるにすぎない。帰無仮説は何らかの主張すべき理論を背景に持っているわけではない。旧理論から新理論への展開はそれぞれが主張する

ところを持ったものであり，旧理論は新理論の採択のために仮に設定された背反事象的存在ではない。むしろ，以前から存在し，一定期間受け入れられていた厳然とした理論なのである。ポパーによる反証主義の考え方はすでに先の章で取り上げたように，理論（科学的知識）とは反証可能なものでなければならないということであって，Aを支持するために，その背反事象の$\bar{A}$を棄却するといった論理（分析技法）とは無関係であることに注意しなければならない。統計的仮説検定方法は科学哲学として反証主義の立場に立つ研究者でも，理論の確証を認める論理経験主義，あるいは科学的実在論の立場に立つ研究者でも等しく用いることができる分析技法なのである。

　本節では，主として方法論における理論の経験的テストの水準と分析技法の水準との二つの水準間の問題を取り扱った。そこでは理論から導出された研究仮説が，用いられる統計的分析技法に優先する事柄であることが確認できたと言えよう。すなわち，理論の経験的テストという課題が用いられるべき分析技法を規定するという，階層的な規定・被規定関係にあるのが原則であるということである。もちろん現実には，用いられる分析技法によって理論のテスト結果が異なってくるという逆の規定・被規定関係が紛れ込むということを完全に排除することはできないが，基本的流れは7段階の経験的テストの考え方が示すように，あくまで理論のテストが関心事であり，優先事項なのであって，その原則を外れてはならないのである。本節は，経験的テストにおける統計的検定方法に日夜浸かっている状況が，研究者の考え方を「はじめに統計的検定方法ありき」のほうに錯覚させてしまうケースの少なくないことを明らかにした。それは極端な場合には方法論のうち科学哲学の第一の水準まで分析技法の論理で眺めてしまう混乱を引き起こしているのである。

6-2　両側検定と片側検定

　多くの社会科学にまたがって見られる現象であるが，消費者行動研究においても同じように見られる分析上の問題に統計的検定における両側検定と片側検

定の区別の欠如，両側検定の圧倒的利用という問題がある。それは標準的な統計学のテキストに説明されているところの方向性を持たない研究仮説の検定には両側検定を使い，片側検定は方向性を持った研究仮説の検定に適しているという原則からの逸脱である。Cho and Abe (2013) によると5つの消費者行動研究に関連する学術誌 *Journal of Marketing*, *Journal of Marketing Research*, *Marketing Science*, *Journal of Consumer Research*, *Advances in Consumer Research* に2001年から2005年の間に発表された，共分散構造分析，回帰分析，分散分析を用いた論文には2703の研究仮説が含まれる（下位仮説を含まない）が，そのうち90.9％（n=2458）は方向性を有しており，9.1％（n=245）が方向性を持たない研究仮説であるという。しかしながら，方向性を持った研究仮説のうち片側検定を用いているものは論文数にして492本中，10.6％（n=52）に過ぎない。74.8％（n=368）は両側検定を用いており，14.6％（n=72）は判定不能となっている。こうした，標準的テキストと乖離した現象はなぜ生じているのであろうか。

　Cho and Abe (2013) によると両側検定の広範な使用には三つの理由が考えられる。一つの理由は全く技術的な性格のものである。現在利用可能な共分散構造分析のスタンダードなソフトである EQS, AMOS, あるいは SPSS に含まれる回帰分析のソフトがパラメータの有意性検定として，t 検定における両側の p 値のみを算出していることである。実験的研究において分散分析法が用いられた時の F 値，そして統計学のテキストに付表として載せられてある F 値は一見片側検定のように見えるものの，内容は右側になった両側検定であるためである（Kaiser 1960）。すると，こうした事実に注意を払っていない忙しい研究者が，算出された p 値を方向性を持った研究仮説の検定にそのまま使っていることが考えられる。

　二つ目の理由は，心理学の分野を中心として，両側検定のほうがより厳密で方法的に保守的であると考えられている点である。そして，三つ目はすでに前節で取り上げたように，多くの研究者が研究仮説と統計的仮説の間の厳密な区別や繋がりに注意を払っていないということである。

本節ではこの三つの理由のうち，二つ目の両側検定をより厳密な検定と見る考え方がはたして妥当な考え方か否かを検討しておこう。それは一番目の理由としてあげられた技術的理由についても，その背後に研究仮説の方向性にかかわらず両側検定を用いることを妥当とする考え方が潜んでいるからである。そして，二つ目の両側検定を妥当とする考え方の背景には，三番目の研究仮説と統計的検定仮説の区別に注意を払わないという考え方があることも明らかになるであろう。

両側検定をより厳密な検定と見る考え方は二つの論拠に基づいている（Cho and Abe 2013）。一つは片側検定の代わりに両側検定を用いることで，研究者は与えられた有意水準 α のもとで，より大きな判定値を使うことでより厳密な検定を行うことになるというものである。確かに両側検定は，この主張のようにより保守的で，より厳しい検定になることは間違いない。しかし，そこで注意すべきことは統計的検定は経験的研究プロセスの中の一部分でしかないということである。研究仮説が方向性を持つのか，それとも方向性を持たないのかは理論的背景から導かれるものである。そして，研究仮説の方向性が，統計的検定における対立仮説の方向性を決めるのである。例えば，研究仮説が二つの構成概念間のプラスの関係を想定するならば，右側検定が適切となる。逆に，研究仮説がマイナスの関係を想定するならば，左側検定が用いられるべきことになる。両側検定は研究仮説の方向性を反映しないものであるから，研究仮説との間の論理的関係を失ってしまうことになる。前節で見たように，経験的テストの全プロセスが論理的・整合的になされることが大切なのである。それは，（1）研究仮説を理論から矛盾なく演繹導出，（2）研究仮説の統計的仮説への正確な翻訳，（3）標本データで統計的検定を実施，（4）研究仮説の支持あるいは不支持，（5）理論の支持あるいは不支持，という流れである。こうした論理的厳密性を犠牲にする形での統計的検定における保守性を得るというのはとられるべき方策ではないことになる。研究者は厳密性とともに論理的整合性を追求しなければならない。片側検定において，より厳密な検定を望むならば，両側検定の考え方を採用するのではなく，より厳密な有意水準のレベルを設定

すべきなのである。有意水準 $\alpha=.05$ の代わりに有意水準 $\alpha=.025$ を用いるべきなのである。しかし，方向性を持った研究仮説についての両側検定の結果を表示している分散分析の結果は，それが $p=.04$ ならば，それを半分のレベルにした片側検定 $p=.02$ として読み取るべきであるし，そのほうが本当の意味でより厳密な手続きに従っているのである。このことは些細なことにこだわっているように見えるかもしれないが，実はそうではない。消費者行動に関してなされた経験的研究の結論が研究仮説を支持する結果として読み取られるか，研究仮説を支持しない結果として読み取られるかに関して影響を持ってくるケースが少なくないからである。方向性を持った研究仮説に関して，それをはっきり意識せずに，保守的であるからということで，両側検定を用いている現在のやり方は研究結果の結論部分に関して不正確な，そしてその意味で厳密でない判断を行っていることになる。

　ここで大切なことは，本書が消費者行動研究を始め他の社会科学において統計的検定を用いるときに，緩い基準を使うことを提唱しているのではないということである。必要なことは正確な統計値をつかむことである。保守的であるという名のもとに，不正確な数値を使うべきではないということである。その意味で，統計的検定にあたっては単に5％水準で有意であったといった結果を報告するだけでなく，そのときの p 値（例えば，$p=.037$）を示すこと，必要に応じては信頼区間を示すこと，そして平均差の標準偏差に対する相対的な大きさのような'効果量'（effect size）を，可能なかぎり明示することが研究の積み重ねにとって大切なのである（American Psychological Association, Board of Scientific Affairs 1996）。

　両側検定の提唱者のもう一つの理由は，それが逆の方向の有意な結果に対する安全策になるというものである（Burke 1953）。研究仮説で考えられているのと符号が逆でしかも有意になっていることを知ることは，一見したところ意味のあることのように考えられるかもしれない。しかし，研究仮説の統計的検定を含む経験的研究の目的にとっては，それはほとんど価値のない情報でしかないことに注意しなければならない。研究者が自らの研究仮説（例えば二つの

構成概念間の正の関係）をテストしている目的は，その正の関係が支持されるか支持されないか（右側検定で有意になるか否か）を知ることである。正の関係の研究仮説が支持されないというのは二つの状況に分かれている。(a) 符号は正であるが，有意とはなっていない。(b) 符号は負となっている（有意であるなしにかかわらず）。したがって，研究仮説が支持されないということを知るのは，それが予想された方向で有意でないということで十分なのである。それは次のような意思決定問題の状況にたとえることができる。企業が新しい包装の使用を検討している。その場合新しい包装は従来の包装よりもよく売れるというのが研究仮説となる。もし，市場テスト・データが新しい包装は従来の包装より有意差をもってよく売れるという結果にならなかったなら，新しい包装は導入されるべきではないという結論となる。新しい包装の売れ行きが従来の包装に比べて，有意差をもってより売れないか否かを確かめることは，意思決定には何らの影響を与えないからである (Kimmel 1957, criterion 2)。

両側検定の提唱者の議論には，予期されない符号を発見することは将来の研究にとって役立つ可能性があるということと，社会科学では安定した予測を導くような成熟した理論はまだ少ないというものがある (Burk 1953, Pillemer 1991)。一つの経験的研究における思いがけない結果が理論の展開に繋がるという可能性を否定することはできないが，研究の目的をはっきり意識しておくことは大切である。それは，理論から導かれた研究仮説をテストしている場合には研究仮説が支持されるか否かということが関心事であり，それをできる限り厳密に行うことが大切であるということである。それは研究が正当化の文脈 (context of justification) にあることを意味している。

取り上げている理論の予測するところと全く逆の結果から，理論の修正を図る，あるいは新しい理論を構築するということは発見の文脈 (context of discovery) に属する事柄である。二つの文脈は全く無関連ということではないが，両者を分けて議論をするということは伝統的な方法論以来の了解事項である。そして，科学的方法論とは理論がどのように構築されたかではなく，理論がデータとの対決においてどこまで妥当するかという正当化の文脈にあることはす

でに先の章で明らかにした通りである。理論のテストがなされている経験的研究において，発見の文脈に含まれる研究目的を含めることを義務付けることはなされるべきでないのである。研究仮説に対して逆の符号となった結果についての検討及び議論は，論文の中では結果の考察（discussion）の部分で行われるべき事柄である（Cho and Abe 2013）。

そして，まだ安定的な予測を可能とするような理論が構築されていないという点は，消費者行動論についてもその通りである。しかし，消費者行動論において，きちんとした理論が構築されていないということは，その経験的研究があいまいな形で進められても構わないということを意味するものではない。私たちの有する消費者行動理論が素朴なものでしかなかったとしても，その理論からできるかぎり厳密な形で研究仮説を導出し，それをできるかぎり論理一貫した形でテストしていくことが必要なのである。研究仮説の方向性を規定するのは理論であり，データについての統計的検定は理論に照らしてそれが理論を支持するか，支持しないかという形でなされることが大切なのである。素朴な理論は将来の洗練された理論への出発点となるものであり，研究はどこまでもその素朴な理論主導型でなされなければならないのである（Cho and Abe 2013）。

片側検定は状況が片側だけを許すような絶対的な条件下でのみ行われるべきという議論もある（Burke 1953）が，その議論は支持しがたいことは明らかである。なぜなら，研究仮説はその本来的性質からして推測的なものであり，その推測の妥当性を確かめる一つの方法として統計的検定を用いているからである。

方向性を持った研究仮説についても両側検定を用いるべきであるという考え方が，それほど論理的妥当性を持ったものではないことを以上で明らかにすることができた。そして，その過程で明らかになったことは，理論から導出された研究仮説のテストとして統計的検定方法を用いているのだという考えの希薄なことである。理論が二つの構成概念の間の正の関係を示し，それがデータによって支持されるか否かを確かめるために統計的検定を行っているのにもかかわらず，その研究仮説の方向性に注意を払うことのない統計的検定を進めるこ

とは，データ主導型とも言うべき考えに立ってしまっていることになる。

もちろん本書はいかなる場合でも片側検定を用いることを主張しているものではない。

両側検定は次の条件では適切な検定方法となる。一つは研究者が明確な方向性を持った仮説を構築しておらず，データ主導的に仮説を固めていかなくてはならない状況である。もう一つは，前章で述べたように設定された研究仮説が無関連型研究仮説と呼ばれるもので，研究者の主張が統計的検定における帰無仮説に置かれる場合である。

(1) 時として「影響を及ぼさないか，負の影響を及ぼすかのいずれかである（正の影響を及ぼさない）。」という形で研究仮説が立てられる場合には，それはRHNF（無関連型研究仮説）となる。

第7章　消費者行動の測定と分析技法

7-1　構成概念と測定

　今日，消費者行動研究において活用されている代表的な分析技法の一つは，共分散構造分析（covariance structure analysis）である。この方法は，本書において消費者行動研究にあたって採用すべき科学哲学とした科学的実在論と適合する分析技法でもある。科学的実在論は直接観察できない構成概念の実在を考えるものであり，構成概念間の因果的構造も実在するものとする。そして，反証主義とは異なり，科学における帰納の役割を排除するものでもない。ただし，科学的知識の可謬性を認め，理論をそのまま真理とするものではなく，真理の近似であるとするものである。

　統計的分析方法である共分散構造分析は，消費者行動を説明するために構築された抽象的な概念としての構成概念の構造，あるいはそうした構成概念間の因果的構造を捉えるのに適した方法である。構成概念は直接に観察できない因子（潜在変数）であるため，前者の構成概念の構造が研究者の想定するようになっているかを，データと突き合わせることが関心となるときには，それは確認的因子分析（confirmatory factor analysis）と呼ばれる。そして，構成概念間の因果的関係が研究者の描く通りになっているかをテストする場合には，構造方程式モデリング（structural equation modeling），あるいは潜在変数を持った構造方程式（structural equations with latent variables）と呼ばれる。そして，その適用はまさに近似的な真理への接近という形でなされている。本章では，真理への近似の試みとしての構成概念の測定妥当性の問題を最初に考察し，その後共分散構造分析の一つの応用である多母集団分析（multi population analysis）を，消費者行動の国際比較研究に用いる可能性について検討することに

する。

7-1-1 科学哲学と測定

　理論を構成する要素は，しばしば概念あるいは構成概念と呼ばれるが，理論はそれら構成概念間の法則的な関係として，現象の説明をするものである。しかし，もしそれらの構成概念を測定することが可能でないならば，理論は単なる思弁的なものに終わってしまい，経験科学の理論となることはできない。消費者行動の理論あるいはモデルについても，その中に含まれている構成概念の測定ができて初めてデータとの突き合せが可能となるのである。そこで研究者は単一のあるいは複数の観測変数としての指標を通して構成概念の測定を行うのであるが，その測定はどのようになされるべきなのであろうか。

　この問題に関して，はっきり意識される度合いに応じて，論理経験主義者と科学的実在論者では差異が出てくる。論理経験主義では研究者が直接観察できる事柄だけを理論の構成要素とすることを考える。それがたとえ消費者の心理的メカニズムを示す概念であったとしても，1対1の対応関係を持った観測変数をもって測定を行おうとする。直接観察できない対象，あるいは操作的に捉えることのできない事柄は，理論の構成要素とはしないのである。例えば，1969年に発表された消費者行動の包括的モデルである Howard-Sheth モデルは，消費者の内的な媒介変数として，いくつかの構成概念の構造が考えられているが，構成概念のほとんどについて，産出変数として1対1で操作化できることを示していることは，論理経験主義的な考え方を反映したものと言えよう。

　すでに明らかにしたように，論理経験主義の考え方はどちらかと言えば，消費者行動について観察された変数に限定した理論構築を考える行動主義的なモデル，あるいは直接観察できない媒介変数に関しても1対1の対応関係を持つような操作的変数を考える新行動主義のモデルのような，行動修正パラダイムに合致するものであった。そうしたところから，変数の測定にあたっても単一の項目として測定されることを前提することに大きな問題は含まれてこない。それに対して，科学的実在論の観点に立って消費者行動を説明する理論あるい

はモデルを構築するときは，消費者行動の直接観察測定できる側面はもちろんのこと，直接観察することが困難な消費者の心的なメカニズムについても，それを研究の対象とすることを肯定することになる。消費者行動研究における今日の主流的な消費者情報処理パラダイムはまさに消費者が頭の中で感じていること，考えていることの解明を中心研究課題としているものであるから，それは科学的実在論と整合するアプローチということになる。その場合，理論あるいはモデルの構成要素となる構成概念は直接観察測定できない潜在的な変数として，複数の指標を通して間接的に測定されることとなる。今日，消費者行動研究の分析方法として用いられる因子分析あるいは共分散構造分析は，こうした研究目的に合致した方法ということになる。

7-1-2 構成概念妥当性

共分散構造分析は因子分析もその中に包摂することのできるものであるが，構成概念の測定には，通常複数の指標（多重指標）が用いられる。複数の指標を用いることによって，測定に含まれる誤差を考慮に含めることが可能となり，それによって潜在的な変数である構成概念をどこまで測定できているのかという測定の妥当性の検討も可能となるからである。

一般に測定しようとしている構成概念がどこまで測定されているかは，構成概念妥当性と呼ばれる。構成概念妥当性は教育心理学の分野で尺度構築の権威とされるMessick（1995）によると（1）内容的側面，（2）実質的側面，（3）構造的側面，（4）一般化可能性側面，（5）外的側面，（6）結果的側面の六つの側面の証拠が必要とされる。この六つの側面を教育心理学の文脈ではなく，消費者行動論の文脈に置き換えて理解すれば以下のようになる。

（1）内容的側面（content aspect）の証拠

指標として用いられる複数の項目は構成概念の内容をカバーしていなければならない。内容的側面の証拠は概念的に定義された構成概念の領域がそれらの項目で代表されるかを質的に判断することであり，客観的な数値化が難しいも

のである。一般に複数の専門家による評価というやり方がとられる。例えば消費者の革新性という構成概念が消費者のリスク・テーキング行動の側面だけをカバーするものならば不十分と考えられる。それは消費者の情報接触行動をも含むものでなければならないからである。内容に関わる証拠を確立しようとするうえでの難しさは、項目が不足することによって構成概念の本来意味していた内容をカバーしきれないという状況と、逆に全ての内容をカバーしようとして項目が増える結果、異なる要因が混在してくる状況との間でバランスをとらなければならないことである。いずれか一方にバランスが欠けることは避けなければならないが、現実にはカバー不足と異なる概念の混入とが同時に生じていると考えるべきと言われている（Messick 1995）。内容的側面の証拠は内容的妥当性とも呼ばれ、数値的に捉えることができないもので、複数の専門家による判断という方法をとらざるを得ない点で表面的妥当性（face validity）と似かよっているが、表面的妥当性は測定結果が専門家から見て妥当に見えるということであって、測定項目を抽出する段階における検討事項である内容的妥当性とは異なる。

（2）実質的側面（substantive aspect）の証拠

構成概念で定義されている内容が、項目的にカバーされているかということだけでなく、実質的に構成概念化されている事柄が消費者の中で生じているということを示す証拠である。例えば、消費者による情報統合というプロセスは、口頭による言語報告としてのプロトコル・データによって、あるいは眼球運動データによって裏打ちされる必要がある。実質的側面の証拠は理論の経験的テストをより確かなものとすることになる。直接に観察測定することが難しい消費者の心理的プロセスを科学的に研究可能な事柄としていく背景には、この実質的側面の証拠の追求がある。

（3）構造的側面（structural aspect）の証拠

構成概念の測定に用いられる項目に構成概念で考えられているような次元性

や内的構造が見られることである。項目間の内的整合性を確かめる信頼性係数を求めたり，構成概念を因子とし，測定項目を観察変数とする確認的因子分析(confirmatory factor analysis) のような技法が用いられることが多い。あるいは，与えられた観察変数群から，理論的に考えられているような因子が導かれるか否かの探索的因子分析 (exploratory factor analysis) が用いられることもある。データ主導型というべき探索的因子分析によっても，予想される因子構造が導かれるならば，構造的側面に関してそれだけ強い証拠が得られたことになる。こうした文脈で使われる探索的因子分析は文字通りの探索的目的ではなく，確認的因子分析の結果をもう一度確認する目的で使われていることに注意しなければならない。そしてもし，確認的因子分析の結果と探索的因子分析の結果が一致しない場合には，確認的因子分析に依拠すべきであると言われる。確認的因子分析は構成概念についてあらかじめ考えられた観察変数との因子構造が成立するか否かをデータで確認するものであるのに対して，探索的因子分析では観察変数間の相関関係から因子構造を探るもので，与えられたデータにできるだけフィットさせた結果でしかないからである。

(4) 一般化可能性側面 (generalizability aspect) の証拠

構成概念を用いての分析結果が，その分析に用いられたデータの中だけでなく，その構成概念が用いられる他の状況，時点，場所，サンプルにおいても一般化できるという証拠である。この点は第三水準の効果適用研究のところで述べたように，データをすべて用いてパラメータの推定を行うのではなく，データを二つのサンプルに分けておき，一つのサンプルから見いだされた結果が独立したもう一つのサンプルにおいて，どの程度のあてはまりを持つのかをチェックする交差妥当化を行うことが必要であるとしたが，それはサンプルによる誤差に対応する一つの方法であった。今日では，測定誤差が様々な要因から生じると考えて，各要因の分散成分を推定し，信頼性を評価する方法が開発されており，一般化可能性理論と呼ばれているが，そのために共分散構造分析のソフトを用いることが可能である (中村 2003)。

(5) 外的側面 (external aspect) の証拠

　伝統的に収束的妥当性 (convergent validity) と弁別的妥当性 (discriminant validity) と呼ばれていた側面の証拠が含まれる。収束的妥当性は同じ構成概念を測定している複数の指標・項目の間に一致が見られることで，弁別的妥当性は他の構成概念の指標・項目との間に違いが見られることである (Campbell and Fiske 1959)。もし，同じ構成概念を測定しているはずの指標・項目間の相関が低いならば，それらの項目で当該構成概念が測定されているとは考えにくいことになる。収束的側面の証拠は共分散構造分析が用いられる場合には，構成概念と観察変数との因子負荷量が統計的に有意であること，あるいは観測変数の分散の中で測定誤差の分散部分が大きすぎないことで確かめられる。また，弁別的側面の証拠が見いだされることは，理論あるいはモデルで考えられている構造において，その構成概念が特異性を有していること，すなわち他の代替的解釈を排除する手がかりとなる (Messick 1995) ことを意味している。共分散構造分析では類似の構成概念を合わせて一つの構成概念とするよりも，別々の構成概念として扱う方がモデルの有意な改善がなされることを確かめる形で弁別的側面の証拠とするやり方がとられる。

　外的側面の証拠には基準関連妥当性 (criterion-related validity) と呼ばれる側面の証拠も含まれる。構成概念が関連を有していると考えられる他の変数との間にしかるべき関係が見いだされないならば，その構成概念の測定に疑問が生じてくることになる。構成概念はそれ単独で意味を有しているだけでなく，それが他の変数との関連を持っていることで意味と役割とを有してくる。例えば，消費者の銘柄に対する態度がその銘柄の選択確率と有意な相関関係を有しているときは，態度は行動に対する基準関連側面の証拠を有していることになる。それは態度によって行動を予測することができるという点で，予測妥当性とも呼ばれる。

　理論を複数の構成概念間の法則的関係を構造的に捉えたものと見るときには，基準関連妥当性は法則的妥当性 (nomological validity) とも呼ばれる (Bagozzi 1980a)。基準関連の側面の証拠は，共分散構造分析において構造パラメータと

してのパスが統計的に有意になることで確かめられる。基準関連の証拠は関心対象とする構成概念の測定の妥当性を検討する手がかりとするもので，関連するとされる変数あるいは構成概念の測定には問題が含まれていないことが前提条件として必要である。さらに，そこで考えられている法則的関係は存在していると前提としていることにも注意が必要である。このことは測定の妥当性の検討にあたって，理論の妥当性を前提にした上で検討を行っていることを意味しているわけで，第2章第3節で論じた観察データの理論負荷性という問題に関わるものであった。

(6) 結果的側面 (consequential aspect) の証拠

構成概念の測定がなされた結果が，社会的な公正，公平さ，偏り等の点でどのような結果をもたらしたかという側面の評価である。例えば，尺度の使用によって特定のマイノリティ集団が系統的に不利になったとすれば，その尺度の結果的側面は疑問であることになる。この結果的側面の重視は，Messick の関心領域が教育心理学におけるテスト得点の活用というところにあることを反映したものと思われる。しかし，この結果的側面を用いることは，あまりにも複合的で多岐にわたる問題を内包しており，意見の一致を見ることができないため，消費者行動研究には含めるべきでないことが中村 (2009) によって主張されている。

したがって，本書においても構成概念の測定妥当性に関しては (6) の結果的側面を除外した5つの側面の証拠を考えるものであるが，そのうちの (3) 構造的側面，(4) 一般化可能性の側面，(5) 外的側面の三つの側面の証拠を検討するにあたって共分散構造分析が客観的な評価基準を提供することが明らかである。

メシック (1989) は構成概念妥当性と科学哲学との関係を論じる中で，構成概念妥当性の考え方が特定の科学哲学的立場とのみ結び付くものではないことを述べているが，構成概念自体が直接観察可能というものでないところから，論理実証主義的な立場，あるいは道具主義的立場は観察された結果における一

貫性を求めても，測定しようとする構成概念と測定結果とのズレといった問題には本来関知しない立場であることを言及している。測定結果の構成概念との対応を正面から取り上げる視点は，やはり科学的実在論が最もしっくりするものであることを指摘できる。

　なお，中村（2009）はサービスの知覚品質に関する測定尺度構築についての学位請求論文の中で，今日の時点で参考とすべき尺度構築の手順として，Churchill Jr. （1979）によって提示された尺度構築手順，心理学の分野における菅原（2001）による手順，Rossiter（2002）の尺度開発法（C-OAR-SE）を取り上げて比較を行っている。前二者は構成概念を複数の指標で捉える考え方に立つものであり，それに対して Rossiter の考え方は「対象」，「属性」，「評価者実体」の三つの観点からできるだけ具体的な構成概念を考え，その構成概念について内容的妥当性のみを規準として尺度構築を行うことを提唱するものである。Rossiter の主張は Churchill Jr. の手順，あるいは心理学で用いられる方法に準じて行われる尺度構築にときとして見られる問題点，すなわち適合度を上げるために，論理的にすっきりしない項目を混ぜたり，因子の一次元性を確保するために理論的には必須と思われる項目を削除したりするやり方を批判してなされたものである。それは，理論の役割が希薄なやり方，すなわち取得したデータに最も適合する形の尺度を構築するという，データ主導型の測定に研究が流れてしまうことを避けることを提唱するものである。

　しかし，構成概念を操作的に測定しやすいものにすることによって，こうした問題を除こうとすることは，論理経験（実証）主義の流れの中で操作的に定義できる変数だけが意味があり，概念的な定義を無意味なものとする操作主義（operationalism）の持つ問題を抱え込むことになると言わねばならない。それは状況・対象等で限定された範囲でしかその構成概念は成立せず，言いかえれば状況・対象等が異なればそれだけ別個の構成概念が存在するということになってしまうからである。Rossiter の主張によれば，「対象」，「属性」，「評価者実体」の三つの観点に応じて異なる構成概念が成立し得ることになる。

　もちろん，本書は Rossiter の批判するように，信頼性係数 α を大きくする

ために理論的に整合しない項目を使うといったデータ主導型の尺度構築は避けるべきものであると考えるものである。しかし，Rossiter の主張するように，内容的妥当性だけに依拠して構成概念妥当性のオーソドックスな方法を捨てることに賛同することはできない。本書の一貫してとる立場は理論のテストという流れの中での尺度構築あるいは測定である。その意味で尺度構築も理論主導型でなければならないことは言うまでもない。内容的妥当性も構成概念妥当性の中に含める形で，理論主導的な尺度構築を進めることが妥当なやり方と思われる。

7-2　消費者行動研究と共分散構造分析

共分散構造分析が因子分析として用いられるときの確認的因子分析であれ，伝統的な探索的因子分析であれ，直接観察測定できない潜在的変数としての因子の存在を前提にする考え方は，科学的実在論になじみやすい性質を有している。その点は類似の分析技法であっても，主成分分析は観察変数の重み付けられた合成値としての性質を持っている点で，論理経験主義の考えになじみやすい点に注意が必要である（Bagozzi 1984）。この点は二つの分析技法を図7-1

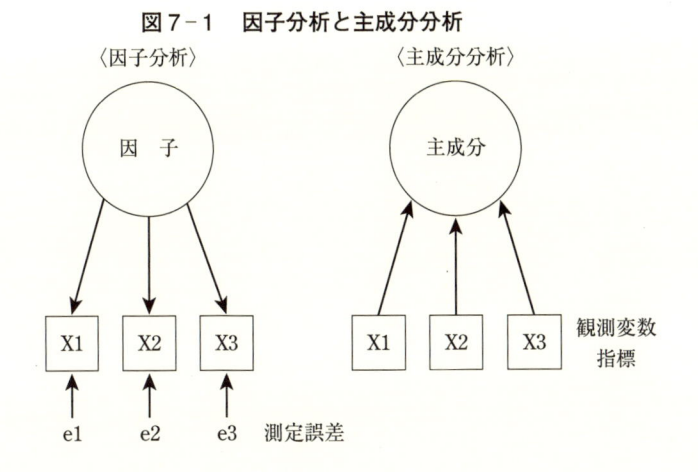

図7-1　因子分析と主成分分析

〈因子分析〉　　　　　　　〈主成分分析〉

因子 → X1, X2, X3　　　主成分 ← X1, X2, X3　観測変数 指標

↑e1 ↑e2 ↑e3　測定誤差

のような形に表すことによって，明示することができる。

　因子分析は三つの観察変数が潜在変数である因子によって規定される部分と，測定誤差によって規定される部分とから構成されているとの考えに立っている。それに対して主成分は直接には観察されないとは言え，三つの観察変数によって規定される重み付きの合成変数であり，観察できる事柄と1対1の対応関係を持ったものである。数学的には因子分析か主成分分析かの違いは，相関行列をデータとして分析するときに対角要素を共通性の推定値とすれば主因子法になり，そのまま相関係数1.0を用いれば主成分分析になるという類似性の高い関係にあっても，現象をどのように眺めるかという背後の科学観にはかなりの開きの出てくることに注意が必要である。

　共分散構造分析が二つ以上の因子（構成概念）の間の因果的パスを考える構造方程式の形をとるときには，科学的実在論的な考え方をなお一層そのまま表したものとなる（Bagozzi 1980a）。それは二つの潜在変数としての構成概念の実在だけでなく，構成概念間の因果的パスとして因果関係の実在も考え，その推定をも目的としているからである[1]。前節で考察した構成概念妥当性の一部分としての基準関連妥当性あるいは法則的妥当性の考え方は，こうした因果関係を前提にしてのものであるということになる。この点は論理経験（実証）主

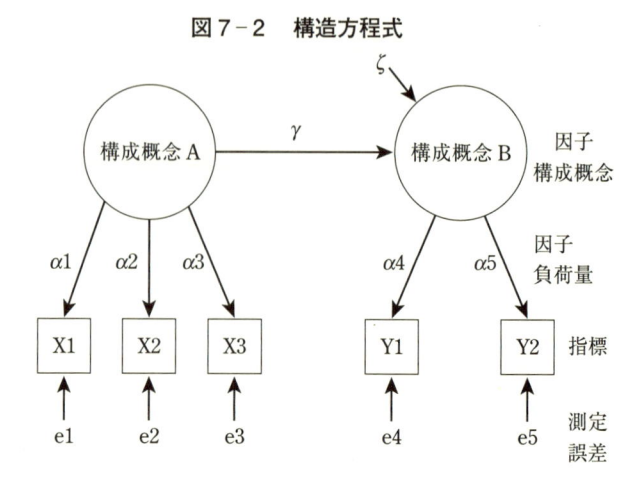

図7-2　構造方程式

義とはっきり異なっている。

　第3章で明らかにしたように，論理経験（実証）主義は反実在論であった。それは，研究者と独立な外部世界の実在を認めないわけではなかったが，直接観察不能な世界についての理論的構成概念の実在，あるいはそれらの間の因果関係は認めないというものであった。それは操作的に定義できない事柄を無意味なものとして退けるという操作主義的な考え方にも繋がりやすいものであった。その意味で論理経験主義の考え方に立つならば，分析技法としては回帰分析を用いることが最もぴったりすることになる。回帰分析は次のように表されるが，そこでの従属変数 Y も独立変数 x もいずれも直接観察測定可能な変数であるからである。

　　$Y = a + b_1 x_1 + b_2 x_2 + b_3 x_3 + e$

　　　Y, x_1, x_2, x_3 は直接測定可能な変数

　　　e は誤差項

　しかし，回帰分析は消費者行動研究においては大きな限界を有していることに注意しなければならない。それは，従属変数と独立変数とがいずれも観察可能な変数に限定されるため，消費者の情報処理のような消費者の心的プロセスを扱うことに適していないからである。例えば，消費者のある銘柄についての知識量，あるいはその消費者自身がどれだけ知識を持っていると考えているかという主観的知識量は，これらを直接に観察することはできないからである。研究者が何らかの尺度によってそれらを測定する場合には測定誤差が含まれることを前提としなければならないが，回帰分析は従属変数についても独立変数についても測定誤差を含めて扱うことはできない。特に独立変数は確率的な要素を持つ確率変数（probabilistic variable）ではなく，確定変数（deterministic variable）としての性格を持っている。したがって，回帰分析は購買数量，広告接触回数，所得，年齢といった測定誤差を含めなくてよい変数間の構造を捉える行動修正モデルには適していても，情報処理モデルに代表される現代の消費者行動モデルの分析には適していないということになる。

　共分散構造分析が消費者行動研究に適しているもう一つの点は，それが構成

概念間の相互依存関係を含む形で形作られる消費者行動モデルのパラメータの同時推定を可能にするだけでなく，モデルに含まれる競合する仮説間のテストも容易に行えるという点である。本書では複数の理論間，あるいはモデル間での比較研究ということを提唱してきた。これらの比較研究の中には競合する仮説に立つ構造的にも大きな違いを持つモデル間での比較から，類似したモデル間の比較まで，多様なものが含まれ得るわけであるが，共分散構造分析はそのうちの比較的類似した構造の中での部分的な差異の経験的比較に適している。より具体的には二つのモデルの間で同一のデータが用いられ，一方が他方を入れ子構造のような形で含む場合に経験的な比較が容易であるということである。例えば，第5章で取り上げたBaron & Kenny (1986)の媒介変数のような構造のモデルについて，媒介変数を経由しないパスを含めることの是非を経験的にテストするような場合がそれである。そのテストはパスが統計的に有意になるかということだけでなく，モデルの全体的な適合度が有意に改善されるかということを，適合度の指標の一つであるχ^2値の差の統計的検定によってテストできるからである (Steenkamp and Baumgartner 1998, 阿部 2001)。

7-3 消費者行動の国際比較と共分散構造分析

消費者行動研究における共分散構造分析の有用性はそれがモデルの小さな修正・比較に適しているという点に加えて，複数のデータ間の比較を可能にするという点である。こうしたデータ間の比較分析は多母集団分析と呼ばれるが，比較される消費者層がどこまで共通しており，どの点で異なるのかを計量的に分析するのに適している。データの多様性は，年齢，性別，所得，居住場所など人口統計的要因を基準として生じることが多いが，そうした中で最もその扱いが難しいものが文化的要因に基づく多様性，あるいは国際的な多様性である。ここでは消費者行動の国際比較を行う場合に発生する比較困難性の問題を整理し，その中で共分散構造分析がどのような有用性を持っているのかを考察することにしよう。

7-3-1　国際比較の問題点

　消費者行動の国際比較をすることは次の二つの意義が認められる。一つは国際比較によって消費者行動がどの側面で特異性を持っており，どの点まで共通しているのかを知ることが国際マーケティングを展開する企業にとって有用な知識となることである。企業は国際間の共通度合いに応じて標準的なマーケティングを適用できるわけであるから，マーケティングの効率を高めることができる。また，国別の特異性に合わせてマーケティングを市場に適応したものとすることができるのである。

　国際比較研究のもう一つの意義は，理論を特定の文化圏に限定されたものという枠を超えて，より普遍的なものとすることができるということである。消費者行動研究が米国を中心として展開されている状況の中では，多くの理論あるいはモデルが米国の消費者行動を背景として構築され，米国の消費者行動のデータで経験的にテストされている傾向は強い。そうした理論・モデルが国籍を超えて，日本のデータでテストされる場合，それは単に米国以外の日本での適用可能性という意味において問題を明らかにするだけでなく，それが日本の消費者行動に合わせた形で日本型モデルに修正されるならば，日本型モデルは文化特殊的モデルとして構築されたものということになる。そして，それは同時に米国でのオリジナルなモデルに米国という文化特殊性を付与することにもなる。こうした文化特殊的モデルの経験的研究の積み重ねと比較は，特定の文化に限定されない文化普遍的モデルの構築に繋がるという意味で，国際的な比較研究は普遍的な理論構築に繋がるという意義を有している（阿部 1996）。

　この国際比較の意義は，第3章で取り上げた実在論と反実在論との論争に繋がることに注意が必要である。反実在論のうち現象的法則の実在は認めても，それらを束ねて説明する基本的法則の実在は認めないとするCartwright (1983) の考え方を，文化特殊的モデルと文化普遍的モデルとにあてはめるならば，文化を背景に持った米国の消費者行動，日本の消費者行動は実在しても，文化普遍的ないずれの具体的文化も背景に持たない消費者行動は実在するとは考えられない，という論理になるかもしれない。この点に関して科学的実在論

の立場をとる本書では,米国の消費者行動,日本の消費者行動という文化特殊的消費者行動が存在するだけでなく,それらに文化横断的な(共通の文化基盤に基づいた)普遍的消費者行動も実在すると考えるものである。それは決して観念的に構築されたものということではなく,様々な文化にまたがった消費者行動,例えばスマートフォンの世界的な普及現象として厳然として実在しているからである。

そして,文化普遍的レベルでの消費者行動の実在ということだけに疑問を向け,文化特殊的な米国の消費者行動の実在は認めるといった反実在論的論理の中には,自己矛盾が含まれている点にも注意が必要である。米国の消費者行動といっても,西海岸の消費者行動と東海岸の消費者行動には下位文化としての文化特殊性があるから,米国の消費者行動といったときには両者に共通する上位レベルの消費者行動を考えていることになるからである。そして一切の上位レベルの消費者グループを実在しないものとして排除する考えは,つまるところ個別の消費者の行動だけしか実在を認めないという極論になってしまう。

消費者行動についての文化普遍的なモデルあるいは理論の構築という研究目的は,しかしながら一朝一夕になし得ることではない。それは時間をかけた交叉文化的比較研究(cross-cultural comparative study),あるいは国際比較研究(cross-national comparative study)によって,成し遂げられていくものと理解すべきである。そこで,ここでは国際比較研究の前者の研究目的,すなわち消費者行動の国際的な同異の程度を知るという目的に沿って比較の困難性の問題を整理してみよう。

こうした研究課題をその分野の中心的な関心事とする交叉文化的心理学及び国際マーケティング・リサーチの文献から整理すると次のような国際比較の困難性があげられる。それは比較可能性(comparability)あるいは相等性(equivalence)の検討と呼ばれる問題である。この問題は科学哲学上の問題の一つとして取り上げた通約不可能性(incommensurability)の概念と通じるところがないわけはないが,通約不可能性が理論間あるいはパラダイム間の比較上の問題を対象としているのに対して,相等性の問題は異なる文化の間での現

象の比較可能性を対象としたもので，より限定的であり，より現象志向的である。

相等性の問題は次のようないくつかのレベルで考えられる。

(1) 概念的相等性 (conceptual equivalence)

概念的相等性は複数の国の間で用いられている概念がどこまで同じ意味を有しているかということである。同一の概念であってもかなり異なった意味を持つのは，背景にある文化によってその概念に与えられる意味が異なってくるからである。例えば「友人」という概念であっても，それが人生の内奥の問題まで相談できる非常に親しい間柄という意味で用いられる国と，日常的に食事を共にする間柄という広い意味で使われる国とでは，友人の数，友人の意見が商品購入に及ぼす影響などを比較分析する上で大きな差が出てくることになる。Hui and Triandis (1985) は概念的相等性は機能的相等性 (functional equivalence) と密接な関係を持っているとする。機能的相等性は比較される概念が複数の国において，他の概念や変数と同一の機能的関係を有しているかということである。例えば，自転車は米国では圧倒的にレクリエーション目的で使われるが，中国，オランダでは輸送手段として使われていることは，比較上の機能的相等性が欠けていることになる (Craig and Douglas 2000)。また，概念的相等性はその概念がどこまでの意味範囲の広がりを持つのかという意味で，カテゴリー相等性 (category equivalence) と呼ばれることもある。上述の「友人」の持つ意味範囲の差はこのカテゴリー相等性に該当することになる。場合によっては，概念的相等性は国際比較研究を行う前提として確認されるべきことというよりは，むしろ国際比較研究の目的にもなり得るものである (阿部 1993)。消費者行動に関わる同一の概念が，複数の国においてどのように異なる意味において用いられているのかを見出すことは，消費者行動の国際比較研究の重要な目的である場合もあるからである。

しかしその場合でも，経験的な研究に先立って，あるいは集められたデータの分析と結果の解釈にあたって，あらかじめ概念的相等性を確認しつつ研究に

とりかかることが大切である。それは，そのことによって結果としての概念的な差異のより厳密な明確化に到達することができるからである。それは比較される複数の国における消費者行動の厳密な差異についての知識は，あらかじめそれらの国についての研究開始時点での，できるだけ高い知識を持ってスタートしたときに到達可能になることを意味している（阿部 1993）。

　さらに注意すべきは　こうした概念的相等性は日常的言語で使われる概念の場合にその検討が容易で，理論的な概念の場合にはその検討が困難であるかのように考えがちであるが，実際にはそうではなく，むしろ消費者の日常的な事柄のほうが背景の文化的差異が大きく含まれていて，その抽出が困難であるということである。比較される概念が理論的な概念としての構成概念である場合には，それがより厳密な概念的定義及び操作的定義がされる分だけ，比較もより厳密なものとしやすいのである。阿部（1984）は消費者行動の国際比較研究をレビューする場合について，それをレベル1：単純集計されたデータによる比較，レベル2：統計的分析に基づく比較，レベル3：明示的な消費者行動モデルに基づいた比較，レベル4：構成概念妥当性をおさえた比較，の四つのレベルに分けて考察し，比較がよりフォーマルで理論的になるほど掘り下げた厳密な比較ができることを明らかにしている。

（2）概念の操作化における相等性（equivalence in concept operationalization）

　概念を測定するにあたっては概念の操作的定義が必要である。国際比較において概念的相等性が低い場合，すなわち比較可能性が低い場合には，複数の国における操作的定義はそれを反映した形で異なるものとなることが予想されるが，概念的相等性が高い場合でも，それぞれの国に合わせて異なる操作化がなされなければならないことがある。例えば，職場における贈答行為が，人間関係の円滑化や常日頃お世話になっていることへの謝意の表明という同一の目的でなされる場合でも，文化差によって違った形で贈答がなされることがあるからである。贈答品が直接手渡されることを前提として贈答行動が測定されるとしたならば，日本におけるように百貨店からの配送という形の贈答行動は測定

から漏れてしまうことになる（阿部 1993）。

　概念の操作化において大切なことは，複数の比較対象国において同一形式の操作化がなされるということではなく，それぞれの国において，概念をできるだけ正確に操作化することによって，概念的違いを実質的に捉えるような操作化を工夫しなければならないということである。例えば，日本と米国のファーストフード関連の消費者行動の比較には，マクドナルドのようなほぼ完全に同一形態の店舗での外食行動を比較するだけでは不十分であって，日本の立喰い蕎麦，米国のホットドッグ・スタンドのような場所での外食行動をカテゴリー相等性に合わせて捉えなければならないことになる。操作化における相等性は複数の国において探索的因子分析が用いられた結果，どれだけ共通の測定項目が用いられるのかという項目相等性（item equivalence）（Hui and Triandis 1985）の問題にも繋がっている。

（3）測定相等性（measure equivalence）
　測定の相等性は言語の翻訳の相等性（translation equivalence），測定に用いられた尺度が等しいと考えられるかという尺度相等性（scale equivalence），そして測定値がどこまで結果として同じになっているかというスコア相等性（score equivalence）の三つからなると考えられている。
　翻訳相等性はデータの収集・測定にあたって，同じ内容の質問がなされているかということである。翻訳の問題は厄介な問題ではあっても，工夫によって解決不能の問題ではないとされる（Sekaran 1983）。翻訳相等性の確保には従来，言語Aから言語Bへの翻訳，第三者による言語Bから言語Aへの逆翻訳（back translation）という方法が推奨され，実施されていた（阿部 1993, Abe, Bagozzi and Sadarangani 1996）が，近年では，二つの翻訳チームによる独立の並行翻訳（pararell translation）と，その比較検討に基づいた再翻訳（double translation）という方法が提唱されている（Douglas and Craig 2007）。著者が経験した数少ない事例の範囲でも，並行翻訳あるいは再翻訳の組み合わせが翻訳の相等性を高めるのに適しているとの主張は妥当なものと思われる。

尺度相等性は複数の国にまたがって共通の尺度が用いられているかということである。それは項目相等性のところで問題となった同じ項目が用いられている場合には，その項目についてできるかぎり同一の尺度を調査票に用いることであるため，目につきやすいだけに，比較的その確保は容易である。しかし実際には，尺度相等性という用語はもう少し厳しい条件が付け加えられて使われるのが普通である。それは因子あるいは構成概念が測定される場合に，その因子が同一の測定項目（例えば複数の国において同じ4つの測定項目）が使われるという完全な項目相等性に加えて，因子と項目との因子負荷量を複数の国にまたがって等値と制約するという条件をクリアできる度合いという意味で使われる。つまり，その因子の測定に使われる測定項目が同じ重み付けをもっているということであって，単独の項目尺度の相等性ではなく，その因子の測定に使われている測定尺度がセットとして相等性を持っているという意味である。共分散構造分析の中の多母集団分析を用いることの強味の一つは，この因子レベルの尺度相等性をテストできることである[2]。もちろんそれはその前の段階である項目相等性の検討も可能にするものであることは言うまでもない。

スコア相等性はスカラー相等性（scalar equivalence）という呼び方が用いられることもある（Craig and Douglas 2000, Hui and Triandis 1985, Jaccard and Wan 1986）が，測定された結果としての測定値が，そのまま構成概念の差に基づくものと考えてよいかということである。例えば，よく言われるように，日本の消費者が調査票の回答にあたって控えめな数値を与えるのに対して，米国の消費者が大げさな表現をする傾向があるとするならば，品質評価あるいは満足度についての両国のデータをそのまま比較することはできないことになる。共分散構造分析における多母集団分析の中での平均構造の分析は，比較を行う一方の国における因子の平均と分散に等値制約を置いて，どこに複数の国の差異があるかをモデルの適合度から探るととともに，因子の平均値の差を推定することができるもので，スコア相等性の検討にあたって非常に有効な分析技法であることになる（豊田 2007）。Laroche, Ueltschy, Abe, Cleveland and Yannopoulos（2004）による，日本，米国，カナダ三国における歯科医療サービス

の品質評価,満足度の国際比較研究はそうした回答における差異を考慮に入れて比較分析を行うとともに因子の平均値の差を比較したものである。

(4) データ収集の相等性 (equivalence in data collection)

　国内あるいは同一文化圏において複数のサンプルが収集される場合には,データ収集はできるだけ同一の方法をとることで比較上の問題を避けることが可能であるが,国際比較の場合には複数の国にまたがって同一のデータ収集方法をとることが容易ではない場合,あるいはそれがかえってデータの相等性を下げることがあることに注意しなければならない。訪問面接調査の方法が実質的に困難な文化圏もあれば,調査が画一的にセルフサービス方式の小売店内での消費者の購買行動に限定される場合,相当部分の購買行動が漏れてしまう国もあるからである。データ収集における相等性の中には,サンプリングの相等性 (sampling equivalence) も含めて考えられる (Craig and Douglas 2000) が,比較されるそれぞれの国においてどのような母集団を定義するのか,またどのようなサンプリング方法をとるのかは,表面的同一性にこだわるのではなく実質的な相等性を確保する質的な判断が必要となる。

　以上の国際比較研究における相等性の検討から,測定相等性の中での尺度相等性とスケール相等性の検討において共分散構造分析が強力な分析技法となることが確認できた。その他の相等性の検討については客観的な規準はなく,研究者によるそれぞれの調査対象国での消費者行動についての既存知識を踏まえた検討を行うしかないことが明らかとなった。それは国際比較研究が比較対象とする国の研究者を含めてなされるべきことを意味している。Craig and Douglas (2000) は調査計画,コミュニケーション,そして結果の解釈において研究者のバイアスが含まれることを指摘しているが,時間と労力のかかることではあっても研究のすべての段階において研究者がチームとして研究を進めることが,これらの偏りを取り除く必須の条件になると考えられる。

　以上にあげた相等性の検討を踏まえることは,国際的な消費者行動の差異に

関して，既存の知識を総動員する形で，国際比較研究がなされなければならないことを意味している。それは客観的な知識体系の構築が，現段階での知識体系を足がかり，あるいは出発点としつつ，そこでの限界を少しずつ書き換える形で構築されていくことを示している。本書では消費者行動論の科学哲学の立場として科学的実在論に依拠することを提唱してきたが，国際比較の領域においても，得られる知識がそのまま文字通り真理であるのではなく，真理への接近への一歩として理解されることの妥当性を示していると思われる。研究の出発点となる知識がより確かなものであるほど，それを足掛かりとして私たちはさらに先へ進むことが期待できるのである。

7-3-2 国際比較と共分散構造分析

共分散構造分析が消費者行動の国際比較研究において有用であることは1990年代の始めから着目され（Craig and Douglas 2000），著者もいくつかの研究を手掛けてきた（Abe and Bagozzi 1992, Abe, Bagozzi, and Sadarangani 1996, Bagozzi, Wong, Abe and Bergami 2000, Laroche, Ueltschy, Abe, Cleveland and Yannopoulos 2004, Abe, Okuse, Hyun-Chul Cho, Gehrt, Abe and Ding 2012）。測定相等性の検討において共分散構造分析が有用であることは，比較する消費者行動モデルが国際間でどこまで共通しており，どこで異なっているのかを確かめられる点である（Steenkamp and Baumgartner 1998）[3]。例えば，日本と米国でのファーストフード・レストランの利用行動を比較したAbe and Bagozzi (1992) では，両国の学生のファーストフード・レストランの利用に関するデータから9段階の比較を行っている。

日米のファーストフード・レストランの利用行動を比較したモデルは次のように特定化されている。

$$\begin{pmatrix} 1 & 0 & 0 & 0 \\ 0 & 1 & 0 & 0 \\ -\beta_{31} & -\beta_{32} & 1 & 0 \\ -\beta_{41} & 0 & -\beta_{43} & 1 \end{pmatrix} \begin{pmatrix} A_{act} \\ S_N \\ I \\ B \end{pmatrix} = \begin{pmatrix} \gamma_{11} & 0 & 0 \\ 0 & \gamma_{22} & 0 \\ 0 & 0 & \gamma_{33} \\ 0 & 0 & \gamma_{43} \end{pmatrix} \begin{pmatrix} \sum b_i a_i \\ \sum NB_j MC_j \\ PB \end{pmatrix} + \begin{pmatrix} \zeta_1 \\ \zeta_2 \\ \zeta_3 \\ \zeta_4 \end{pmatrix}$$

7-3 消費者行動の国際比較と共分散構造分析

$$\begin{pmatrix} y_1 \\ y_2 \\ y_3 \\ y_4 \\ y_5 \\ y_6 \\ y_7 \end{pmatrix} = \begin{pmatrix} 1 & 0 & 0 & 0 \\ \lambda_{21} & 0 & 0 & 0 \\ \lambda_{31} & 0 & 0 & 0 \\ 0 & 1 & 0 & 0 \\ 0 & 0 & 1 & 0 \\ 0 & 0 & \lambda_{63} & 0 \\ 0 & 0 & 0 & 1 \end{pmatrix} \begin{pmatrix} A_{act} \\ SN \\ I \\ B \end{pmatrix} + \begin{pmatrix} e_1 \\ e_2 \\ e_3 \\ 0 \\ e_5 \\ e_6 \\ 0 \end{pmatrix}$$

$$\begin{pmatrix} x_1 \\ x_2 \\ x_3 \end{pmatrix} = \begin{pmatrix} 1 & 0 & 0 \\ 0 & 1 & 0 \\ 0 & 0 & 1 \end{pmatrix} \begin{pmatrix} \sum b_i a_i \\ \sum NB_j MC_j \\ PB \end{pmatrix}$$

ただし

A_{act}：ファーストフード・レストランで食事をすることに対する態度

SN：ファーストフード・レストランで食事をすることに対する主観的規範

I：向こう2週間のうちにファーストフード・レストランを利用する行動意図

B：2週間のうちのファーストフード・レストランの利用回数

b_i：ファーストフード・レストランの属性iに関する信念

a_i：属性iの評価的側面

NB_j：準拠集団jのファーストフード・レストランで食事をすることに対する規範的信念

MC_j：準拠集団jの規範に従いたい動機づけ

β：内生変数間のパス

γ：外生変数からの内生変数へのパス

y：内生変数の測定指標

x：外生変数の測定指標

λ：因子負荷量

e：測定誤差

モデルは基本的な考え方として，Fishbein and Ajzen (1974, 1980) の行動意

図モデルに依拠したものである。ただし，ファーストフード・レストランの利用行動を考えて，過去の利用行動が習慣的な影響を与える側面を考えている点と，態度が行動意図を経由しないで，心づもりはなかったけれども好意的に捉えているため，つい利用したという直接的なパスを考えているところが特長である。分析では日本と米国の学生の行動の比較ということから，主観的規範が行動意図に及ぼす影響差に注目している。集団志向性の強い日本人学生が米国人学生に比べて主観的規範の影響を強く受けているのではないか，というのがそこでの研究仮説である。そのため多母集団分析の中では特にパラメータ β_{32} の等値制約を確かめる形をとっている。

日本と米国のデータの類似度に関しては次の9段階の仮説を立てた。

【仮説1】二国間でパラメータは全く異なる。
【仮説2】二国間で β_{32} だけ共通。
【仮説3】二国間で因子負荷量が共通。
【仮説4】二国間で因子負荷量と β_{32} が共通。
【仮説5】二国間で因子負荷量と測定誤差の分散が共通。
【仮説6】二国間で因子負荷量，測定誤差の分散，及び β_{32} が共通。
【仮説7】二国間で β_{32} を除く全てのパラメータが共通。
【仮説8】二国間で全てのパラメータが共通。

表7-1　9仮説の採否

仮説		χ^2	自由度	p	決定
仮説1	H_{null}	63.37	58	.293	採択
仮説2	$H_{\beta32}$	63.56	59	.319	採択
仮説3	H_{Λ}	64.69	61	.349	採択
仮説4	$H_{\Lambda\beta32}$	64.76	62	.380	採択
仮説5	$H_{\Lambda\theta}$	83.67	66	.070	採択
仮説6	$H_{\Lambda\theta\beta32}$	83.70	67	.082	採択
仮説7	$H_{\Lambda\theta B\Gamma(\beta32)}$	118.94	73	.001	棄却
仮説8	$H_{\Lambda\theta B\Gamma}$	119.64	74	.001	棄却
仮説9	H_{Σ}	123.68	55	.000	棄却

【仮説9】 二国間でパラメータ推定に用いられる分散・共分散行列が共通。

　日本人学生288名，米国人学生179名を用いて共分散構造分析を用いた結果は，日米で比較が可能なまでの高いあてはまりとならなかったため，両サンプルをそれぞれ集団主義傾向（Hui 1984）の高いグループと低いグループに分割したところ，集団主義傾向の低いグループについて，友人と一緒にファーストフード・レストランを利用するというデータに関して多母集団分析が可能な高いあてはまりが見られた。分析の結果は表7-1の通りである（日本人学生 n=167，米国人学生 n=91）。

　分析結果について，モデルの採択基準を p>.05とするならば，仮説6までが採択されることになる。すなわち日米において因子負荷量と測定誤差及び β_{32} を等値とするモデルが採択されることになる。その他のパスを日米で共通とする仮説7は採択されないから，むしろ違いがあるのではないかと注目された主観的規範の行動意図へのパスが予想に反して日米で有意差がない（日本 $\beta_{32}=.051$，米国 $\beta_{32}=.163$）という意外な結果となっていることがわかる。ただし，本分析では態度について測定指標が三つ，行動意図について測定指標が二つ用いられただけで，その他の測定指標は全て単一となっているから，測定尺度に関する相等性の条件はそれほど厳しいものとはなっていない。

　本研究は20年前に LISREL7 を用いての研究であるため，今日モデルの適合度指標として使われる CFI (Comparative Fit Index)，RMSEA (Root Mean Square Error of Approximation)，CAIC (Consistent Akaike Information Criterion) 等は報告されておらず，χ^2 値と p 値のみの比較となっている。それでも p 値での仮説の採否の判定が可能となっているのは，モデルが測定指標を多く含んでいない簡単な構造であるためである。χ^2 値はモデルの採否の判定基準としてだけでなく，モデル間の比較にも使うことができる。本分析で仮説6と仮説7との χ^2 値の差35.24（118.94-83.70）は自由度の差6（73-67）のもとでの有意水準1％での判定値16.81を上回っているから，適合度に有意差があることを示している。そして採択の範囲内ではあっても，仮説4と仮説5の間の差異（χ^2 値の差：18.91）は自由度の差4のもとで有意水準1％の判定値

13.28を超えているから，適合度の差はやはり存在していることがわかる。なお，モデルの特定化において外生変数間の相関関係を許容すれば適合度はやや改善することが見込まれる。

　しかしながら，測定相等性の検討における多母集団分析の有用性は一定の条件下のものであることには注意が必要である。まず比較を行おうとする複数の国において少なくとも項目相等性が成立することが必要である。項目相当性が成立する場合でも，もし比較を行おうとする複数の国にまたがったモデルの適合度が低いならば，分析の結果は割り引いて解釈しなければならない。そのことは，言い換えれば比較を行う複数の国における消費者行動が比較的似かよっている場合（上の事例でも示されたように多母集団分析の結果の適合度がかなり良い場合）にのみ，多母集団分析はその似かよっているのがどの側面で，差異の存在するのはどの側面なのかを明らかにできるということになる。構成概念の測定に使われる項目が異なっていたり，構成概念間の関係が大きく異なっている場合には，それぞれの国の消費者行動に最も適合したモデルを共分散構造分析によって見いだして，その間の構造的差異を研究者が解釈して比較考察を行うということになる。そこでは構成概念である因子自体がかなり異なった性格を持ったものとして解釈され，比較されなければならないからである（阿部 1996）。

　さらに，極端な場合には複数の国における消費者行動が大きく異なるために何らかの共通するモデルを用いて，量的にその差異を見ることすらできないことがあるかもしれない。観察される消費者行動が，その国の文化に固有のもので，比較する他の国において見いだすことができないような場合，分析は量的なものではなく質的な分析がそれぞれの国でなされ，その結果がやはり質的に比較されることになる（Elder 1976）。こうした研究はイーミック・アプローチ（emic approach）と呼ばれ，量的なエティック・アプローチ（etic approach）に対抗するものであるが（Craig and Douglas 2000），量的な国際比較ができないような状況での有用性が唱えられている。本書のとる立場はエティックなアプローチであるが，イーミック・アプローチの必要性を排除するものではない。

消費者行動研究の解釈的アプローチなどはその一つとなるものと思われる。

（1）共分散構造分析は柔軟性の高い分析方法であり，ここでの事例のように構成概念とその複数の観測変数，そして測定誤差をセットにしたものにかぎられるわけではない。回帰分析と全く同様に観測変数間の関係を扱うことも，主成分分析に近い形での合成指標を考えることも可能である。詳しくは豊田秀樹（1998）『共分散構造分析［入門編］』朝倉書店，豊田秀樹編著（2003）『共分散構造分析［技術編］』，朝倉書店，豊田秀樹編著（2007）『共分散構造分析［Amos編］―構造方程式モデリング―』東京図書，豊田秀樹編著（2012）『共分散構造分析［数理編］』，朝倉書店を参照されたい。
（2）豊田秀樹編著（2007）『共分散構造分析［Amos編］―構造方程式モデリング―』東京図書（84頁）では測定不変性として扱われている。
（3）朴正珠（2012）『消費者行動の多国間分析―原産国イメージとブランド戦略』，千倉書房，は共分散構造分析を用いて多国間の消費者行動の比較を行っている。しかし，相等性の検討は行われていない。

第8章　プロトコル分析

8-1　プロトコル・データの妥当性

　今日の消費者行動論の代表的なパラダイムである消費者情報処理モデルは消費者を情報処理系として捉えるもので，消費者が頭の中で考えたり，感じたりしていることを科学的に研究しようとするものである。消費者による情報処理は，その考えられる種々の段階での鍵となる構成概念に関して，質問票形式のデータから構造的な分析をすることによって，これを明らかにしていくことも可能であるが，より直接的には情報処理そのものをプロセス跡付け法によって把握することがどうしても必要となる。

　プロセス跡付け法（process tracing method）は単に消費者がどの情報を用いたのかということだけではなく，情報がどのような順序，つまり時間的流れで処理されたのかを分析可能とするデータ収集法である。プロセス跡付け法には一般に，情報モニタリング法（information monitoring），視線分析法（eye fixation analysis, eye movement analysis, eye tracking analysis），反応時間法（response time analysis），プロトコル法（protocol）の四つがあげられる（Bettman 1979）。そのうち，情報モニタリング法は実験室的な状況の中で消費者がどのような順序で，カードあるいはコンピュータの画面から情報を取得して選択を行うかを追いかけるもので，外部情報の取得の仕方を通して，情報処理の流れをつかもうとするものである。しかし，消費者の内的な情報処理については直接的な手掛かりは得られないという限界がある。視線分析法も，消費者の選択の場面を，ビデオカメラ，あるいは目線の向けられた対象を同定することのできるアイカメラなどの装置を用いて分析するものである。視線は消費者の視覚による情報取得を自然な形でつかむことができる点で非常に優れたもので

あるが，視覚情報の取得過程に関するデータとしての限界を有している。それに対して，反応時間法とプロトコル法は消費者の外部情報の取得行動だけでなく，内的情報処理に関するデータを提供するものである。反応時間法は消費者が特定の情報処理を行うのに必要な時間をあらかじめ測定しておいて，ある課題を処理するのに要した時間から，その時間内に処理が完了可能でない処理方略を除外する形で，どのような処理がなされたのかを推論していく手掛かりとするものである（Payne, Bettman and Johnson 1993）。プロトコル法は最も代表的には消費者に特定商品の購買のような課題を遂行してもらう場面で，考えていること感じたことをすべて言葉にして報告してもらう方法である。それは消費者の行っている外部情報の取得だけでなく，内部情報の処理までも含めた情報処理を内容的詳細にわたって探ることができる唯一の方法である。ただし，それは被験者による言語データであることから，その妥当性についての検討，及び考察を必要とする。

　本章ではこのプロトコル法の妥当性の問題について考察を行うことにしよう。それは前章で取り上げた共分散構造分析のような分析技法がいわゆる定量的分析方法の代表的なものになるのに対して，質的な性質を持ったデータの客観性の確保という課題を考察する格好の素材となる。本書の立場は消費者行動の解釈的研究の存在意義は認めるものの，その研究の客観性という問題に対しては批判的姿勢を取らなければならないことを主張するものであった。それならば，情報処理パラダイムを支える経験的研究方法の一つとしてのプロトコル法について，その妥当性を論じておくことは意義が少なくないであろう。

　第1章で取り上げたように，消費者行動研究の最初のパラダイムというべき行動修正パラダイムにおける行動主義（刺激―反応モデル）の基本的な考え方は，消費者行動研究を観察可能な変数に限定するというものであった。すなわち，消費者に投入される刺激から，行動としての産出までを媒介する過程は，これを客観的に研究することができないと考えられたために，研究対象から外されるべきとされたのである（Watson 1913）。それはそれまでの心理学でとられていた内観法（introspection）の客観性に対する反省を出発点としたもので

あった（バラット 1971）。しかし，研究の流れはその媒介過程についても操作的な定義と測定が可能なものは，これを含めて扱うとする新行動主義（刺激―生体―反応モデル）へと展開し，さらに直接観察測定することが困難とされていた心理的媒介過程を科学的研究の対象とする，認知心理学あるいは情報処理パラダイムへと展開してきたのである。

では内観法による研究と認知心理学の研究との基本的な違いは何であろうか。内観法は被験者，あるいは研究者が自らの心の働きを内観によって報告した言語データに基づき，理論の構築を図るというものである。そして内観法の被験者は内観の仕方とその言語報告について修練を積むことが求められることがある（Harte, Westenberg and Someren 1994）。しかし，内観法はその客観性の点で多くの問題を含むことが指摘されてきた（Nisbett and Wilson 1977）。それは，内観をする者の，思いこみ，気付いていないこと，内観を報告する上での合理化，いわゆる素人心理学的組み立て，隠ぺいの動機等の客観性に関する問題が多く含まれるため，理論を裏打ちするデータとしては客観性が乏しいからである。それはせいぜいのところ，仮説探索の方法としての有用性を持つものと言わねばならない。それに対して，認知心理学を中心とする今日の研究は被験者の言語報告をデータとする場合でも，被験者のとった行動の一貫した説明や理由を聞くのではなく，特定の事柄をどれだけ正確に記憶しているか，対象物がある属性を有している確からしさの信念，その属性の評価的側面等を多くの場合は尺度上のスコアとして回答してもらうことによって，それらの要因がどのように結び付いているのかを研究者の側で分析するという方法がとられていることである。もちろん，そこにはこうした回答に対する「信頼」が基盤になっていることは言うまでもない。日常生活において誰かが「新車を買った」と言ったときに，それを受けとめるのと同じように，科学においても被験者の回答を信頼するところに立っているのである（Ericsson and Simon 1984, *Protocol Analysis: Verbal Reports as Data*, p. 7）。それはちょうど，医者が診断をするときに，患者の体温，発疹，血圧といった観察可能なデータだけでなく，「重い感じの痛みがある」，「吐き気がする」といった問診データを使うことによって，

より正確な診断ができるのと同じである。もちろん，科学においては，回答の信頼性は常に検討されなければならないし，できるかぎり関連する証拠を入手するといったことが求められることは言うまでもない。

そして研究の核となる研究仮説は，個々の回答そのものではなく，それらの回答項目間の関係として立てられるところに注意が必要である。それは回答者の回答スコアによってそのままテストされるのではなく，研究者によってスコアの差として，あるいは項目間の統計的関連の分析を通してテストされるのである。本書は構成概念の測定妥当性の問題を論じてきたが，それは通常の調査票に含まれる尺度への回答についての妥当性の問題であったということができる。それではプロトコル法により収集されたデータの客観性はどうであろうか。プロトコル法が被験者の回答ではあっても，尺度上で与えられる数値としてのデータではなく，被験者にとって自由度の高い言語報告である以上，内観法に向けられる批判点をどこまでクリアできるのであろうか。

Ericsson and Simon (1980) は *Psychological Review* 誌に，情報処理モデルに依拠する形で内観法的な言語報告データ一般に向けての批判点は，プロトコル・データにはあてはまらないとする論文を発表している。人間を情報処理系として捉える場合，すでに第1章で見たように，記憶の二重貯蔵庫モデルとして短期記憶と長期記憶に分けて考えることができる。短期記憶は情報処理のなされる場であり，記憶の容量，記憶の保持時間等の制約を受けるが，長期記憶はその容量，保持時間について実質的に制限を考えなくてよいものである。人がその認知のプロセスについて言語による報告をすることは，短期記憶の中にある情報についてであると考えられる。長期記憶の中にある情報はいったん短期記憶に取り出すことによって報告可能となる。

ただし，言語報告は短期記憶の中の情報についてなされるとは言え，短期記憶内のすべての情報が報告可能というわけではない。情報処理が習慣化されているためほぼ自動的であるような場合には，その途中の経過を言葉にすることは困難であると言われる。それは処理の結果を報告することで終わってしまうのである。逆に情報処理がかなり困難である場合にも，それを言語報告するこ

8-1 プロトコル・データの妥当性

とは，さらに処理の負荷を大きくするために，処理の速度が遅くなると言われる。処理課題の困難さが中程度のときに最も言語化しやすいことが考えられるが，それでも注意の向けられた情報について報告がなされている間に，注意の向けられないものは報告されないままになってしまうことはあり得る。また言語報告は情報の内容にも関わっていると言われる。情報が言語情報である場合にはその報告は容易であるが，視覚情報である場合には，それを言語で報告することは難しいからである。こうした事柄は情報処理モデルから予測することができることであり，また，いくつかの経験的研究によっても確かめられていることである（Ericsson and Simon 1980）。したがって，被験者に考えていることを言葉にしてもらうプロトコル法は，そのデータの完全性という点では問題を抱えている。しかし情報の全部がプロトコルに含まれていない点は，その有用性を割り引くものではあっても，その妥当性を失わせるものではないと彼らは結論する。

　プロトコル法に対して向けられるもう一つの疑問点は，被験者が商品選択のような課題を遂行している過程で，言語報告をすること自体が，言語報告という条件のない場合と比べて，異なる情報処理結果となるのではないかという点である。言語の報告をしながら課題を遂行することは，被験者の問題設定意識をより明確にさせると考えられる。普段は何となく行っている選択が問題解決的視点の強い選択となるかもしれない。あるいは言語報告のデータが研究者によって分析されることを意識するために，意思決定がより合理的なものになる偏りが含まれるかもしれない。こうした点については，言語報告を伴う課題遂行と言語報告を伴わない同一課題の遂行を比較実験することが重ねられて，両者の選択行動に決定的な差異がないことが報告されている。ただし，プロトコルとしての言語報告を行うことが，短期記憶の中の情報処理に追加の作業をもたらすため，情報処理のスピードがいくぶん遅くなるというのが Ericsson and Simon（1980）の結論付けるところである。プロトコル法を内観法と同一視する乱暴な議論はなすべきでないとするのである。

　もちろん，Ericsson たちの研究でプロトコル法の妥当性が完全に樹立され

たということではない。人が発話することが情報処理に付随したものとして捉えるならば，その相互作用を含めて考えても Ericsson たちの結論は妥当するが，発話自体を情報処理の一構成要素として捉えるモデルを考えることも可能であり，その場合には問題は未解決となるという批判もあるからである（田中 1993)。ただ，そうした統一的なモデルについての研究はまだまとまった成果を出しているわけではない（田中 1993)。そうした点を反映して，プロトコル・データを収集することが被験者にもたらす影響の有無についての研究は，Ericsson たちの80年代始めのレビュー以降もなされている。Biggs, Rosman and Sergenian (1993) はコンピュータを用いた情報モニタリング法との比較実験によって，情報の完全性では劣るものの，情報収集の量，パターン，判断の正確性において言語報告を伴うことは差をもたらさないないことを見出している。消費者行動の文脈でも，プロトコル法の妥当性に関する実験が Biehal and Chakravarti (1989) によってなされている。そこでは情報処理にあたって言語報告を行うことが，問題解決的な思考フレームをもたらす傾向はあるものの，選択結果に影響を及ぼすものではないことが報告されている。

そうした研究状況を踏まえて，本書においては，基本的には Ericsson and Simon (1980) の考え方に立つものである。それは Payne, Braustein and Caroll (1978) 及び Svenson (1979) によって指摘されているように，内観法とプロトコル法は同じように被験者に考えていることを言語にして報告してもらうというものではあっても，内観法が細部の報告がどのように理論あるいはモデルに適合するのかということが被験者に委ねられるのに対して，プロトコル法では被験者は細かなデータの提供だけを行い，理論への当てはめと分析は研究者の作業となる点が両者の大きな違いであり，注意深く用いることでプロトコル法の妥当性は確保できると考えられるからである。そして，それだけではなく，その活用の仕方によっては通常の尺度法を用いたデータ収集に比べても，より妥当性の高いデータ収集法となることも指摘できる。

プロトコル法は被験者が選択課題を遂行しながら，その過程で考えていることと，感じていることをそのまま言語で報告してもらうという同時的プロトコル

(concurrent protocol) が最も典型的であるが，選択課題を終了した後で，ビデオあるいは視線の動きを手がかりにしながら言語報告をしてもらう回顧的プロトコル (retrospective protocol) の方法がとられることもある。回顧的プロトコルは意思決定のなされる瞬間のプロトコルは意思決定の負荷がかからないために，より詳細なプロトコルとなることも報告されている (Kuusela and Paul 2000) が，事後的な認知過程の報告であるため，長期記憶からの情報の取り出しの失敗及び，勘違いが含まれてくることが考えられる (Ericsson and Simon 1980)。そうしたところから，研究者によっては同時的プロトコルの利用に限定して議論をしているものもある (高橋 1993, 海保・原野 1993)。Payne, Braustein and Caroll (1978) はそれに加えて，一切の条件を付けず考えていること，全てを報告してもらうことが大切であると言う。報告内容に関して条件を付けることは，それだけ被験者の側での理論化と要求効果 (demand effect) を招く可能性があるからである。そして，この何らの条件を付けずに，考えていることをそのまま言語表現してもらうことは，場合によってはプロトコル法が通常の尺度を用いての質問法よりも要求効果を含めない自然さを持ったデータ収集法になることも指摘できる。通常の調査票による質問では，研究者側が相当な注意を払わないかぎり，質問項目の内容から回答者が求められている回答，あるいはあるべき回答を意識的・無意識的に感知して，それに合わせた回答をすることも考えられるからである。それに対して，考えていることを全て言語化することを求められる場合には，調査側の意図を感知されることは少ないことが考えられる。

8-2 プロトコル・データの分析

プロトコル法の妥当性に関しては，収集された言語報告としてのプロトコル・データが信頼できるデータとして使えるのかという点だけでなく，データを収集した後での分析の客観性をどう確保するかという問題がある。プロトコルは認知過程についての言語報告であるため，数値化されたデータとしての回

答とは異なって質的性格の強いものである。したがって，消費者の情報処理についての理論あるいはモデルのテストに使われるデータとしては，プロトコル・データ分析の客観性が確保されなければならない。

プロトコル・データを用いた初期の消費者情報処理研究では，プロトコルを消費者の用いる意思決定ルールとしての意思決定ネットへの変換ということがなされた（Alexis, Haines Jr., and Simon 1968, Bettman 1970, 79）。例えばBettman（1971）はフライパンの購入場面で得られたプロトコル・データから意思決定ネットを作成しているが，それは4段階の意思決定ノード（①サイズは満足できるか？，②料理ガイドはついているか？，③テフロン加工されているか？，④満足できるものの中で一番お買い得か？）をイエス・ノーで全て通過したときに購入となるというものである。つまり，意思決定ネットは消費者があるカテゴリーの製品を購買するときに，どのような情報をどのような流れで用いながら選択を行っているのかを明快に示すものである。それが，消費者の意思決定過程を捉えたものとなるならば，意思決定ネットはマーケターにとって何を重視すべきかを明らかにするだけでなく，将来の購買における選択を予測する目的にも使うことができる。

しかし，こうした意思決定ネットの構築というアプローチは定型化された産業財の補充購入システムといった特殊な分野を除いて，最終消費者の購買行動の分析には使われなくなってくる。それは意思決定ネットが選択肢別の情報処理を描くのには適していても，選択肢を横断してなされる属性別の情報処理を捉えにくいこと（Bettman 1979），フライパンの購入のような比較的単純な意思決定ネットの場合ならまだしも，複雑な形の意思決定ネットを消費者が長期記憶の中に有していると想定することには無理があるからである（Nakanishi 1974）。それは，意思決定ネットの中で取り上げられる属性の順序に多少の変動を許容したとしてもである。さらに，同じプロトコル・データを使って，複数の分析者によって作成された意思決定ネットの類似性が低いことが報告されている（Haines 1974）こともあげられる。

意思決定ネットに代わって用いられるようになった方法が，プロトコルをセ

グメントあるいはステートメント,フレーズといった分析単位に分けて,それをあらかじめ設定しておいたカテゴリー分類に従ってコード化していくという方法である。それは複数の判定者が独立にコード化を行い,その一致度を見ることで客観性を確かめることができるというメリットを有している。この方法は心理学の分野 (Ericsson and Simon 1984) だけでなく,消費者行動論でも採用されるようになってくる (Douglas, Craig and Faivre 1981)。その場合に設定されるカテゴリーは,分析目的に応じて異なるものになることはやむを得ない。プロトコルの分析は分析者が有する理論なりモデルがなければ行うことはできないからである (Svenson 1979)。プロトコルが特定の製品カテゴリーの中での選択を課題として収集されるのか,それとも店舗内での一連の買物行動のように複数の製品カテゴリーにまたがる課題が遂行されるのかで,分析のためのカテゴリーは異なってくる。また,分析単位となるセグメントについても,その長さをどうするかという問題がある。分析の客観性を確保するという観点からは,短く細分されたセグメントが望ましいことになる。逆に長いセグメントは分析の主観的判断が入る余地が大きくなる欠点はあるが,個々のステートメントがどのような文脈にあるのかということを含めることができるというメリットがある (阿部 1983b, Ericsson and Simon 1984)。

　カテゴリー化の事例としては電子レンジの選択ヒューリスティックスの解明を目的とした Bettman and Park (1980a, b) の研究がよく知られている。そこでは,情報処理の内容に応じて,ステートメントは (1) 属性比較の処理,(2) 銘柄内の処理,(3) 事前の知識の使用,(4) 計画及び要求のステートメント,(5) 一般的ステートメントの5つのカテゴリーに大別され,さらにそれぞれのサブカテゴリーへの細分類の結果,全部で70のカテゴリーが用いられている。阿部 (1983a) は青木幸弘の協力を得て,店舗内の消費者の情報処理の構成を分析する目的で,情報処理の内容を購買 (A),拒絶 (R),中断 (I),探索 (S),計画 (P),その他 (M) の6つのカテゴリーに大別し,それをさらに28のサブカテゴリーに細分類してコード化を行っている。ただし,分析にはプロトコル・データだけでなくビデオ録画によるデータを併用して用い

ている。そこでの購買（A）は情報処理の結果が購買行動に繋がったものを指しており，拒絶（R）は購買に至らなかった情報処理を意味しているが，プロトコルのみからは購買か拒絶かを識別できない場合が少なくない。

阿部（1983a, b）は設定されたカテゴリーへのコード化にあたっての客観性の基準として，より厳しい基準が用いられるべきことを提唱している。Bettman and Park（1980b）の研究では，独立した二人の判定者間でのコード化の一致率は78.3%であったことが報告されているが，それはプロトコルの分析単位であるステートメントへの分割がなされたものを出発点としている。しかし，分析単位であるステートメントあるいはセグメントへの分割自体が，コード化あるいはそれを用いての分析結果に影響を与える余地があることに注意しなければならない。例えば，「リンゴは美味しい，ミカンはミカンで美味しい」といったステートメントを一つのステートメントとしてコード化すれば，それは美味しさという属性に関してリンゴとミカンという選択肢を比較している〈属性比較の処理〉になるであろう。しかし，「リンゴは美味しい」「ミカンはミカンで美味しい」と二つのステートメントに分割されたときには，二つとも〈選択肢内の処理〉にコード化されることになる。したがって，厳密にはステートメントへの分割とコード化の両者を含めて，判定者間でどこまで一致するかを問うことが必要と考えられる。この方法による一致率は次式のようになる。

$$一致率＝\frac{二人の判定者間でセグメントへの分割が一致したもの（両端の分割線が一致したもの）で，かつ，コード名も一致した数}{プロトコルの中に含まれるセグメントの数（二人の判定者間の協議で最終的に合意したセグメントの数）}$$

あるいは，

$$一致率＝セグメントへの分割の一致率×分割されたセグメントのコード化の一致率$$

として算出される。阿部（1983b）はスーパーでの買い物行動についての13人の被験者（主婦）から得られた40のプロトコル・データについて，最終的に得られた分析単位3,183の内，判定者間で分割の一致率は65.0%（2,070）であっ

表8-1 プロトコルの情報処理連への分割

カテゴリー	プロトコル
P4	えーと茶碗蒸しの材料はこれで揃ったかな？
AC	卵，卵，今日はいくらだろう M，オレンジ178円 アラ，あれ168円ネ M———— 卵が安くなっているっていうから買いましょう これだから168円ネ
M3	アー，かなり重いわね
AC	うーん，そうね，明日納豆なんかもいいわね おかめ納豆46円 ひきわり，このほうが大きいかナ ひきわり納豆これでいい
P1	それからネ アッそうだ，まだお魚買ってなかったのネ
RC̄	それからチクワは家にあるでしょう

ただし，P4：買い物遂行状況をチェックするもの，AC：購買，代替案の比較されるもの，M3：購買に関係のない情報処理，同伴者との会話等，P1：あらかじめ定められた計画を述べるもの，RC̄：拒絶，比較を含まないもの

たこと，そして最終的な一致率は57.7％（1,835）であったことを報告している。この一致率はBettman等のものより低いが，分割されたセグメントの中での一致率は88.6％と比較的高い水準になっていることに注意が必要である。そのことは分割されたセグメントの中でのコード化よりも，セグメントへの分割の方が主観的判断が入りやすいことを意味している。もちろん，Bettman and Park（1980a, b）の分析目的と阿部の分析目的とは大きく異なっているから，同一基準で比較することはできない。阿部はセグメントを情報処理連と呼び，買い物行動の中で一つの情報処理タスクが遂行されているかぎり，それを一つのセグメントとして捉えるやり方をとっている。したがって，阿部の情報処理連はBettman等のステートメントよりもはるかに大きな分析単位となっている。プロトコルの情報処理連への分割とコード化の事例は表8-1のようにな

表8-2　カテゴリー別コード化一致率

カテゴリー	情報処理連の数	コード化の一致した数
購　　買 (A)	716	470 (65.6%)
拒絶一般 (R)	1,187	845 (71.2%)
拒　　絶 (RO)	161	47 (29.2%)
中　　断 (I)	66	14 (21.2%)
探　　索 (S)	172	60 (34.9%)
計　　画 (P)	671	296 (44.1%)
その他 (M)	210	103 (49.0%)
合　　計	3,183	1,835 (57.7%)

る。

　コード化の一致率には分析の内容となるカテゴリーの性質にも絡んでいることが考えられる。次の表8-2は6つのカテゴリーを拒絶（R）の内，商品の認知・存在のみ報告されるもの（RO）とそれ以外の拒絶と分けて，7つのカテゴリーとして一致率を示したものである。

　表8-2の結果を見ると，購買及び拒絶に関わる情報処理に関しての判定者間の一致度は比較的高いことがわかる。それ以外の情報処理に関してはプロトコルから処理目的を識別したり，一つの処理タスクから別の処理タスクにいつ移動したのかを見分けるのが難しいことが考えられる。商品名だけが述べられる拒絶のプロトコルROもその識別が難しいことがわかる。その意味で阿部（1983a）のプロトコルの分析は，様々な購買意思決定を含んだ店頭での買い物の構造を分析するという複雑で大掛かりな研究目的であるために，一致度が低い結果になっていると考えられなくもない。特定の製品カテゴリーの中でのブランドの選択のように，情報処理の目的が明確な性質を持っている場合には，プロトコル・データのコード化は比較的容易であることが推論される。なお，ここでは判定者間の一致率でもってプロトコル分析の客観性を確保することを論じてきたが，一致率の代わりに質的判断の信頼性係数を用いることも可能である（Perreault Jr. and Leigh 1989）。

　以上，プロトコル・データが本来的に有している妥当性の問題，及びそれを

分析するにあたって用いられるコード化の過程での問題とそれを克服する方法を論じてきた。結論的には研究にあたって，回答者の建前的な回答にならないように注意して収集されたプロトコル・データは，消費者の認知過程の妥当性のあるデータとして使えること，またコード化も客観性を確保する注意深い扱いがなされるならば，理論・モデルのテストに使うことができるというものであった。そして，プロトコルはそれ独自で用いられるというよりも，他のデータと突き合せをしながら用いられることでその妥当性を高められる（海保・原田 1993）ことも確認できたと言えよう。

　以上は研究者が理論なり，モデルを出発点として，そのテストにプロトコル・データを用いるという正当化の文脈での信頼性と妥当性を取り上げてきたが，プロトコル・データには仮説探索・構築という発見の文脈での有用性があることも指摘しておかねばならない。プロトコル・データは消費者の購買問題の解決にあたっての認知過程の詳細な報告であるから，データを加工する前の生のままのデータとして多くの情報を含んでいる（Newell and Simon 1972）。それは消費者がどのような情報を探索して，過去の経験と照らし合わせながら，情報をどのように解釈・統合し，意思決定に結び付けているかの詳細に関して多くの仮説を示唆するものである。

　阿部（1981）は学生サンプルを用いて店頭でスニーカーを実際に購入してもらう状況から得られたプロトコル・データの示す選択方略と，同じ被験者を用いてカードに書かれた情報を1枚ずつめくりながら選択を行う情報モニタリング法（Jacoby, Szybillo and Busanto-Shack 1977）によって得られたデータから描写される被験者の選択方略が，非常に類似したものになることを報告している。そこで見いだされた一つの発見は，最終的な購買に至るスニーカーはかなり早い段階で有力な候補品として目星をつけられるが，その3倍くらいの時間を「他にもっといいものはないのか？」という確認にあてているという点である。こうしたプロセスは意思決定ネットに翻訳された場合，最後の1段階の検討項目となってしまうが，最終的な意思決定に至る直前の重要な段階ということが示唆される。この確認の段階の存在は，非耐久財について別のプロセス跡

付け法である視線分析を用いた Russo and Leclerc (1994) の研究においても報告されている。プロセス跡付け法であるプロトコル法は，こうした点で消費者の意思決定過程について仮説の構築のための豊かな情報を与える方法であるということができる。

結　章

　本書は，これまで執筆者が関心領域としてきた消費者行動論における研究方法を整理する狙いをもってまとめられたものである。これまでにも優れた方法論的研究書が書かれていないわけではない（Hunt (1976), *Marketing Theory*, O'Shaughnessy (1992), *Explaining Buyer Behavior*）が，そこで論じられる科学哲学の方法論は関心領域とする消費者行動研究（あるいはマーケティング研究）との隔たりが大きく感じられるものでしかなかったと思われる。本書では方法論を，①科学哲学のレベル，②消費者行動の理論とテストのレベル，③分析技法のレベルという三つのレベルで捉えて考察を行ったが，中心視座を消費者行動の理論とテストのレベルとすることによって，科学哲学及び分析技法と消費者行動論との関連を相互に密接に結び付いたものとして捉えることができたと思われる。また，本書は科学哲学の中で，科学的実在論を今日の消費者行動研究において最も依拠すべきものと位置付けする立場をとっているが，それによって他の異なる方法論的立場との相違をより明確にすることができたと思われる。その点は上記の方法論書のうち O'Shaughnessy (1992) のものと比較していただければよい。O'Shaughnessy の *Explaining Buyer Behavior* は消費者行動論と科学哲学の方法論とを取り上げたもので，同氏の博学ぶりがうかがえるものであるが，多くの方法論的立場が横並び的に紹介されているために，結局のところそれらがどのような差異を消費者行動研究にもたらすのかが見えにくくなっている。

　また，本書は中心的視座としての消費者行動の理論とテストについて，二つの基本的認識に立っている。その一つは，今日の消費者行動論がほぼ独立した学科としての体裁を有してはいても，やはりマーケティング論の各論としての性格を強く有しており，そこから研究目的が消費者行動の説明と予測になることである。もう一つは，今日の消費者行動研究が直接観察することのできない，

消費者の情報処理の解明を中心課題としているとの認識である。この二つの基本的な認識は一見ありきたりの認識のように見えるかもしれないが，上位の方法論としての科学哲学との関連，そして下位の方法論としての分析技法との関連を考察するうえで決定的な重要性を持っている。

そうした認識から導かれることの一つは，本書が一貫して学界に問いかけと呼びかけをする点，すなわち消費者行動論とはマーケティングにとって必要な道具としての理論・モデルを揃えた道具箱にしかすぎないとする道具主義（instrumentalism）的科学観の持つ問題性と限界性への注意である。今日消費者行動の研究は，論文数として膨大なものとなってきており，それが研究の関連付けと知識の体系化という方法論的作業を伴うことなく細分化・拡散化するままに放置されるならば，あるいは分析技法の新しさだけを競う形で消費者行動の研究が展開するならば，結局のところそれは道具箱の中の道具の数を増やすだけであり，気付かないうちに道具主義的科学観が定着してしまうことになるからである。本書では道具主義は消費者行動の予測には一定幅の有用性を持っていても，説明目的に応えるものではなく，本当の意味での説明と予測という目的に繋がらないことを明らかにすることに努めた。

また，立論の新しさを示す形で，あるいは科学的探究に伴う根気のいる積み重ね作業を回避可能であるかのような装いをもって，提示される相対主義的科学観に立つ研究が，消費者行動研究の主流とはなり得ないことを示すことも本書の一つの狙いとした。相対主義的科学観はオーソドックスな科学観の持つ問題点への批判的視点としての意義は有していても，科学的知識の進歩に伴う困難性を超えることのできない問題としてしまうために，ニヒルな評論家的停滞に帰結する可能性の大きいことを，相対主義からの批判に反論する形で明らかにした。

さらに，上位の方法論が下位の方法論を導く関係にあるという考え方に立てば，反証主義は有力な科学哲学の流れということになるのであろうが，消費者行動の研究目的が説明と予測であるという基本的認識に立ち，そこから最も適切な指針を与える科学哲学の方法論はどれかという視点に立てば，反証主義は

予測目的にそぐわない狭い考え方ということになる。本書では，予測と帰納との関係についての考察からその点を明らかにすることができたと思われる。そして論理経験主義と現代の反実在論としての構成的経験主義は，今日の消費者行動論が直接観察できない消費者の情報処理の解明を中心課題とし，実践的な意思決定問題への対応を迫られる状況にそぐわないことから，依拠すべき科学哲学の流れとならないことが明らかにされた。

　ただし，本書では科学的方法論をいずれか単一の方法に限定してしまう狭い考え方，あるいは異なる立場を排除してしまう考え方が学界においてとられることを是とするものではない。学界レベルにおいては異なる方法論的立場が存在することを許容する中に，相互緊張的関係としての批判的多元主義がとられるべきであるとした。また，今日の消費者行動論が体系化されていない道具主義的色彩の強いものであっても，それを一挙に捨てる形で是正を行うべきであるとするものではなく，時間がかかっても体系化と理論的水準を上げる地道な努力を続けるアプローチがとられるべきことを唱えるものであった。

　消費者行動の理論とテストのレベルでの方法論についての第一の考察点は，研究の水準としての基礎研究・固有の理論研究・効果適用研究の三水準の性質と，それらの間における関係である。前二者は理論研究として現象の説明目的に，そして効果適用研究は応用研究として現象の予測にほぼ該当する。それを本書では実験における内的妥当性と外的妥当性の問題と絡めて方法論的に整理を行った。本書の視点は，理論研究で従来重視されてきた内的妥当性の確立に合わせて，外的妥当性との両立をどのように図っていくかというものであった。これまで比較的取り上げられることのなかった効果適用研究についての若干の考察から，予測の困難性を明らかにすると共に，予測が単なる応用技術的事柄ではなく，理論のテストに繋がることを確認することができた。そして，便宜標本として学生を用いることの妥当性の考察を通して，内的妥当性と外的妥当性の問題を掘り下げることができたと思われる。

　消費者行動の理論とテストのレベルの方法論として本書が打ち出しているもう一つの方向は複数の理論・モデルの比較研究というものである。それは相対

主義的科学観から伝統的科学観に向けての批判点の一つであった，決定不全性の問題を正面から克服していく道であると思われるからである。決定不全性の問題は容易ならざる問題であっても，それによって理論の経験的テストが不可能であるとすることからは，科学的知識の前進は生まれないのである。比較研究は消費者行動論の問題点の一つである知識の体系化という点でも意義の大きいこと，そして，それは単にどちらの理論仮説が生き残るのかということだけでなく，消費者行動という現象に多く見られる複数の理論仮説が併存的に働く状況を明らかにし，予測目的に照らして，どの効果が大きいのかという知見に繋がるものであることも明らかにできたと思われる。

　本書で取り上げる消費者行動の理論とテストのレベルの三つ目の考察点は，マーケティング・リサーチで見られる探索的研究・記述的研究・因果的研究と言うリサーチの三分類を，科学的方法論の対象領域としての正当化の文脈と，非対象領域としての発見の文脈に照らして，整理を試みた点である。探索的研究が発見の文脈に含まれ，因果的研究が正当化の文脈に含まれることはほぼ明白であっても，記述的研究は二つの文脈にまたがるものであり，若干の整理を必要とするからである。こうした整理の作業は今日の消費者行動論のかなりの部分が消費者の類型化のような前理論的な状態に留まるものであることを改めて示すものであるが，ここでも本書はそうした道具箱的な消費者行動論から理論的な知識体系としての消費者行動論への辛抱強い脱皮の道を唱えるものであった。

　第三の方法論レベルとしての分析技法については，分析技法が上位レベルの理論から導出される研究仮説との関係において，研究仮説に規定されるものであり，あくまで被規定関係のもとに用いられるべきことを明らかにしたつもりである。研究仮説と統計的検定との関係，そして統計的検定における研究仮説の方向性と片側検定の対応付けについても，本書の論述はテストされているのは研究仮説であり，研究仮説がテストを主導するという側面をもっと重視することが，より厳密なテストになることを明らかにしたものである。

　本書の依拠する科学哲学としての科学的実在論は，研究者が直接観察するこ

とのできない概念を実在するものとして理論が構築されることを考えるものであった。消費者情報処理研究は，まさにそうした考えに立つ理論構築のアプローチであるが，それでも扱われる構成概念は間接的であれ測定可能でなければならない。それは直接に観察測定できない構成概念（因子）であるため，その測定妥当性の検討を欠くことができないのである。本書では，この構成概念妥当性についての若干の考察を行い，今日消費者行動研究に多用される共分散構造分析がそうした構成概念の測定妥当性の検討に有用であることを示した。

また，異なる消費者グループ間の比較，とりわけその比較上の困難性の大きい国際比較における比較可能性（相等性）の問題を取り上げ，共分散構造分析が利用可能であることを事例として示した。

さらに，消費者情報処理研究に特有のプロセス跡付け法であるプロトコル分析について，言語報告としてのプロトコル・データの妥当性とその客観的な分析方法についての考察から，質的データに基づく研究であっても研究の妥当性を問うことが必要であることを示すことができたと思われる。

本書は消費者行動研究の方法というテーマを全体として扱ったものであるため，個々の論点についての詳細な掘り下げは今後の課題として残されていると思われる。それでも，本書が消費者行動研究の三つの方法論レベルにわたっての全般的な問題点を整理し，今後の研究の展開と体系化に向けての方向を描き示す点で，何らかの貢献をなすことができ得れば，斯分野の一研究者として大きな喜びである。

参 考 文 献

〈和文・訳書〉

青木幸弘（2010）『消費者行動の知識』，日本経済新聞社。
青木幸弘・新倉貴士・佐々木壮太郎・松下光司（2012）『消費者行動論―マーケティングとブランド構築への応用』，有斐閣。
秋本昌士（2012）『イノベーションの消費者行動』，誠文堂。
飽戸 弘（1985）『消費文化論―新しいライフスタイルからの発想』，中央経済社。
アシモフ（1996）『科学と発見の年表』（小山慶太・輪湖 博訳），丸善。(Asimov, Isaac (1989), *Assimov's Chronology of Science and Discovery*, Harper Collins Publishers, Inc.)
阿部周造（1978）『消費者行動―計量モデル―』，千倉書房。
阿部周造（1979）「消費者行動の包括的モデル」，名東孝二編著『改訂-生活者の行動科学―消費者行動の研究』，東洋経済新報社，216-263。
阿部周造（1981）「消費者情報処理の経験的研究」，『マーケティングジャーナル』，1巻，3号，12-22。
阿部周造（1983a）「店舗内における買い物行動と情報処理―プロトコール分析の一つの試み―」，『横浜経営研究』，4巻，2号，34-48。
阿部周造（1983b）「消費者行動分析技法の新展開―プロトコール・データの分析技法―」，『マーケティング ジャーナル』，3巻，3号，24-32。
阿部周造（1983c）「ハワード―シェス・モデルではなぜダメなのか」，『流通政策』（流通政策研究所），14号，56-62。
阿部周造（1984）「消費者行動の国際比較―その予備的考察―」，『横浜経営研究』，6巻，特別号，115-122。
阿部周造（1987）「第2章 構成概念妥当性とLISREL」，奥田和彦・阿部周造編著『マーケティング理論と測定』，中央経済社，27-46。
阿部周造（1993）「交叉文化的消費者行動研究における方法論的問題」，『横浜経営研究』，13巻，4号，31-44。
阿部周造（1996）「（続）交叉文化的消費者行動研究における方法論的問題」，『横浜経営研究』，16巻，4号，17-27。
阿部周造（2001）「消費者行動研究の方法論的基礎」，阿部周造編著『消費者行動研究のニュー・ディレクションズ』，関西学院大学出版会，1-36。
阿部周造（2002）「経験的研究とオルダースン」，マーケティング史研究会編『オルダースン理論の再検討』，同文舘出版，67-85。
阿部周造・新倉貴士編（2004）『消費者行動研究の新展開』，千倉書房。
阿部 誠・近藤文代（2005）『マーケティングの科学―POSデータの解析―』，朝倉書店。
荒川祐吉（1986）「マーケティング論における科学的方法論争の批判的考察」，『国民経済雑

誌』, 153巻, 6号, 1-21.
アリエリー (2008)『予想どおりに不合理』(熊谷淳子訳), 早川書房. (Ariely, Dan (2008), *Predictably Irrational : The Hidden Forces that Shape Our Decisions*, The Ariely Family, L. L. C.)
池尾恭一 (1991)『消費者行動とマーケティング戦略』, 千倉書房.
池尾恭一・井上哲浩 (2008)『戦略的データマイニング—アスクルの事例で学ぶ—』, 日経BP社.
石井淳蔵 (1993)『マーケティングの神話』, 日本経済新聞社.
石井淳蔵 (1996)「5章 製品の意味の創造プロセス」, 石井淳蔵・石原武政編著『マーケティング・ダイナミズム—生産と欲望の相克』, 白桃書房, 103-120.
石井淳蔵 (1996)「7章 消費者需要とマーケティング—石原理論再考—」石井淳蔵・石原武政編著『マーケティング・ダイナミズム—生産と欲望の相克』, 白桃書房, 151-173.
石井淳蔵・石原武政編著 (1996)『マーケティング・ダイナミズム—生産と欲望の相克』, 白桃書房.
伊勢田哲治 (2003)『疑似科学と科学の哲学』, 名古屋大学出版会.
一ノ瀬正樹 (2006)『原因と理由の迷宮』, 勁草書房.
井上崇通 (2012)『消費者行動論』, 同文舘出版.
上田隆穂 (1999)『マーケティング価格戦略—価格決定と消費者心理—』, 有斐閣.
上原 聡 (2008)『感情マーケティングの理論と戦略』, 専修大学出版局.
内井惣七 (1995)『科学哲学入門—科学の方法・科学の目的』, 世界思想社.
大沢 豊 (1972)『マーケティング科学と意思決定』, 中央経済社.
大屋忠明 (1991)「第4章 G. ザルトマンのマーケティング方法論に関する批判的考察」, 堀田一善編著『マーケティング研究の方法論』, 中央経済社, 125-154.
小川 進 (2006)『競争的共創論』, 白桃書房.
奥田和彦 (1979)『消費行動—その社会学的研究』, 時潮社.
奥田和彦 (1984)『消費行動パラダイムの新展開』, 白桃書房.
奥田和彦・阿部周造編著 (1987)『マーケティング理論と測定』, 中央経済社.
小野譲司 (2010)『顧客満足 [CS] の知識』, 日本経済新聞出版社.
恩蔵直人 (1997)『製品開発の戦略論理』, 文一総合出版.
海保博之・原田悦子編 (1993)『プロトコル分析法』, 新曜社.
樫原正勝 (1986)「科学における相対主義及び反証問題の克服」,『三田商学研究』, 28巻, 特別号, 159-195.
片平秀貴 (1984)『マーケティング・サイエンス』, 東京大学出版.
カーネマン (2012)『ファースト&スロー 上・下』(村井章子訳), 早川書房. (Kahneman, Daniel (2011), *Thinking, Fast and Slow*, Brockman.)
上沼克徳 (1991)「第7章 マーケティング科学哲学論争と相対主義的科学観の台頭」, 堀田一善編著『マーケティング研究の方法論』, 中央経済社, 205-237.
上沼克徳 (2003)『マーケティング学の生誕へ向けて』, 同文舘出版.
川嶋行彦 (1978)「第3章 社会科学の方法とマーケティングの理論」, マーケティング理論

研究会編『マーケティング研究の新展開』，千倉書房，49-75。
川又啓子（2009）「第1章 方法論争の展開」，嶋口充輝監修，川又啓子・余田拓郎・黒岩健一郎編著『マーケティング科学の方法論』，白桃書房，3 -30。
カーリンジャ（1973）『行動科学の基礎手法 上』（馬場昌雄・馬場房子・福田周司訳），鹿島研究所出版会。(Kerlinger, Fred N. (1964), *Foundations of Behavioral Research*, Holt, Rinehart and Winston.)
木住元朗（1995）『小売戦略環境としての消費者行動論』，中央経済社。
北原明彦（2005）『消費者行動論』，創成社。
木村純子（2001）『構築主義の消費論』，千倉書房。
金顕哲（2009）「第2章 科学的実在主義と批判的相対主義の論争」，嶋口充輝監修，川又啓子・余田拓郎・黒岩健一郎編著『マーケティング科学の方法論』，白桃書房，31-48。
キング・コヘイン・ヴァーバ（2004）『社会科学のリサーチ・デザイン―定性的研究における科学的推論』（真渕 勝監訳），勁草書房。(King, G., R. O. Keohane, and S. Verba (1994), *Designing Social Inquiry: Scientific Inference in Qualitative Research*, Princeton University Press.)
栗木 契（2003）『リフレクティブ・フロー―マーケティング・コミュニケーション理論の新しい可能性―』，白桃書房。
栗木 契（2012）『マーケティング・コンセプトを問い直す―状況の思考による顧客志向』，有斐閣。
黒田重雄（1982）『消費者行動と商業環境』，北海道大学図書刊行会。
クワイン（1992）『論理的観点から―論理と哲学をめぐる九章』（飯田 隆訳），勁草書房。(Quine, Willard Van Orman (1953), *From a Logical Point of View: 9 Logico-Philosophical Esseays*, Harvard University Press.)
クーン T. S.（1971）『科学革命の構造』（中山 茂訳），みすず書房。(Kuhn, Thomas S. (1970), *The Structure of Scientific Revolutions*, The University of Chicago Press.)
クーン T. S.（2008）『構造以来の道：哲学論集 1970―1993』（佐々木 力訳），みすず書房，第2章，38-71。(Kuhn, Thomas S. (2000), *The Road since Structure: Philosophical Essays 1970-1993*, (Conant, James and Jhon Haugeland eds.,), The University Chicago Press.)
小島健司（1984）「第2章 多属性型態度と行動意図モデル」，中西正雄編著『消費者行動分析のニュー・フロンティア』，誠文堂新光社，27-76。
小嶋外弘（1972）『新・消費者心理の研究』，日本生産性本部。
小嶋外弘（1986）『価格の心理』，ダイヤモンド社。
小林道夫（1996）『科学哲学』，産業図書。
駒田純久（2009）「第4章 ポストモダン・アプローチ再考」，嶋口充輝監修，川又啓子・余田拓郎・黒岩健一郎編著『マーケティング科学の方法論』，白桃書房，69-86。
佐々木土師二（1988）『購買態度の構造分析』，関西大学出版部。
佐和隆光（1974）『数量経済分析の基礎』，筑摩書房。
塩田静雄（1970）『消費者行動』，ミネルヴァ書房。

塩田静雄（1975）『消費の社会学』，文眞堂。
塩田静雄（2002）『消費者行動の理論と分析』，中央経済社。
渋谷　覚（2009）「第6章 マーケティング研究におけるケース・スタディの方法論」，嶋口充輝監修，川又啓子・余田拓郎・黒岩健一郎編著『マーケティング科学の方法論』，白桃書房，111-139。
嶋口充輝監修，川又啓子・余田拓郎・黒岩健一郎編著（2009）『マーケティング科学の方法論』，白桃書房。
清水　聰（1999）『新しい消費者行動』，千倉書房。
清水　聰（2004）『消費者視点の小売戦略』，千倉書房。
清水　聰（2006）『戦略的消費者行動論』，千倉書房。
白井美由里（2005）『消費者の価格判断のメカニズム―内的参照価格の役割―』，千倉書房。
菅原健介（2001）「心理尺度の作成方法」，堀　洋道（監修），松井　豊（編）『心理測定尺度集Ⅲ―心の健康をはかる〈適応・臨床〉―』，サイエンス社，397-408。
杉田義弘・上田隆穂・守口　剛（2005）『プライシング・サイエンス―価格の不思議を探る―』，同文舘出版。
杉本徹雄編著（1997）『消費者理解のための心理学』，福村出版。
杉本徹雄編著（2012）『新・消費者理解のための心理学』，福村出版。
須永　努（2010）『消費者の購買意思決定プロセス―環境変化への適応と動態性の解明』，青山社。
セイラー・サンスティーン（2009）『実践行動経済学』（遠藤真美訳），日経BP社。(Thaler, Richard H. and Cass R. Sunstein (2008), *Nudge : Improving Decisions About Health, Wealth, and Happiness*, Yale University Press.)
高橋郁夫（2008）『三訂 消費者購買行動―小売マーケティングへの写像―』，千倉書房。
高橋秀明（1993）「3章 プロトコルからわかること，わからないこと」，海保博之・原田悦子編『プロトコル分析法』，新曜社，58-76。
高橋広行（2011）『カテゴリーの役割と構造―ブランドとライフスタイルをつなぐもの』，関西学院大学出版会。
武井　寿（1997）『解釈的マーケティング研究―マーケティングにおける「意味」の基礎理論的研究』，白桃書房。
竹内淑恵（2010）『広告コミュニケーション効果―ホーリスティック・アプローチによる実証分析―』，千倉書房。
竹村和久編著（2000）『消費者行動の社会心理学』，北大路書房。
竹村和久（2009）『行動意思決定論―経済行動の心理学』，日本評論社。
田島義博・青木幸弘編著（1989）『店頭研究と消費者行動分析』，誠文堂新光社。
多田洋介（2003）『行動経済学入門』，日本経済新聞出版社。
田中　敏（1993）「2章 プロトコルの発生過程」，海保博之・原田悦子編『プロトコル分析法』，新曜社，37-57。
田中　洋（2008）『消費者行動論体系』，中央経済社。
田村正紀（1972）『消費者行動分析』，白桃書房。

田村正紀（1981）『大型店問題』，千倉書房。
田村正紀（2006a）『バリュー消費』，日本経済新聞社。
田村正紀（2006b）『リサーチ・デザイン』，白桃書房。
チャルマーズ，A. F.（1983）『新版 科学論の展開—科学と呼ばれているのは何なのか』（高田紀代志・佐野正博訳），恒星社厚生閣。(Chalmers, A. F. (1982), *What is This Thing Called Science?* University Queensland Press.)
塚田朋子（1991）「第3章 S. D. ハントの「メタマーケティング論」における内的矛盾と方法論的問題点」，堀田一善編著『マーケティング研究の方法論』，中央経済社，93-123.
照井伸彦（2008）『ベイズモデリングによるマーケティング分析』，東京電機大学出版局。
デュエム（1991）『物理理論の目的と構造』（小林道夫・熊谷陽一・安孫子 信訳），勁草書房。(Duhem, Pierre (1906), *Theorie Physique, Son Object et Sa Structure*.)
ド グロート（1976）『行動科学の方法』（梅本堯夫監訳），ミネルヴァ書房。(De Groot, A. D. (1969), *Methodology Foundations of Inference and Research in the Behavioral Sciences*, N. V. Uitgeverij Mounton & Co.)
戸田山和久（2005）『科学哲学の冒険』，日本放送協会出版会。
豊田秀樹（1998）『共分散構造分析［入門編］』，朝倉書店。
豊田秀樹編著（2003）『共分散構造分析［技術編］』，朝倉書店。
豊田秀樹編著（2007）『共分散構造分析［Amos編］—構造方程式モデリング—』，東京図書。
豊田秀樹編著（2012）『共分散構造分析［数理編］』，朝倉書店。
中西正雄（1983）『小売吸引力の理論と測定』，千倉書房。
中西正雄編著（1984）『消費者行動分析のニュー・フロンティア』，誠文堂新光社。
中西正雄編著（1998）『消費者選択行動のニュー・ディレクションズ』，関西学院大学出版会。
中村陽人（2009）「サービス品質の測定尺度開発」，横浜国立大学，博士学位請求論文。
中村健太郎（2003）「8 一般化可能性理論」，「9 多変量一般化可能性理論」，豊田秀樹編著『共分散構造分析—構造方程式モデリング—［技術編］』，朝倉書店，71-89。
名東孝二編著（1979）『改訂—生活者の行動科学』，東洋経済新報社。
新倉貴士（2005）『消費者の認知世界』，千倉書房。
新倉貴士（2011）「第二世代の消費者情報処理研究」，『商学論究』，関西学院大学商学研究会，58巻，4号，91-110。
仁科貞文・田中 洋・丸岡吉人（2007）『広告心理』，電通。
西脇与作（2004）『科学の哲学』，慶應義塾大学出版会。
日本消費者行動研究学会（1993）「シンポジウム：消費者情報処理研究の現状と課題」，『消費者行動研究』，1巻，1号，121-166。
ニュートン，ロジャーG.（1999）『科学が正しい理由』（松浦俊輔訳），青土社。(Newton, Roger, G. (1997), *The Truth of Science : Phisical Theories and Reality*, Harvard University Press.)
朴正珠（2012）『消費者行動の多国間分析—原産国イメージとブランド戦略』，千倉書房。
パッカード V.（1958）『隠れた説得者』（林 周二訳），ダイヤモンド社。(Packard, Vance (1957), *The Hidden Persuaders*, David Mackay Co., Inc.)

ハッキング（1986）『表現と介入 ボルヘス的幻想と新ベーコン主義』（渡辺　博訳），産業図書。(Hacking, Ian (1983), *Representing and Intervening : Introductory Topics in the Philosophy of Natural Science*, Cambridge University Press.)

馬場房子（1977）『消費者心理学』，白桃書房。

濱岡　豊・里村卓也（2009）『消費者間の相互作用についての基礎研究』，慶應義塾大学出版会。

バラット，P. E. H.（1976）『心理学的方法論』（加藤義明・加藤紀子訳），誠信書房。(Barratt, P. E. H. (1971), *Bases of Psychological Methods*, John Wiley and Sons.)

ハル，C. L.（1960）『行動の原理』（能美義博，岡本栄一訳），誠心書房。(Hull, Clark L. (1943), *Principles of Behavior*, Appleton-Century-Crofts Inc.)

ハンソン（1986）『科学的発見のパターン』（村上陽一郎訳），講談社学術文庫。(Hanson, Norwood R. (1958), *Patterns of Discovery*, Cambridge University Press.)

平久保仲人（2005）『消費者行動論』，ダイヤモンド社。

ファイヤアーベント，P. K.（1981），『方法への挑戦』（村上陽一郎・渡辺　博訳），新曜社。(Feyerabent, Paul K. (1975), *Against Method*, Lowe and Brydone.)

ファン・フラーセン（1986）『科学的世界像』（丹治信治訳），紀伊国屋書店。(van Fraassen, Bass C. (1980), *The Scientific Image*, Oxford University Press.)

古川一郎（1999）『出会いの「場」の構想力』，有斐閣。

古川一郎・守口　剛・阿部　誠（2003）『マーケティング・サイエンス入門』，有斐閣。

ヘンペル C. G.（1973）『科学的説明の諸問題』（長坂源一郎訳），岩波書店。(Hempel, Carl G. (1965), *Aspects of Scientific Explanation*, The Free Press.)

星野克美編著（1993）『文化と記号のマーケティング』，国元書房。

堀田一善（1978）「第2章 現代マーケティング研究と科学理論」，マーケティング理論研究会編『マーケティング研究の新展開』，千倉書房，29-47。

堀田一善編著（1991）『マーケティング研究の方法論』，中央経済社。

ポパー，K. R.（1961）『歴史主義の貧困―社会科学の方法と実践』（久野　収・市井三郎訳），中央公論社。(Popper, Karl R. (1957), *The Poverty of Histricism*, Routledge & Kegan Paul.)

ポパー，K. R.（1971-2）『科学的発見の論理』上・下（大内義一・森　博訳），恒星社厚生閣。(Popper, Karl R. (1959), *The Logic of Scientific Discovery*, Harper Torch Books.)

ポパー，K. R.（1980）『推測と反駁』（藤本隆志・石垣壽郎・森　博訳），法政大学出版局。(Popper, Karl R. (1963), *Conjectures and Refutations*, Orion Press.)

ポパー，K. R.（2003）『量子論と物理学の分裂』（大河原　誠・蔭山泰之・篠崎研二訳），岩波書店。(Popper, Karl R. (1982), *Quantum Theory and the Schism in Physics*, Routledge.)

堀内圭子（2001）『「快楽消費」の追及』，白桃書房。

堀内圭子（2004）『〈快楽消費〉する社会』，中央公論新社。

堀越比呂志（1990）「マーケティング論における方法論研究の意義と行方―経済学者 B.　J.

Caldwellの主張を手掛かりとして─」,『青山経営論集』, 24巻, 4号, 69-108。
堀越比呂志 (2005)『マーケティング・メタリサーチ』, 千倉書房。
真壁昭夫 (2010)『基礎から応用までまるわかり：行動経済学入門』, ダイヤモンド社。
松井　剛 (2013)『ことばとマーケティング─「癒し」ブームの消費社会史』, 碩学舎 (発行)・中央経済社 (発売)。
松江　宏 (2005)『現代消費者行動論』, 創成社。
マッハ (1971)『感覚の分析』(須藤吾之助・廣松　渉訳), 法政大学出版局。(Mach, E. (1918), *Die Analyse der Empfindingen und das Physischen zum Psychischen*,. 7, Auflage, Verlag von Gustar Fisher.)
水越康介 (2011)『企業と市場と観察者─マーケティング方法論研究の新地平』, 有斐閣。
三浦　一 (1981)『購買者行動』, 千倉書房。
村田昭治・井関利明・川勝　久編著 (1979)『ライフスタイル全書』, ダイヤモンド社。
村山貞幸 (2009)「第3章 解釈主義アプローチ」, 嶋口充輝監修, 川又啓子・余田拓郎・黒岩健一郎編著『マーケティング科学の方法論』, 白桃書房, 49-67。
メシックS. (1992)「妥当性」(池田　央訳), Robert L. Linn編集『教育測定学 原著第3版』池田　央・藤田恵璽・柳井晴夫・繁桝算男編), みくに出版。(Messick, Samuel (1989), "Validity," in Robert L. Linn ed., *Educational Measurement* (3rd ed.), American Council on Education and MacMillan Publishing Company, Chapter 2.)
守口　剛・竹村和久編著 (2012)『消費者行動論─購買心理からニューロマーケティングまで』, 八千代出版。
森田邦久 (2010)『理系人に役立つ科学哲学』, 化学同人。
山中均之 (1977)『小売商圏論』, 千倉書房。
山本昭二 (1999)『サービス・クォリティ─サービス品質の評価過程─』, 千倉書房。
横田澄司 (1974)『深層面接調査法』, 新評論。
吉田正昭・村田昭治・井関利明編 (1969a)『消費者行動の調査技法』, 丸善。
吉田正昭・村田昭治・井関利明編 (1969b)『消費者行動の分析モデル』, 丸善。
吉田正昭・村田昭治・井関利明編 (1969c)『消費者行動の理論』, 丸善。
余田拓郎 (2009)「第5章 理論生成とマーケティング研究の方法論」, 嶋口充輝監修, 川又啓子・余田拓郎・黒岩健一郎編著『マーケティング科学の方法論』, 白桃書房, 89-110。
ラウダン (2009)『科学と価値』(小草　泰・戸田山和久訳), 勁草書房。(Laudan, Larry (1984), *Science and Values : The Aim of Science and Their Role in Scientific Debate*, The University of California Press.)
ラカトシュ (1985)「反証と科学的研究プログラムの方法論」, ラカトシュ&マスグレーブ編『批判と知識の成長』(森　博監訳), 木鐸社, 131-278。(Lakatos, Imre, "Falsification and the Methodology of Scientific Research Programmes," in Lakatos, Imre, and Alan Musgrave (1970), *Criticism and the Growth of Knowledge*, Cambridge University Press, 91-196.)
ラークソネン (1998)『消費者関与─概念と調査』(池尾恭一・青木幸弘監訳), 千倉書房。(Laaksonen, Pirjo (1994), *Consumer Involvement ─ Concept and Research*, Routled-

ge.)

ラドナー R. S. (1968)『社会科学の哲学』(塩原　勉訳), 培風館. (Rudner, Richard S. (1966), *Philosophy of Social Science*, Prentice-Hall.)

ローゼンバーグ (2011)『科学哲学―なぜ科学が哲学の問題になるのか』(東　克明・森本良太・渡辺鉄兵訳), 春秋社. (Rosenberg, Alex (2005), *Philosophy of Science : A Contemoraly Introduction*, (2nd ed.), Routledge.)

渡辺隆之 (2000)『店舗内購買行動とマーケティング適応』, 千倉書房.

〈英文〉

Aaker, David A., V. Kumar, George S. Day, and Robert P. Leone (2011), *Marketing Research* (10th ed.), John Wiley & Sons.

Abe, Shuzo (2012), "How Strong is the Effect of Construal Level Theory?" *Unpublished paper presented at 2012 Global Marketing Conference*.

Abe, Shuzo, and Richard P. Bagozzi (1992), "International Comparison of Consumer Behavior,"『マーケティング・サイエンス』, 1巻, 1/2号, 49-66.

Abe, Shuzo, Richard P. Bagozzi, and Pradip Sadarangani (1996), "An Investigation of Construct Validity and Generalizability of the Self-Concept : Self-Consciousness in Japan and the United States," *Journal of International Consumer Marketing*, Vol. 8, (3/4), 97-123.

Abe, Shuzo, Yoshiyuki Okuse, Hyun-Chul Cho, Kenneth C. Gehrt, Makoto Abe, and Anping Ding (2012), "Can Construal Level Theory Be Used to Compare Consumer Behavior between Countries?" *Unpublished*.

Alba, Joseph W., and J. Wesley Hutchinson (1987), "Dimensions of Consumer Expertise," *Journal of Consumer Research*, Vol. 13, 441-454.

Alderson, Wroe (1965), *Dynamic Marketing Behavior*, Richard D. Irwin. (ロー・オルダースン (1981)『動態的マーケティング行動』(田村正紀・堀田一善・小島健司・池尾恭一訳), 千倉書房)

Alexis, M., G. H. Hains Jr., and L. Simon (1968), "Consumer Information Processing : the Case of Women's Clothing," in *Proceedings of The Fall Conference*, American Marketing Association, 197-205.

American Psychological Association, Board of Scientific Affairs (1996), *Task Force on Statistical Inference Initial Report*. http://www.apa.org/science/leadership/bsa/statistical/tfsi-initial-report.

Amstutz, Arnold E. (1967), *Computer Simulation of Competitive Market Response*, The MIT Press. (アムシュタッツ (1969)『マーケティングの計量モデル』(山下隆弘訳), 新評論)

Anderson, Paul F. (1983), "Marketing, Scientific Progress, and Scientific Method," *Journal of Marketing*, Vol. 47 (Fall), 18-31.

Anderson, Paul F. (1986), "On Method in Consumer Research : A Critical Relativist

Perspective," *Journal of Consumer Research*, Vol. 13, 155-173.
Anderson, D. R., D. J. Sweeney, and T. A. Williams (1999), *Statistics for Business and Economics* (7th ed.), South-Western.
Ariely, Dan, and Michael L. Norton (2009), "Conceptual Consumption," *Annual Review of Psychology*, Vol. 60, 475-499.
Bagozzi, Richard P. (1980a), *Causal Models in Marketing*, John Wiley & Sons.
Bagozzi, Richard P. (1980b), "Performance and Satisfaction in an Industrial Sales Force: An Examination of their Antecedents and Simultaneity," *Journal of Marketing*, Vol. 44 (Spring), 65-77.
Bagozzi, Richard P. (1984), "A Prospectus for Theory Construction in Marketing," *Journal of Marketing*, Vol. 48 (Winter), 11-29.
Bagozzi, Richard P., Nancy Wong, Shuzo Abe, and Massimo Bergami (2000), "Cultural and Situational Contingencies and the Theory of Reasoned Action: Application to Fast Food Restaurant Consumption," *Journal of Consumer Psychology*, Vol. 9, 97-106.
Baron, Reuben M., and David A. Kenny (1986), "The Moderator-Mediator Variables Distiction in Social Psychological Research: Conceptual, Strategic and Statistical Considerations," *Journal of Personality and Social Psychology*, Vol. 51 (6), 1173-1182.
Bennett, Peter D. ed. (1995), *Dictionary of Marketing Terms* (2nd ed.), American Marketing Association.
Bettman, James R. (1970), "Information Processing Models of Consumer Behavior," *Journal of Marketing Research*, Vol. 7, 370-376.
Bettman, James R. (1971), "A Graph Theory Approach to Comparing Consumer Information Processing Models," *Management Science*, Vol. 18 (Dec. Part 2), 114-128.
Bettman, James R. (1979), *Information Processing Theory of Consumer Choice*, Peason Education.
Bettman, James R. (1986), "Consumer Psychology," *Annual Review of Psychology*, Vol. 37, 257-289.
Bettman, James R., and C. W. Park (1980a), "Implication of A Constructive View of Choice for Analysis of Protocol Data: A Coding Scheme for Elements of Choice Processes," *Advances in Consumer Research*, Vol. 7, 148-153.
Bettman, James R., and C. W. Park (1980b), "Effects of Prior Knowledge and Experience and the Phase of the Choice Process on Consumer Decision Processes," *Journal of Consumer Research*, Vol. 7, 234-248.
Bhattachrya, G. K., and R. A. Johnson (1977), *Statistical Concepts and Methods*, John Wiley & Sons.
Biehal, Gabriel, and Dipankar Chakravarti (1989), "The Effect of Concurrent Verbalization on Choice Processing," *Journal of Marketing Research*, Vol. 26, 84-96.

Biggs, Stanley F., Andrew J. Rosman, and Gail K. Sergenian (1993), "Methodological Issues in Judgement and Decision-making Research: Concurrent Verbal Protocol Validity and Simultaneous Traces of Process," *Journal of Behavioral Decision Making*, Vol. 6, 187-206.
Bird, Alexander (1998), *Philosophy of Science*, McGill-Queen's University Press.
Blackwell, Roger. D., Paul W. Miniard, and James Engel (2005), *Consumer Behavior* (10th ed.), South Western.
Boyd, Richard (1989), "What Realism Implies and What it Does Not," *Dialectica*, Vol. 43 (1/2), 5-29.
Boyd, Richard (1990), "Realism, Approximate Truth, and Philosophical Method," in C. Wade Savage (ed.), *Scientific Theories*, University of Minnesota Press, 355-391.
Boyd, Richard (2011), "Scientific Realism," In Edward N. Zalta (ed.), *The Stanford Encyclopedia*, Retrieved Wed. April 27, from 〈http://plato.stanford.edu/archives/spr2011/entries/scientific-realism/〉
Brinberg, David, John G. Lynch, Jr., and Alan G. Sawyer (1992), "Hypothesized and Confounded Explanations in Theory Tests: A Baysian Analysis," *Journal of Consumer Research*, Vol. 19, 139-154.
Burk, C. J. (1953), "A Brief Note on One-Tailed Tests," *Psychological Bulletin*, Vol. 50 (5), 384-387.
Calder, Bobby J., Lynn W. Philips, and Alice M. Tybout (1981), "Designing Research for Application," *Journal of Consumer Research*, Vol. 8, 197-207.
Calder, Bobby J., Lynn W. Philips, and Alice M. Tybout (1982), "The Concept of External Validity," *Journal of Consumer Research*, Vol. 9, 240-244.
Calder, Bobby J., Lynn W. Philips, and Alice M. Tybout (1983), "Beyond External Validity," *Journal of Consumer Research*, Vol. 10, 112-114.
Calder, Bobby J., and Alice M. Tybout (1987), "What Consumer Research is …," *Journal of Consumer Research*, Vol. 14, 136-140.
Calder, Bobby J. and Alice M. Tybout (1999), "A Vision of Theory, Research and the Future of Business Schools," *Journal of the Academy of Marketing Science*, Vol. 27 (Summer), 359-366.
Caldwell, Bruce J. (1991), "Clarifying Popper," *Journal of Economic Literature*, Vol. 29, (March), 1-33.
Campbell, D. T., and D. W. Fiske (1959), "Convergent and Discriminant Validation by the Multitrait-Multimethod Matrix," *Psychological Bulletin*, Vol. 56, 81-105.
Carnap, Rudolf (1936), "Testability and Meaning," *Philosophy of Science*, Vol. 3 (4), 419-471.
Cartwright, Nancy (1983), *How the Laws of Physics Lie*, Oxford University Press.
Cashen, L. H., and S. W. Geiger (2004), "Statistical Power and the Testing of Null Hypotheses: A Review of Contemporary Management Research and Recommenda-

tions for Future Studies," *Organizational Research Methods*, Vol. 7 (2), 151-167.

Chernev, Alexander, and Gregory S. Carpenter (2001), "The Role of Market Efficiency Intuitions in Consumer Choice: A Case of Compensatory Inferences," *Journal of Marketing Research*, Vol. 38, 349-361.

Cheung, Y. W., and U. G. Erlandson (2005), "Exchange Rate and Markov Switching Dynamics," *Journal of Business & Economic Statistics*, Vol. 23 (3), 314-320.

Cho, Hyun-chul, and Shuzo Abe (2011), "Overreliance on Statistical Testing Logic in the Empirical Testing of Theories and Hypotheses," *Journal of Global Academy of Marketing Science*, Vol. 21 (1), 45-53.

Cho, Hyun-chul, and Shuzo Abe (2013), "Is Two-Tailed Testing for Directional Research Hypotheses Tests Legitimate?" *Journal of Business Research*, Vol. 66 (9), 1261-1266.

Churchill Jr., Gilbert A. (1979), "A Paradigm for Developing Better Measures of Marketing Constructs," *Journal of Marketing Research*, Vol. 16, 64-73.

Cohen, Joel B. (1990), "Consumer Psychology," *Annual Review of Psychology*, Vol. 41, 243-288.

Cohen, J. (1994), "The Earth is Round (p<.05)," *American Psychologist*, Vol. 49, 997-1003.

Cook, Thomas D., and Donald T. Campbell (1979), *Quasi-Experimentation: Design & Analysis Issues for Field Settings*, Houghton Mifflin.

Craig, C. Samuel, and Susan Douglas (2000), *International Marketing Research* (2nd ed.), John Wiley & Sons.

Desmond, John (2003), *Consuming Behavior*, Palgrave MacMillan.

Dhar, Ravi, and Itamar Simonson (1992), "The Effect of Focus of Comparison on Consumer Preferences," *Journal of Marketing Research*, Vol. 29, 430-440.

Dhar, Ravi, Stephern M. Nowlis, and Steven J. Sherman (1999), "Comparison Effects on Preference Construction," *Journal of Consumer Research*, Vol. 26, 293-306.

Dhar, Ravi, and Steven Sherman (1996), "The Effect of Common and Unique Features in Consumer Choice," *Journal of Consumer Research*, Vol. 23, 193-203.

Dichter, E. (1964), *Handbook of Consumer Motivation*, McGraw-Hill.

Dost, Florian, and Robert Wilken (2012), "Measuring Willingness to Pay as a Range, Revisited: When should We Care?" *International Journal of Research in Marketing*, Vol. 29, 148-166.

Douglas, Susan P., and C. Samuel Craig (2007), "Collaborative and Iterative Translation: An Alternative Approach to Back Translation," *Journal of International Marketing*, Vol. 15 (1), 30-43.

Douglas, Susan P., C. Samuel Craig, and J. Faivre (1982), "Protocols in Consumer Research: Problems, Methods, and Uses," in J. N. Sheth (ed.), *Research in Marketing*, Vol. 5, 29-58.

参考文献

Elder, Joseph W. (1976), "Comparative Cross-National Methodology," *Annual Review of Sociology*, Vol. 2, 209-230.
Engel, James F., David T. Kollat, and Roger D. Blackwell (1968), *Consumer Behavior* (1st ed.), Holt, Rinehart and Winston.
Ericsson, K. Anders, and Herbert A. Simon (1980), "Verbal Reports as Data," *Psychological Review*, Vol. 87 (3), 215-250.
Ericsson, K. Anders, and Herbert A. Simon (1984), *Protocol Analysis : Verbal Reports as Data*, The MIT Press.
Farley, John U., John A. Howard, and L. Winston Ring (1974), *Consumer Behavior-Theory and Application*, Allyn & Bacon.
Festinger, L. (1957), *A Theory of Cognitive Dissonance*, Stanford University Press.（フェスティンガー (1965)『認知的不協和の理論』（末永俊郎監訳），誠心書房）
Fishbein, Martin, and Icek Ajzen (1974), *Belief, Attitude, Intention, and Behavior : An Introduction to Theory and Research*, Addison-Wesley.
Fishbein, Martin, and Icek Ajzen (1980), *Understanding Attitudes and Predicting Social Behavior*, Prentice-Hall.
Frank, Ronald E., William F. Massy, and Yoram Wind (1972), *Market Segmentation*, Prentice-Hall.
Gorn, Gerald (1982), "The Effects of Music in Advertising on Choice Behavior : A Classical Conditioning Approach," *Journal of Marketing*, Vol. 46 (Winter), 94-101.
Haines, G. H. (1974), "Process Models of Consumer Decision Making," in G. David Hughes, and Michael L. Ray (eds.), *Buyer/Consumer Information Processing*, The University North Carolina Press, 89-107.
Haire, Mason (1950) "Projective Techniques in Marketing Research," *Journal of Marketing*, Vol. 14 (April), 639-656.
Harcum, E. R. (1990), "Guidance from the Literature for Accepting a Null Hypothesis When its Truth is Expected," *Journal of General Psychology*, Vol. 117 (3), 325-344.
Harnett, D. L., and A. K. Soni (1991), *Statistical Models for Business and Economics*, Addison Wesley.
Harte, Joke M., Mirjam R. M. Westenberg, and Maarten van Someren (1994), "Process Models of Decision Making," *Acta Psychologica*, Vol. 87, 95-120.
Hawkins, Del I., and David L. Mothersbaugh (2010), *Consumer Behavior : Building Marketing Strategy* (11th ed.), McGraw-Hill/Irwin.
Hirshman, Elizabeth C. (1986), "Humanistic Inquiry in Marketing Research : Philosophy, Method, and Criteria," *Journal of Marketing Research*, Vol. 23, 237-249.
Holbrook, Morris B., and John O'Shaughnessy (1988), "On the Scientific Status of Consumer Research and the Need for an Interpretive Approach Studying Consumption Behavior," *Journal of Consumer Research*, Vo. 15, 398-402.
Howard, John A. (1963), *Marketing Management-Analysis and Planning*, Richard D.

Irwin.
Howard, John A. (1977), *Consumer Behavior: Application of Theory*, McGraw-Hill.
Howard, John A. (1994), *Buyer Behavior in Marketing Strategy* (2nd ed.), Prentice Hall.
Howard, John A., and Jagdish N. Sheth (1969), *The Theory of Buyer Behavior*, John Wiley & Sons.
Hoyer, Wayne D., and Deborah J. MacInnis (2010), *Consumer Behavior* (5th ed.), South-Western Cengage Learning.
Hughes, G. David, and Michael L. Ray eds. (1974), *Buyer/Consumer Information Processing*, The University North Carolina Press.
Hui, C. Harry (1984), "Individualism-Collectivism: Theory, Measurement and Its Relation to Reward Allocation," *Unpublished Doctoral Dissertation*, The University of Illinois.
Hui, C. Harry, and C. Triandis (1985), "Measurement in Cross-Cultural Psychology: A Review and Comparisons of Strategies," *Journal of Cross-Cultural Psychology*, Vol. 6 (2), 131-152.
Hunt, Shelby D. (1976), *Marketing Theory*, Grid. (ハント (1979)『マーケティング理論』(阿部周造訳), 千倉書房)
Hunt, Shelby D. (1983), "General Theories and the Fundamental Explananda of Marketing," *Journal of Marketing*, Vol. 47 (Fall), 9-17.
Hunt, Shelby D. (1990), "Truth in Marketing Theory and Research," *Journal of Marketing*, Vol. 54 (July), 1-15.
Hunt, Shelby D. (1991a), *Modern Marketing Theory : Critical Issues in the Philosophy of Marketing Science*, South-Western Publishing..
Hunt, Shelby D. (1991b), "Positivism and Paradigm Dominance in Consumer Research," *Journal of Consumer Research*, Vol. 18, 32-44.
Hunt, Shelby D. (1992), "For Reason and Realism in Marketing," *Journal of Marketing*, Vol. 56 (April), 89-102.
Hunt, Shelby D. (1993), "Objectivity in Marketing Theory and Research," *Journal of Marketing*, Vol. 57 (April), 76-91.
Hunt, Shelby D., and Jared M. Hansen (2010), "The Philosophical Foundations of Marketing Research: For Scientific Realism and Truth," in Maclaran, Pauline, Michael Sare, Barbara Stern, and Mark Tadajewski (eds.,), *The Sage Handbook of Marketing Theory*, Sage Publicattions, 111-126.
Iacobucci, Dawn and Gilert A. Churchill Jr. (2010), *Marketing Research : Methodological Foundations* (10th ed.), South Western Cengage Learning.
Jaccard, James and Choi K. Wan (1986), "Cross Cultural Methods for The Study of Decision Making," *Journal of Cross-Cultural Psychology*, Vol. 17 (2), 123-149.
Jacoby, J., G. V. Johar, and M. Morrin (1998), "Consumer Behavior: A Quandrennium," *Annual Review of Psychology*, Vol. 49, 319-344.

Jacoby, J., G. J. Szybillo, and J. Busanto-Shach (1977), "Information Acqusition Behavior in Brand Choice Situations," *Journal of Consumer Research*, Vol. 3, 209-216.

Johnson, D. H. (1999), "The Insignificance of Statistical Significance Testing," *Journal of Wildlife Management*, Vol. 63 (3), 763-772.

Johnston, J. (1972), *Econometric Methods* (2nd ed.), MacGraw Hill. (ジョンストン (1976)『計量経済学の方法 上下』(竹内 啓・関谷 章・栗山規矩・美添泰人・舟岡史学雄訳) 東洋経済新報社)

Kageyama, Yasuyuki (2003), "Openness to the Unknown — The Role of Falsifiability in Search of Better Knowledge," *Philosophy of the Social Sciences*, Vol. 33, (1), 100-121.

Kahneman, Daniel and Amos Tversky (1979), "Prospect Theory: An Analysis of Decision under Risk," *Econometrica*, Vol. 47, 263-291.

Kaiser, H. F. (1960), "Directional Statistical Decisions," *Psychological Review*, Vol. 67 (May), 160-167.

Kardes, Frank R. (1996), "In Defense of Experimental Consumer Psychology," *Journal of Consumer Psychology*, Vol. 5, 279-296.

Kassarjian, Harold H. (1982), "Consumer Psychology," *Annual Review of Psychology*, Vol. 33, 619-649.

Keiding, N., and E. Butz-Jorgensen (2005), "The Precautionaly Principle and Statistical Approaches to Uncertainty," *Human and Ecological Risk Assessment*, Vol. 11 (1), 201-207.

Kellaris, Names J. and Anthony D. Cox (1989), "The Effects of Background Music in Advertising: A Reassessment," *Journal of Consumer Research*, Vol. 16, 113-118.

Kimmel, H. D. (1957), "Three Criteria for the Use of One-Tailed Tests," *Psychological Bulletin*, Vol. 54 (4), 351-353.

Kuusela, Hannu and Pallab Paul (2000), "A Comparison of Concurrent and Retrospective Verbal Protocol Analysis," *The American Journal of Psychology*, Vol. 113 (3), 387-404.

Ladyman, James (2002), *Understanding Philosophy of Science*, Routledge.

Lakatos, Imre (1978), (John Warrall and Gregory Currie eds.), *The Methodology of Scientific Research Programmes*, Cambridge University Press.

Lancaster, K. J. (1971), *Consumer Demand*, Columbia University Press. (ランカスター (1989)『消費者需要—新しいアプローチ＝』(桑原秀史訳), 千倉書房)

Laroche, Michel, Linda C. Ueltschy, Shuzo Abe, Mark Cleveland, and Peter Yannopoulos, (2004), "Service Quality Perceptions and Satisfaction: Evaluating the Role of Culture," *Juornal of International Marketing*, Vol. 12 (3), 58-85.

Latour, Bruno, and Steve Woolger (1979), *Laboratory Life-The Construction of Scientific Facts*, Sage Publications.

Leeflang, P. H. S. (1974), *Mathematical Models in Marketing*, H. E. Stenfert Kroese B. V.-Leiden.
Liberman, Nira, Yaacov Trope, and Cherly Wakslak (2007), "Construal Level Theory and Consumer Behavior," *Journal of Consumer Psychology*, Vol. 17, 113-117.
Lind, D. A., W. G. Marshal, and R. D. Mason (2002), *Statistical Techniques in Business & Economics* (11th ed.), McGraw-Hill.
Lutz, Richard J. ed. (1981), *Contemporary Perspectives in Consumer Research*, Wadsworth.
Lynch, John G., Jr (1982), "On the External Validity of Experiments in Consumer Research," *Journal of Consumer Research*, Vol. 9, 225-239.
Lynch, John G., Jr. (1983), "The Role of External Validity in Theoretical Research," *Journal of Consumer Research*, Vol. 10, 109-111.
Lynch, John G., Jr. (1999) "Theory and External Validity," *Journal of the Academy of Marketing Science*, Vol. 27 (3), 357-376.
Macinnis, Deborah J., and Valerie S. Folkes (2010), "The Disciplinary Status of Consumer Behavior: A Sociology of Science Perspective on Key Controversies," *Journal of Consumer Research*, Vol. 36, 899-914.
Malhotra, Naresh (2010), "*Marketing Research: An Applied Orientation* (6th ed.), Prentice Hall College Division.
Mansfield, E. (1983), *Statistics for Business and Economics* (2nd ed.), W. W. Norton & Company.
Mantel, Susan Powell, and Frank R. Kardes (1999), "The Role of Direction, Attribute-Based Processing, and Attitude-Based Processing in Consumer Preference," *Journal of Consumer Research*, Vol. 25, 335-352.
Massy, W. F., D. B. Montgomery, and D. G. Morrison (1970), *Stochastic Models of Buying Behavior*, The MIT Press.
Mayer, T. (2001), "Misinterpreting a Failure to Disconfirm as a Confirmation: A Recurrent Misreading of Significance Tests," *Working Paper*, Available from: http://www.econ.ucdavis.edu/working-papers/01-8.pdf
McCarthy, E. Jerome (1960), *Basic Marketing*, Richard D. Irwin.
McGrath, Joseph E. and David Brinberg (1983), "External Validity and the Research Process: A Comment on the Calder/Lynch Dialogue," *Journal of Consumer Research*, Vol. 10, 115-124.
McMullin, E. (1984), "A Case for Scietific Realism," in J. Leplin (ed.), *Scientific Realism*, University of California Press, 8-40.
Meehl, P. E. (1967), "Theory Testing in Psychology and in Physics: A Methodological Paradox," *Philosophy of Science*, Vol. 34, 103-115.
Messick, Samuel (1995), "Validity of Psychological Assessment: Validation of Inferences From Persons' Responses and Performances as Scientific Inquiry Into Score

Meaning," *American Psychologist*, Vol. 50 (9), 741-749.
Moothy, Sridhar, Brian T. Ratchford, and Debabrata Talukdar (1997), "Consumer Information Search Revisited: Theory and Empirical Analysis," *Journal of Consumer Research*, Vol. 23, 263-277.
Nakanishi, Masao (1974), "Decision Net Models and Human Information Processing," in G. Davis Hughes, and Michael L. Ray (eds.), *Buyer/Consumer Information Processing*, The University of North Carolina Press, 75-88.
Newell, Allen, and Herbert A. Simon (1972), *Human Problem Solving*, Prentice Hall.
Nicosia, F. M. (1966), *Consumer Decision Processes-Marketing and Advertising Implications*, Prentice-Hall.
Nisbett, R. E., and T. D. Wilson (1977), "Telling More than We Can Know: Verbal Reports on Mental Processing," *Psychological Review*, Vol. 84 (3), 231-258.
O'Donohue, William, and Jeffrey A. Buchanan (2001), "The Weaknesses of Strong Inference," *Behavior and Philosophy*, Vol. 29, 1-20.
Okasha, Samir (2002), *Philosophy of Science: A Very Short Introduction*, Oxford University Press.
Oliver, Richard L. (1997), *Satisfaction-A Behavioral Perspective on The Consumer*, McGraw-Hill.
Orne, Martin T. (1962), "On the Social Psychology of the Psychological Experiment: With Particular Reference to Demand Characteristics and their Implications," *American Psychologist*, Vol. 17 (11), 776-783.
O'Shaughnessy, John (1992), *Explaining Buyer Behavior — Central Concepts and Philosophy of Science Issues*, Oxford University Press.
Payne, John W., James R. Bettman, and Eric J. Johnson (1993), *The Adaptive Decision Maker*, Cambridge University Press.
Payne, John W., Myron L. Braustein, and John S. Caroll (1978), "Exploring Predecisional Behavior: An Alternative Approach to Decision Research," *Organizational Behavior and Human Performance*, Vol. 22, 17-44.
Perreault Jr., William D., and Laurence E. Leigh (1989), "Reliability of Nominal Data Based on Qualitative Judgements," *Journal of Marketing Research*, Vol. 26, 135-148.
Peter, J. Paul (1992), "Realism or Relativism for Marketing Theory and Research: A Comment on Hunt's "Scientific Realism,"" *Journal of Marketing*, Vol. 56, (April), 72-79.
Peter, J. Paul, and Jerry C. Olson (1983), "Is Science Marketing?" *Journal of Marketing*, Vol. 47 (Fall), 111-125.
Peter, J. Paul, and Jerry Olson (2010), *Consumer Behavior and Marketing Strategy*, (9th ed.), McGraw-Hill.
Peterson, Robert A. (2001), "On the Use of College Students in Social Science Research: Insights from a Second-Order Meta-Analysis," *Journal of Consumer Research*, Vol.

28, 450-461.
Petty, Richard E. and John T. Cacioppo (1996), "Addressing Disturbing and Disturbed Consumer Behavior: Is It Necessary to Change the Way We Conduct Behavioral Science?" *Journal of Marketing Research*, Vol. 33, 1-8.
Pillemer, D. B. (1991), "One-versus Two-tailed Hypothesis Tests in Contemporary Educational Research," *Educational Researcher*, Vol. 20 (9), 13-17.
Platt, John R. (1964), "Strong Inference," *Science*, 16 (October), Vol. 146 (3642), 347-353.
Robertson, Thomas S. (1971), *Innovative Behavior and Communication*, Holt, Reinhart and Winston.
Robertson, Thomas S., and Harold H. Kassarjian (1991), *Handbook of Consumer Behavior*, Prentice-Hall.
Rossiter, John R. (2002), "The C-OAR-SE Procedure for Scale Development in Marketing," *International Journal of Research in Marketing*, Vol. 19 (4), 305-335.
Russo, J. Edward, and France Leclerc (1994), "An Eye-Fixation Analysis of Choice Processes for Consumer Nondurables," *Journal of Consumer Research*, Vol. 21, 274-290.
Salmon, Wesley C. (1984), *Scientific Explanation and the Causal Structure of the World*, Princeton University Press.
Sekaran, Uma (1983), "Methodological and Theoretical Issues and Advancements in Cross-Cultural Research," *Journal of International Business Studies*, Vol. 14, (2), 61-73.
Sheth, Jagdish N. (1974), *Models of Buyer Behavior: Conceptual, Quantitative & Empirical*, Harper & Row.
Sheth, Jagdish N. ed. (2011), *Legends in Marketing: Kent B. Monroe*, Vol. 1-7, Sage Publications.
Sheth, Jagdish N., and Banwari Mittal (2004), *Customer Behavior: A Managerial Perspective* (2nd ed.), Thomson South-Western.
Simonson, Itamar, Ziv Carmon, Ravi Dhar, Aimee Drolet, and Stephen M. Nowlis (2001), "Consumer Research: In Search of Identity," *Annual Review of Psychology*, Vol. 52, 249-275.
Solomon, Michael R. (2013), *Consumer Behavior: Buying, Having and Being*, (10th ed.), Peason Educational Limited.
Speng, R. A., S. B. MacKenzie, and R.W. Olshavsky (1996), "A Reexamination of the Determinants of Consumer Satisfaction," *Journal of Marketing*, Vol. 60 (July), 14-32.
Steenkamp, Jan-Benedict E. M., and Hans Baumgartner (1998), "Assessing Measurement Invariance in Cross-National Consumer Research," *Journal of Consumer Research*, Vol. 25, 78-90.
Sternthal, Brian, and C. Samuel Craig (1982), *Consumer Behavior — An Information*

Processing Perspective, Prentice-Hall.

Sternthal, Brian, Alice M. Tybout, and Bobby J. Calder (1987) "Confirmatory Versus Comparative Approaches to Judging Theory Tests," *Journal of Consumer Research*, Vol. 14, 114-125.

Svenson, Ola (1979), "Process Descriptions of Decision Making," *Organizational Behavior and Human Performance*, Vol. 23, 86-112.

Tebes, Jacov K. (2005), "Community Science, Philosophy of Science and the Practice of Research," *American Journal of Community Psychology*, Vol. 35 (3/4), 213-230.

Trope, Yaacov, and Nira Liberman (2003), "Temporal Construal," *Psychological Review*, Vol. 110 (3), 403-421.

Tybout, Alice M., and Nancy Artz (1994), "Consumer Psychology," *Annual Review of Psychology*, Vol. 45, 131-169.

Wang, Tuo, R. Venkatesh, and Rabikar Chatterjee (2007), "Reservation Price as a Range: An Incentive-Compatible Measurement Approach," *Journal of Marketing Research*, Vol. 54, 200-213.

Watson, John B. (1913), "Psychology as The Behaviorist Views It," *Psychological Review*, Vol. 20, 158-177.

Weitz, Barton A. (1978), "Relationship between Salesperson Performance and Undrstanding of Customer Decision Making," *Journal of Marketing Research*, Vo. 15, 501-516.

Welis, William (1993), "Discovery-Oriented Consumer Research," *Journal of Consumer Research*, Vol. 19, 489-504.

Wierenga, B. (1974), *An Investigation of Brand Choice Processes*, Rotterdam University Press.

Wilkie, William (1986), *Consumer Behavior*, John Wiley & Sons.

Winer, Russel S. (1999), "Experimentation in the Twenty-First Century: the Importance of External Validity," *Journal of the Academy of Marketing Science*, Vol. 27 (Summer), 349-358.

Wonnacott, T. H., and R. J. Wonnacott (1984), *Introductory Statistics for Business and Economics* (3rd ed.), John Wiley & Sons.

Wright, Ray (2006), *Consumer Behavior*, Thomson Learning.

Zaltman, Gerald, Karen LeMasters, and Michael Heffring (1982), *Theory Construction in Marketing: Some Thoughts on Thinking*, John Wiley & Sons.

Zaltman, Gerald, Chiristian R. A. Pinson, and Reinhard Angelmar (1973), *Metatheory and Consumer Research*, Holt, Reinhart and Winston.

Zhao, Xinshu, John G. Lynch Jr., and Qimei Chen (2010), "Reconsidering Baron and Kenny: Myths and Truth about Mediation Analysis," *Journal of Consumer Research*, Vol. 37, 197-206.

Zinkhan, George M., and Rudy Hirshheim (1992), "Truth in Marketing Theory and Research: An Alternative Perspective," *Journal of Marketing*, Vol. 56 (April), 80-88.

あ と が き

　今日，企業を取り囲む環境としての市場の不透明感は強い。この不透明感に対して即効的な解決策を求めようとする議論も多くなっている。しかし，不透明であればこそ，なおのこと原点に立ち返って，物事をしっかりと見つめる視点が大切ではないだろうか。消費者行動論は，言うまでもなく身近な日常的な事柄・現象を研究対象としている。その研究方法とは，実用的視点から目まぐるしく変遷する現象の予測という要請に応えるだけでなく，観察される現象のより妥当な説明を提供する確かな知識体系を構築していくものでなければならない。そして今日，膨大な数の消費者行動研究がなされ，研究が細分化・拡散化している状況の中で，何としても，知識の体系化に向けての方法論的な整序の作業が必要なこと，そしてそれが長年消費者行動研究に携わってきた者の責務であることを人一倍強く感じていたのであるが，はたして，まとめ切ることができるのかという迷いの気持ちから，作業に取りかかれないまま，年月が過ぎ去っていたのである。

　しかし 3 年ほど前に，こうした自分の迷いをふっ切るきっかけに恵まれることができた。2010年 8 月バングラデシュを訪問し，ゼミの留学生であった East West 大学の Chowdhury 教授の世話で，マーケティング・リサーチについての三日間のセミナー講師を務める機会があった。セミナーでは，受講したダッカの若手研究者にバングラデシュ中央銀行総裁から修了証書が手渡され，現地の三つの新聞に写真入りで報道されたことも驚きであったが，何よりの驚きは，セミナーの一部で取り上げた科学的方法論ということに関して，新興国の若手研究者の関心が大きかったことを受けて，方法論の問題についてまとめようという気持ちが，私の中で急に膨らんできたことである。職を求めて 1 日 2 千人を超えてダッカに流入する路上にあふれる人々の姿を目にして，いかに微々たる貢献であっても，一研究者として本来自分がやるべきことは，しっか

り果たさなければならないという気持ちになったのである。

　今，本書を書き終えて，もとより自らの力不足の感は言うまでもないが，それでも消費者行動研究の方法論的問題について，常日頃考えていたことを何とかまとめあげ，世に問う仕事をなし終えたという安堵を感じているのが，ザックバランな心境である。

　本書が，消費者行動研究に関心のある方々にとって，科学哲学，消費者行動の理論とそのテスト，分析技法の三つのレベルにまたがった方法論的問題が相互に密接に関連したものとして受けとめられ，今後の研究を展開するうえで，僅かでも役立ち得ることができれば，本書の執筆者として大きな幸せを感じるものである。

　本書は，これまでの多くの方々の支えと励ましとによってまとめられたものである。

　著者の一橋大学大学院時代の恩師である故田内幸一先生には，不器用な弟子が消費者行動研究一筋に進むことを後押し下さり，教育・研究者としての道を付けて下さったことを衷心から感謝申し上げたい。70歳という年齢に近づく中，若かりし田内先生と学生時代の自分という夢をみるにつけ，今も応援下さっているようなありがたさを感ぜずにはおられない。学問への関心を開いてくださった学部時代の恩師・故刀根武晴先生，著者の日本大学時代，就職・在職中そして退職にあたってお世話になった故名東孝二先生，横浜国立大学への移動後，一貫して暖かく励まして下さった故久保村隆祐先生，いずれの先生にも直接お目にかかることは叶わなくなってしまったが，これからもご恩を胸に刻んでいくことをお誓い申し上げたい。

　米国留学中はBettman先生とBagozzi先生に一方ならぬお世話になったことを記して感謝申し上げたい。両先生の暖かい支援に報いることは何もできなかったが，少しでも海外からの研究者・留学生のお世話をさせていただくことで，ご恩返しができればと考えている。本書第7章の一部はBagozzi先生との共同研究を基にまとめられたものである。

学界では実に多くの先生方にお世話になった。田村正紀先生には持ち前の厳しい雰囲気の中にも温かい支援・激励，そして研究者としての指針を折に触れていただけたことは後輩研究者としての宝であったと，ただただ感謝である。中西正雄先生には著者の米国留学にあたって二度も推薦人になって下さっただけでなく，UCLAへの留学中には客員教授として来られた温厚な先生に親しく接しさせていただく幸運に恵まれた。消費者情報処理研究の創始者の一人である先生の遠い背中を追い続けることができたことは望外の幸せであった。

韓国漢陽大学の趙顕哲先生は同じく田内先生の門下生として，家族ぐるみのお付き合いをいただくと共に，研究面でも共同論文を文字通り一字一句共同して書くという得難い体験をさせていただいた。本書の第6章は趙先生との共同論文を基に書き上げたものである。

学習院大学副院長の青木幸弘先生には，先生が日本消費者行動研究学会を創設なさったことをとおして，また同じく田内門下の消費者情報処理研究者として数かぎりない刺激をいただいた。第8章の研究事例は若き青木先生の協力をいただいて成し遂げられたものである。

横浜国立大学時代には経営科学担当の笹井 均先生から大きな励ましをいただいたことを感謝申し上げたい。話好きな先生とビールを飲みながら，研究がドメスティックな視野に留まらないようにという叱咤激励をいただけたことは幸運であった。同じく国大時代の同僚である白井美由里先生には科研費を受けての共同研究でお世話になった。

著者が現在奉職している早稲田大学においても恩蔵直人先生と守口 剛先生には早稲田大学消費者行動研究所の定例研究会で常にお世話になっている。恩蔵先生には問題の捉え方について，守口先生からは論理の明確化の点でヒントをいただくことが少なくない。また，竹村和久先生からは心理学の視点からの示唆をいただいていることを感謝と共に記させていただきたい。そしてお名前はあげないが，研究会メンバーの若い方々からも多くの示唆と刺激をいただいていることを御礼申し上げたい。第5章の研究事例は同研究会での研究結果の一部である。

第7章で取り上げている共分散構造分析に関しては奥田和彦先生，田中正郎先生を始めとして当時のLISREL研究会メンバーのお世話になった。また，本書でテーマとしている方法論の問題への開眼は，40年ほど前のマーケティング理論研究会で堀田一善先生を始めとして方法論に関心のある先生方から刺激を受けたことにある。記して謝意を表したい。本書は学位申請論文を基にまとめている。審査にあたられた一橋大学の古川一郎先生を始め山下裕子先生，松井　剛先生には深く感謝申し上げる次第である。そして，お名前をあげることはしないが，日本商業学会，日本消費者行動研究学会，日本マーケティング・サイエンス学会，Association for Consumer Researchに所属の多くの先生方，そして私が大学院で指導担当というめぐりあわせになった次世代の研究者の方々に，これまでいただいた支援や励まし・助言・示唆に対し，この場を借りて感謝申し上げたい。

　本書の第5章の研究事例は早稲田大学重点領域研究（09b）及び科研費補助金（基盤研究B；22330134）を受けてなされたものである。また，本書の刊行は公益財団法人吉田秀雄記念事業財団の2013年度出版助成を受けて可能となったことを記して御礼申し上げたい。

　出版事情の厳しい中，方法論をテーマとした研究書の出版を快く引き受けてくださった千倉書房社長の千倉成示氏，編集という労をとっていただいただけでなく，要所要所での励ましをいただいた編集部長の関口　聡氏には厚く御礼申し上げたい。

　最後になるが，これまでの半生を支えてきてくれた妻・恵美子と息子・紘士に感謝の言葉を向けることをお許しいただきたい。本書を亡き父母・明とチヨ子，そして妻の両親多田恭夫と洋子に捧げることにしたい。

　　　　　　　　　　　　　　　平成25年11月吉日　湘南大磯にて

　　　　　　　　　　　　　　　　　　　　　　　　阿　部　周　造

事項索引

ア行

アイカメラ ································179
Association for Consumer Research ···26
Advances in Consumer Research ······142, 146
Annual Review of Psychology ···1, 16, 32
アブダクション（abduction）···············75
アメリカ・マーケティング協会（American Marketing Association）··················16
AMOS ··································146
RHEF ····························140, 143
RHNF ·····················140-143, 151
RMSEA ································175
EQS ···································146
意思決定過程···········18, 29, 21, 28, 192
意思決定単位 ····························18
意思決定ネット ························186
異質性の集計効果 ························93
一般化可能性側面 ···········155, 157, 159
一般化可能性理論 ·······················157
一般法則（基本仮説）··············12, 13, 34
イーミック・アプローチ······················176
意味の解釈································16, 32
因果
 ―――関係···4, 32, 72, 74, 78, 86, 128, 129, 162
 ―――的研究 ···················5, 125, 196
 ―――的構造 ·························153
 ―――的パス ·························162
 ―――的法則 ··························39
 ―――メカニズム・モデル（causal mechanical model）·············12
incommensurability ·······················7
因子（潜在変数）·········153, 161, 170, 176
 ―――構造 ···························157
 ―――負荷量 ···············158, 170, 173
 ―――分析 ··············18, 155, 161, 162

International Journal of Research in Marketing ··1
SPSS ·································146
エティック・アプローチ······················176
演繹的・統計的モデル（deductive-statistical model; D-S モデル）············12
演繹的・法則的モデル（deductive-nomological model; D-N モデル）···11, 12, 34
Engel・Kollat・Blackwell モデル ······22
応用研究 ·························91, 195
オーソドックスな（正統的）科学哲学（科学観）·················64, 65, 78, 194

カ行

下位仮説 ·······························146
回帰係数 ································92
回帰分析 ···············14, 146, 163, 177
回顧的プロトコル ·······················185
介在研究（intervention research）······105
解釈主義 ··································4
解釈的研究（アプローチ；interpretive approach）······6, 15, 16, 33, 132, 177, 180
解釈レベル ···················110, 120, 121
 ―――の効果 ···96, 112, 113, 119, 120, 122
 ―――理論 ···108, 110, 112, 117, 119, 120, 122
外生変数 ··························173, 176
外的参照価格 ·······················109, 110
外的側面 ························155, 158, 159
外的妥当性（external validity）···4, 71, 91, 94, 100, 103, 129, 195
概念的相等性 ·····························167
概念的定義 ······························168
概念の操作化における相等性··············168
外部情報 ································179
買物行動 ························17, 18, 98
買物場所（の）選択······················20, 98

事項索引

価格心理の効果 …………………115, 135
科学的
　　──実在論（科学的実在主義 ; scientific realism） ……3, 12, 34, 38, 65, 77, 83, 153, 172, 193
　　──実在論者 ………………………154
　　──説明 …………………………11, 73
　　──法則 ………………………………12
　　──方法論 ……76, 95, 131, 133, 149
科学哲学 ………2, 41, 66, 89, 145, 153, 193
　　──的方法論 ……………35, 44, 195
　　──（の）レベル …2, 7, 35, 41, 44, 66, 125, 137, 193
学習モデル（理論） ………………22, 134
確証（confirmation）………… 7, 74, 141
確証的研究 ……………………………107
革新行動 …………………………18, 85
学生サンプル …………………101, 103, 105
確定変数 ………………………………163
確定論的（deterministic）……………144
確認的因子分析 ………130, 153, 157, 161
確率
　　──的帰納論 ………………………74
　　──変数 ……………………………163
　　──法則 ……………………………92
　　──論的ブランド推移モデル ………24
　　──論的モデル ……………………33
仮説-演繹法 …………………………97
仮説探索 ………………………181, 191
片側検定 ……………5, 145, 147, 150, 196
カテゴリー化（カテゴライゼーション）…27, 96
カテゴリー相等性 ………………167, 169
眼球運動 ………………………………156
頑健性 ………………………………94, 96
還元による理論進歩 ……………………83
観察可能 ………………81, 82, 84, 181
観察不能 ……………………………81, 83
観察（測）変数 …………154, 157, 161, 177
観念論 …………………………………81
関与 ……………………………27, 94, 134
記憶の二重貯蔵モデル ………………182

擬似相関 …………………………128, 129
記述的研究（descriptive research）…125-129, 196
規準関連妥当性 …………………158, 162
奇跡論法 ………………………………82
規則性 ……………………………127, 128
基礎研究 …………………………89, 91, 195
基礎理論研究 …………………………92, 100
帰納 ………………69, 75, 79, 85, 86, 92, 195
　　──的確率 ……………………………76
　　──的実在論 …………………………78
　　──の原理 …………………………74
　　──の問題 …………………………74
　　──の論理 ……………………71, 74
　　──法 …………………………………97
機能的相等性 …………………………167
規範的信念 ……………………………173
基本仮説 ………49, 50, 97, 102, 111, 114
基本の法則 …………………………83, 165
帰無仮説 ……………138, 140, 143, 151
教育心理学 ………………………155, 159
共通性 …………………………………162
共分散構造分析 …25, 158, 161, 164, 170, 172, 175, 177, 197
共約不可能性 ……………………………7
空間的買物行動 ………………………101
経営統計学 ……………………………138
計画的比較・対比 ……………………131
経験科学の理論 ………………………154
経験的
　　──（な）研究 ……29, 40, 56, 102, 104, 114, 147, 165, 183
　　──側面 …………………………155
　　──妥当性 ………………………129
　　──（な）テスト ……22, 43, 49, 69, 89, 107, 142, 156, 196
　　──に十全（な説明）………81, 84, 85
傾向（的な）法則 ……………………92, 102
経済学 …………………………………90
経済統計学 ……………………………138
結果的側面 ……………………………159
結果の再現性 …………………………134

事項索引　223

結果変数 …………………………………94
決定不全性（過少決定）……82, 89, 134, 196
原因変数 …………………………………94
研究仮説……40, 42, 48, 50, 57, 112, 126, 129,
　　137, 139, 141, 146, 174, 182, 196
言語データ ……………………………180
言語報告（データ）…………182, 183, 197
現象的法則 ………………………83, 165
限定的合理性 ……………………97, 109
効果適用 …………………………………97
─────（の）研究 …4, 89, 92, 94, 99, 100,
　　104, 157, 195
効果量（effect size）……104, 108, 122, 148
広義の科学哲学的立場 …………………37
公共政策 …………………………………29
交互作用 …………………………114, 118, 121
交叉妥当化 ……………………………100, 157
交叉文化的の心理学 …………………166
交叉文化的の比較研究 ………………166
構成概念 …6, 25, 46, 102, 128, 147, 153, 157,
　　160, 162, 168, 176, 179, 195, 197
─────妥当性……46, 47, 155, 161, 168, 197
構成的経験主義（constructive empiricism）
　　……………………………80, 81, 83, 195
構造的側面 ………………………155, 156, 159
構造パラメータ …………………46, 131
構造方程式 ………………………47, 131, 162
構造方程式モデリング …………153, 177
構築主義 …………………………………65
行動
─────意思決定論 ……………28, 29, 33
─────意図 ……………………………173
─────科学 ……………………………67
─────経済学 …………………………28
─────修正モデル（パラダイム）…39, 42,
　　46, 62, 63, 84, 154, 180
─────主義 ……………………24, 64, 180
─────主義心理学 ………………41, 61, 62
購買行動 ……16-18, 22, 98, 171, 186, 188
購買動機 …………………………………22
項目相等性 ……………………………170, 176
小売吸引力の研究 ………………………29

合理主義 …………………………………73
小売商業集積 …………………………29
合理性の原理 ……………………………97
顧客満足 …………………………………31
国際
─────比較 ………………166, 172, 176, 197
─────比較研究 …………153, 165, 167
─────マーケティング ………………165
─────マーケティング・リサーチ……166
誤差項 …………………………………163
古典的学習理論 ………………………133
個別研究 ………………………………107, 120
固有（の）理論研究 …4, 89, 91, 99, 101, 195
conceptual consumption …………………33
コンピュータ・マイクロ・シミュレーショ
　　ン ……………………………………22

サ行

再現可能性 ………………………………46
細分化 ……………………………………23
差別的マーケティング …………………23
サンプリングの相等性 ………………171
サンプリング方法 ……………………171
サンプル …………………………………93
─────・サイズ ………………………142
─────の代表性 ………………………100
CAIC ……………………………………175
CFI ………………………………………175
ジェンダー論 ……………………………80
視覚情報 ………………………………183
時系列分析 ……………………………128
刺激―生体―反応パラダイム（モデル）…41,
　　62
刺激―反応パラダイム …………………41
事後確率 ……………………………75, 76
市場細分化 ……………………………23
市場セグメント ……………………17, 19
事前確率 ……………………………75, 76
自然主義 …………………………………67
視線分析（法）…………………………179, 192
実験室的実験 ……………………………93
実在論 ………4, 77, 79, 81-83, 85, 87, 165

224　事項索引

実質的側面 …………………155, 156
支払意向価格 …5, 109, 112, 114, 116, 118, 122
指標・項目 ………………154, 158, 161
シミュレーション ………………24, 99
社会階層 …………………………20
社会学 …………………………20, 90
社会構築（構成）主義 …………66, 80, 81
社会心理学 ……………19, 26, 63, 90
社会的属性 ………………………23
社会文化的影響 …………………19
尺度構築 ………………………161
尺度相等性 …………………169, 171
Journal of Consumer Psychology ……1, 32
Journal of Consumer Research…1, 32, 142, 146
Journal of Marketing …1, 44, 65, 142, 146
Journal of Marketing Research……1, 142, 146
主因子法 ………………………162
重回帰分析 ………………………42
集計の効果 ……………………102
集合レベル …………………17, 20
収束的妥当性 …………………158
従属変数 ………………………163
集団志向性 ……………………174
集団主義傾向 …………………175
主観的確率 …………………76, 77
主観的規範 …………………173, 175
主効果 …………………………143
主成分分析 ………………161, 162, 177
準拠集団 …………………20, 173
状況的分析 ………………………95
状況要因 ……………94, 96, 97, 98
使用行動 ………………16, 17, 98
消費行動 …………………………17, 98
消費者
　──革新行動 ……………………31
　──間の相互作用 ………………31
　──（の）情報処理…19, 24, 27, 29, 30, 186, 194
　──情報処理理論（モデル；パラダイム）…………………2, 18, 26, 33, 62, 79
　──のライフスタイル ……………23
　──の類型化 ………20, 23, 126, 131, 196
　──満足の研究 …………………30
『消費者行動研究』 ……………1, 25, 32
消費者行動
　──研究…1, 9, 21, 35, 41, 108, 124, 129, 137, 145, 153, 161, 180, 193
　──の計量モデル ………………41
　──の国際比較 ………………164
　──の説明 ……………2, 11, 12, 29
　──の説明と予測 ………………32
　──の測定 ……………………5, 153
　──の包括的モデル ……………22, 24
　──（の）モデル ……………128, 163
　──の予測 ……………4, 21, 23, 24, 132
　──（の）理論 ………14, 92, 95, 107, 130, 150
　──論…2, 9, 16, 35, 44, 57, 62, 69, 89, 97, 132, 137, 155, 179, 193, 195
情報取得 ………………………179
情報処理………28, 90, 103, 179, 183, 186, 190
　──系 ……………27, 63, 179, 182
　──方略 ……………………63, 84
　──理論（パラダイム；モデル）…27, 46, 62, 84, 133, 163, 180, 182
　──連 …………………………189
情報探索 …………………………18
情報統合 …………………………28
情報モニタリング法 ………179, 184, 191
諸条件 ………………12-14, 49, 52, 70
人口統計的属性（要因） ………23, 164
新行動主義 ……………………22, 24, 181
　──心理学 ………………………41
新製品開発 ………………………80
新製品受容過程モデル …………96
深層面接調査法 …………………22
信念 ……………………………173
信頼区間 …………………141, 148
信頼性 …………………157, 182, 191
信頼性係数 ………………157, 160, 190
心理学………19, 20, 28, 90, 146, 160, 180, 187
心理的距離 …………………110, 120

事項索引　225

心理的属性 …………………………23
心理的媒介変数 ……………………181
真理内容 …………………65, 66, 70
推測統計学 …………………………137
推論 …………………………………103
数学モデル ………………39, 92, 100
スキャン・パネル・データ …………95
スケール相等性 ……………………170
スコア（スカラー）相等性………169, 170
精神分析学 …………………………22
正当化の文脈 …5, 70, 75, 125, 128, 131, 135, 149, 191, 196
正当化の論理 ………………………69
製品カテゴリーの選択………………27, 98
説明…10, 23, 26, 34, 45, 73, 85, 91, 95, 97, 100, 128, 131
──項 …………………………12, 34, 97
──と予測 ………………4, 9, 12, 13, 21, 93
──目的 …………………………11, 15, 195
──力 ……………………………………12
ゼロ方法 ……………………………86
線形学習モデル ……………………133
選好の逆転現象 ………………109, 116
潜在（的）変数 ……………………161
潜在変数を持った構造方程式 ……153
漸次的アプローチ …………………52
全体論的 ………………………50, 51
選択行動 ……………………………29
選択ヒューリスティックス ………28, 187
選択方略 ………………………27, 191
全部（悉皆）調査 …………………137
洗練された（方法論的）反証主義 …51-53
相関 …………………………………93
──関係 ………………………………128
操作主義（的） ………………160, 163
操作的（な）定義 ……………168, 181
Social Science Citation Index ………124
相対主義 ……………39, 41, 52, 66, 80, 194
──者 …………………………45, 52, 134
──的（な）科学観 …4, 30, 32, 39, 44, 58, 60, 65, 80, 89, 132, 194
──的科学哲学 ……………………41, 82

相対性理論 …………………………49
相等性 ……………166, 169, 171, 175, 177
測定 …………………………153, 154, 170
──項目（指標）…47, 157, 170, 173, 175
──誤差 ………………157, 161, 173, 177
──尺度構築 ………………………160
──相等性 ………………169, 171, 176
──（の）妥当性…46, 47, 153, 155, 182, 197
──不変性 ……………………………177
素朴な（方法論的）反証主義………52, 89

タ行

第1種の過誤の確率 …………140, 142
対応関係（対応付け） ………………42, 78
対象実在論（介入実在論） …………83
代替的仮説 …………………………54, 55
態度 ……………………19, 28, 63, 173
──モデル（理論） ……26, 33, 63, 83
第2種の誤りの確率 ………………142
対立仮説 ……………………138, 141, 147
多元主義（論） ……………………67
多重指標 …………………………25, 155
多重比較 …………………………131
多属性態度モデル ………………24, 26
妥当性 ……………172, 182, 184, 190, 197
多変量解析 ………………………135
多母集団分析 ………104, 153, 164, 170, 174
短期記憶 …………………………182, 183
探索的因子分析 ………47, 130, 157, 161, 169
探索的研究 ………………5, 125, 128, 130, 196
知覚 …………………………………45
逐次的仮説 ………………………54, 55
中核部分（hard core） ……………51
長期記憶 …………………………182, 185, 186
調査会社 ……………………………94
調整変数 …………27, 113, 121, 122, 134
通常科学 ……………………………59
通約不可能性（共約不可能性）…4, 7, 44, 58, 61, 64, 66, 89, 166
（強い）検証（verification）………7, 42
強い推論（strong inference） ……53, 54, 55

D-N モデル……………………………12
定型的反応行動……………………63
t 検定…………………………………146
適合度………………………164, 176
───指標……………………………175
テスト・マーケティング…………137
手続き不変性………………………112
データ
　───収集の相等性………………171
　───主導型（的）……130, 135, 151, 160
　───の理論負荷性…4, 47, 89, 134, 159
　───・マイニング………………25
デュエム・クワイン・テーゼ…50, 52, 55
伝統的（な）科学観……44, 77, 89, 196
伝統的科学哲学………45, 49, 58, 66, 82
店舗内買物行動……………………30
動機調査……………21, 22, 33, 41
統計的
　───因果関係……………………73
　───仮説………………138, 142, 147
　───仮説検定……………40, 126, 143
　───検定…5, 14, 137, 141, 144, 147, 150, 164, 196
　───検定仮説………137, 140, 143, 147
　───検定方法………138, 141, 145, 150
　───分析技法………………137, 145
　───分布……………………………144
　───法則……………………73, 74, 137
道具主義（的）……38-40, 67, 80, 85, 99, 132, 159, 195
　───者………………………………67, 99
　───的（な）科学観……40, 58, 129, 194
同時確率………………………………77
同時的プロトコル……………184, 185
統制（制御）………………9, 10, 72
特称言明………………………………48
ドグマ的（な）反証主義………48, 50, 66, 69
　───者………………………………49
独立変数……………………………163

ナ行

内観法…………………………180, 183

内生変数……………………………173
内的参照価格………………………30, 96
　───理論…………………………109
内的情報処理………………………180
内的整合性…………………………157
内的妥当性……4, 71, 91, 94, 101-103, 195
内部情報……………………………180
内部性の問題………………………86
内容的側面……………………155, 156
内容的妥当性…………………157, 160
Nicosia の消費者意思決定過程モデル…22
ニュートンの理論……………48, 49, 85
認識的な優位性……………………84
認知（的）過程……………79, 185, 191
認知心理学……………………64, 181
認知的側面…………………………28
認知的不協和………………………77
　───理論……………………………90
認知理論……………………………64

ハ行

媒介過程………………107, 120, 181
媒介変数………28, 62, 124, 154, 164
パズル解き……………………………59
パーソナリティ………………19, 20
発見の文脈…5, 70, 125, 128, 135, 149, 191, 196
パラダイム…2, 6, 18, 26, 33, 39, 46, 51, 58, 60, 62, 66, 166, 179
パラメータ……………………………25
Howard-Sheth モデル………22, 59, 62, 154
反事実的条件文………………………14
反実在論（的）…4, 44, 77, 80, 82, 85, 87, 163, 165, 195
反証………………42, 45, 48, 49, 71, 86
　───可能性………42, 48, 65, 69, 74
　───主義（falsificationism）…39, 41, 44, 49, 51, 52, 66, 69, 70, 72, 74, 76, 79, 86, 107, 144, 194
　───主義者………………43, 71, 141
　───主義的科学観…………………4
　───の論理………………141, 143

反応時間法 …………………………179, 180
比較可能性（相等性）……………167, 197
比較客体 ……………………………………111
比較研究 …5, 6, 55, 58, 89, 99, 107, 114, 120, 134, 164, 195
比較主体 ……………………………………110
比較の方向性 ………………………………5
　──効果 ……110, 112, 115, 117, 119, 121
被説明項（explanandum）………12, 34, 97
p 値 …………………………………………148
批判的合理主義（critical rationalism）…41, 69, 86
批判的相対主義 ………………………61, 64, 66
批判的多元主義（critical pluralism）…37, 131, 195
被覆法則モデル（covering law model）…11
評価の側面 …………………………………173
標本調査 ……………………………………137
表面的妥当性 ………………………………156
不可知論 ……………………………………81
普及現象 ……………………………………31
普遍の法則 ……………………………73, 74
ブラック・ボックス ………………………41
ブランド
　──推移モデル …………………………24
　──（の）選択 ……………17, 27, 98
　──選択行動 ………………………24, 30
　──選択モデル ……………………24, 107
　──・ロイヤルティ ……………………24
プロスペクト理論 …………………………111
プロセス跡付け法 ………6, 179, 192, 197
プロトコル
　──・データ ……48, 156, 179, 182, 184, 186, 190, 197
　──分析 ……………………6, 179, 197
　──法 ……………6, 179, 182, 185, 192
文化
　──横断的 ………………………………166
　──人類学 ………………………………90
　──的要因 ………………………………164
　──特殊的 ………………………………165
　──普遍的 …………………………165, 166

分散分析 ………………………62, 143, 146
分析技法（の）レベル …2, 35, 40, 125, 129, 137, 193
分析水準 ……………………………………17
文脈効果 ……………………………………96
文脈主義 ………………………………37, 38
分類体系 ……………………………………17
平均構造の分析 ……………………………170
ベイズの定理 ………………………………75
ベイズ流の確率論 ……………………74, 76, 77
便宜サンプル（標本）…………………101, 195
変則事例 …………………………………50, 83
弁別的妥当性 …………………………46, 158
包括的モデル ………………………………33
防御帯（protective belt）…………………51
法則
　──定立的 ……………………………16, 41
　──的一般化 ……………………………75
　──的（な）関係…81, 92, 126, 128, 139, 158
　──的言明 ……………………45, 48, 49
　──的妥当性 ……………46, 47, 158, 162
方法論的個人主義（methodological individualism）……………………………………18
方法論的全体論（methodological holism）……………………………………18
方法論的反証主義 ………………………50, 69
訪問面接調査 ………………………………171
母集団 …………………………93, 102, 126, 137
補助仮説 …………12, 13, 49, 50, 52, 53, 70
翻訳の相等性 ………………………………169

マ行

マーケター …………14, 15, 79, 108, 128, 186
マーケティング ……9, 10, 14, 17, 20, 32, 194
　──意思決定……2, 10, 71, 91, 100, 123, 127, 129
　──活動 …………………………20, 25, 30
　──研究 …………………………………193
　──研究者 …………………………43, 78
　──・サイエンティスト ………………95
　──戦略 …………………14, 23, 85, 137

228　事項索引

──・マネジメント論 …………………21
──・リサーチ …………………15, 125, 194
──理論 …………………65
──論…2, 9, 13, 19, 65, 73, 80, 83, 85, 90, 193
『マーケティング・サイエンス』………1, 25
Marketing Science ……………25, 142, 146
マニピュレーション・チェック…………107
満足研究 …………………………33
右側検定 ………………………147, 149
無関連型研究仮説（Research Hypothesis in Non-Existential Form；RHNF）…139, 140, 151
無差別価格 …………………109, 110
銘柄推移モデル ………………41
銘柄選択 ……………………20
メタ分析 ……………………1, 56, 104
目的論 ………………………66
モードウス・トレンス（modus tollens） …………………………70
問題解決行動 …………………27

ヤ行

有意水準 …………140, 142, 144, 147
有意性検定 ……………………146
有関連型研究仮説（Research Hypothesis in Exsitential Form；RHEF）…………139
誘導形 ………………………130
要求効果（demand effect, demand characteristic）………………46, 134, 185
予見（forecast）………………33
予測（prediction）…9, 10, 24, 33, 39, 48, 69, 70, 71, 73, 91, 108, 123, 127, 131
──妥当性 …………………158
──値 ………………………127
──的言明 ………42, 45, 48, 53, 70, 138
──目的 …………15, 23, 34, 122, 132, 195
──力 ………………………12

弱い反実在論（weak antirealism）……80
弱められた実在論 ………………83

ラ行

ライフスタイル …………………20
──研究 ……………………131
ランダム・サンプル ……………93, 102
リサーチ・プログラム（research programme）…………2, 26, 51, 58, 62, 64
LISREL（7）………………25, 175
立証の論理（logic of proof）…………141
『流通研究』……………………1
両側検定 ……………5, 145, 148, 151
理論
　──（的）仮説…86, 102, 109, 121, 138, 196
　──（的）研究…………90, 94, 102, 103
　──主導的（型）………131, 150, 161
　──体系 …………………57
　──的・経験的研究 ………26
　──とテスト ………………5, 6
　──とテストのレベル…5, 40, 125, 129, 137, 193, 195
　──の確証 …………………43
　──の経験的研究（テスト）……4, 53
　──の妥当性 ………………90
　──のテスト ………48, 137, 140, 150
類型化研究 ……………………33
連立方程式体系 ………………22
論理経験主義（logical empiricism）…11, 34, 38, 41, 65, 78, 80, 125, 145, 154, 161, 195
論理経験（実証）主義………38, 81, 160, 162
論理経験主義者 ………………141, 154
論理実証主義（logical positivism）…41, 42, 159
論理的・経験的テスト ………………125
論理の（的）妥当性 ………………43, 150

人名索引

【和文及び翻訳書誌　アイウエオ順】

ア

青木幸弘……………………1, 16, 19, 30, 98
飽戸　弘…………………………………23
阿部周造…1, 22, 24, 25, 27, 44, 46, 62, 63, 128, 165, 167-169, 176, 187-191
阿部　誠………………………………17, 25
荒川祐吉……………………………44, 67
アリエリー……………………………28
池尾恭一…………………………25, 29
石井淳蔵………………11, 13, 39, 80, 105
石原武政……………………………80, 105
井関利明……………………………17, 19, 23
伊勢田哲治………………45, 48, 82, 83
一ノ瀬正樹……………………………12, 73
井上哲浩………………………………25
井上崇通………………………………19
ヴァーバ………………………………135
上田隆穂………………………………30
上原　聡………………………………28
内井惣七………………………44, 73, 77
大沢　豊………………………………24
大屋忠明………………………………135
小川　進………………………………80
奥田和彦……………………………25, 31
小野譲司………………………………31
恩蔵直人………………………………30

カ

海保博之…………………………185, 191
樫原正勝……………………43, 50, 52, 66
片平秀貴………………………………25
カーネマン……………………………28
上沼克徳……………………39, 44, 52
川勝　久………………………………23
川嶋行彦………………………………52
川又啓子……………………………44, 67

カーリンジャー………………………67
木住元朗………………………………29
北原明彦………………………………19
金顕哲…………………………………67
木村純子………………………………32
キング…………………………………135
栗木　契……………………………30, 80
黒田重雄………………………………24
クワイン………………………………50
クーン………………………………58-61
小島健司………………………………27
小嶋外弘……………………………19, 30
小林道夫……………………38, 40, 67
コヘイン………………………………135
駒田純久………………………………67
近藤文代……………………………17, 25

サ

佐々木壮太郎……………………1, 19
佐々木土師二…………………………26
里村卓也………………………………31
佐和隆光………………………………100
サンスティーン………………………28
塩田静雄……………………………19, 31
渋谷　覚………………………………135
嶋口充輝………………………………67
清水　聰……………………1, 19, 27, 30, 101
白井美由里…………………………30, 109
菅原健介………………………………160
杉田義弘………………………………30
杉本徹雄………………………………19
須永　努……………………………27, 103
セイラー………………………………28

タ

高橋郁夫……………………………27, 29
高橋秀明………………………………185

高橋広行	27	古川一郎	25, 29
武井 寿	32	ヘンペル	11
竹内淑恵	30	星野克美	32
竹村和久	1, 19, 20, 28, 112	堀田一善	43, 70, 135
田島義博	30	ポパー	6, 42, 50, 52, 69, 72, 73, 86, 95, 144, 145
多田洋介	28		
田中 敏	184	堀内圭子	32
田中 洋	1, 19, 30	堀越比呂志	2, 35, 43, 67, 86
田村正紀	17, 24, 29, 31, 101, 135		
チャルマーズ	39	**マ**	
塚田朋子	43	真壁昭夫	28
デュエム	50	松井 剛	32
照井伸彦	25	松江 宏	19
ド グロート	67	松下光司	1, 19
戸田山和久	12, 38, 44	マッハ	39
豊田秀樹	170, 177	丸岡吉人	30
		三浦 一	19
ナ		水越康介	59, 64
中西正雄	24, 25, 29, 34, 101	村田昭治	17, 19, 23
中村陽人	159, 160	村山貞幸	67
中村健太郎	157	メシック	159
名東孝二	19	守口 剛	1, 20, 25, 30
新倉貴士	1, 27	森田邦久	34
仁科貞文	30		
西脇与作	38	**ヤ**	
ニュートン	66	山中均之	29, 34, 101
		山本昭二	31
ハ		横田澄司	22
朴正珠	177	吉田正昭	17, 19
パッカード	22	余田拓郎	67
ハッキング	79, 83		
馬場房子	19	**ラ**	
濱岡 豊	31	ラウダン	67, 82
原田悦子	185, 191	ラカトシュ	48, 50-53
バラット	181	ラークソネン	27
ハル	22, 62, 63	ラドナー	34, 37, 45
ハンソン	45	ローゼンバーグ	12, 67, 84, 132
平久保仲人	19		
ファイヤアーベント	52, 65, 66	**ワ**	
ファン・フラーセン	81	渡辺隆之	30

人名索引　231

【英文書誌 ABC 順】

A

Aaker ……………………………125
Abe, M. ………………………172
Abe, S. ……138, 139, 142, 144, 146, 147, 150,
　　169, 170, 172
Ajzen ……………………………26
Alba ………………………………27
Alderson ………………………43, 67
Alexis ……………………………186
Amstutz …………………………22
Anderson, D. …………………139, 144
Anderson, P. …………………64, 65
Angelmar ………………………1, 86
Ariely ……………………………33
Artz ………………………………33

B

Bagozzi ……25, 79, 108, 140, 158, 161, 162,
　　169, 172
Baron ……………………………124, 164
Baumgartner …………………164
Bennett …………………………16
Bergami …………………………172
Bettman ……27, 28, 33, 179, 180, 186-189
Bhattacharya …………………139
Biehal ……………………………184
Biggs ……………………………184
Bird ………………………………85, 87
Blackwell ………………………18, 22, 34
Boyd ……………………………38, 79, 82
Braustein ………………………184, 185
Brinberg ………………………77, 95, 103
Buchanan ………………………54, 55
Bunsanto-Shack ………………191
Burke ……………………………148-150
Buttdz-Jorgensen ……………140

C

Cacioppo ………………………103
Calder ……16, 39, 43, 92, 93, 102-105, 107

Caldwell …………………………67, 86, 97
Campbell ………………………93, 158
Carmon …………………………33
Carnap …………………………42, 67, 141
Caroll ……………………………184, 185
Carpenter ………………………103
Cartwright ……………………83, 165
Cashen …………………………141
Chakravarti ……………………184
Chan ……………………………124
Chaterjee ………………………109
Chernev …………………………103
Cheung …………………………139
Cho ……138, 139, 142, 144, 146, 147, 150, 172
Churchill Jr ……………………125, 160
Cleveland ………………………170, 172
Cohen, J. ………………………122, 144
Cohen, J. B. …………………33
Cook ……………………………93
Cox ………………………………46, 134
Craig ……19, 167, 169, 170-172, 176, 187

D

Dahr ………………………………28, 33, 110
Day ………………………………125
Desmond …………………………19
Dichter …………………………22
Ding ………………………………172
Dost ………………………………109
Douglas ……167, 169-172, 176, 187
Drolet ……………………………33

E

Elder ……………………………176
Engel ……………………………18, 22, 34
Ericsson ………………………181-185, 187

F

Erlandsson ……………………139
Faivre ……………………………187
Farley ……………………………22

232　人名索引

Festinger ·· 90
Fishbein ·· 26
Fiske ··· 158
Folkes ·· 9

G

Gehrt ·· 172
Geiger ··· 141
Gorn ································· 46, 133, 134

H

Hains Jr. ·· 186
Haire ··· 22
Hansen ··· 78
Harcum ··· 141
Harnett ··· 144
Harte ·· 181
Hawkins ·· 19
Heefring ·· 135
Hirshheim ·· 65
Hirshman ·· 66
Holbrook ··· 39
Howard ···································· 22, 62, 63
Hoyer ··· 19
Huchinson ·· 27
Hughes ·· 26
Hui ································ 167, 169, 170, 175
Hunt ······ 12, 37, 39, 42, 44, 45, 51, 58, 61, 64–66, 78, 79, 84, 125, 128, 193

I

Iacobucci ··· 125

J

Jaccard ··· 170
Jacoby ·· 33, 191
Johar ··· 33
Johnson, D. ·· 144
Johnson, E. ·································· 27, 28, 180
Johnson, R. ·· 139
Johnston ·· 130

K

Kageyama ·· 73
Kahneman ·· 111
Kaiser ··· 146
Kardes ·· 103, 110
Kassarjian ·· 19, 33
Keiding ··· 140
Kellaris ··· 46, 134
Kenny ··· 124, 164
Kimmel ·· 149
Kollat ··· 18, 22
Kumar ··· 125
Kuusela ··· 185

L

Ladyman ·· 87
Lakatos ·· 50, 51
Lancaster ·· 29
Laroche ··· 170, 172
Latour ·· 81
Leclerc ·· 192
Leeflang ·· 24
Leigh ··· 120, 190
LeMasters ·· 135
Leone ··· 125
Liberman ··· 110
Lind ··· 140
Loken ·· 33
Lutz ·· 19
Lynch ······························· 77, 94, 103, 124

M

MacCarthy ·· 30
MacInnis ··· 19, 103
Macinnis ··· 9
MacKenzie ·· 140
Malhotra ·· 125
Mansfield ··· 140
Mantel ·· 110
Marchal ··· 140
Mason ··· 140

人名索引 233

Massy	23, 24
Mayor	141
McCgrath	95, 103
McCmullin	38, 79, 80
Meel	144
Messick	155, 156, 158, 159
Miniard	34
Mittal	19
Monroe	30
Montgomery	24
Moothy	117
Morrin	33
Morrison	24
Mothersbaugh	19

N

Nakanishi	186
Newell	191
Nicosia	22
Nisbett	181
Norton	33
Nowlis	33, 110

O

O'donohue	54
Okasha	82
Okuse	172
Oliver	31
Olshavsky	140
Olson	19, 65
Orne	46
O'shaughnessy	1, 39, 50, 53, 193

P

Park	187-189
Paul	185
Payne	27, 28, 180, 184, 185
Perreault Jr	120, 190
Peter	19, 61, 65, 67
Peterson	104
Petty	103
Philips	39, 43, 92-94, 102-104
Pillemer	149
Pinson	1, 86
Platt	53, 54
Popper	6

R

Ratchford	117
Ray	26
Ring	22
Robertson	19, 31
Rosman	184
Rossiter	160, 161
Russo	192

S

Sadarangani	169, 172
Salmon	12 ,73, 86
Sawyer	77
Sekaran	169
Sergenian	184
Sherman	110
Sheth	19, 22, 30, 62, 63
Simon, L.	186
Simon, H	181-185, 187, 191
Simonson	15, 28, 33, 110
Solomon	19
Someren	181
Soni	144
Spreng	140
Steenkamp	164
Sternthal	19, 107, 108, 120, 121
Svenson	184, 187
Sweeney	139, 144
Szybillo	191

T

Talukdar	117
Tebes	37
Triandis	167, 169, 170
Trope	110
Tversky	111
Tybout	16, 33, 39, 43, 92-94, 102-104, 107

U

Ueltschy ································170, 172

V

Venkatesh································109

W

Wakslak ·································110
Wan ·····································170
Wang ····································109
Watson ································42, 180
Weiner ································94, 103
Wells ·····································95
Westenberg ·····························181
Wierenga ································24
Wilken ··································109
Wilkie ····································17
Williams ······························139, 144
Wilson ··································181
Wind ·····································23
Wong ····································172
Wonnacott, R. ··························141
Wonnacott, T. ··························141
Woolger ·································81
Wright ····································19

Y

Yanopoulos ····························170, 172

Z

Zaltman ···························1, 86, 135
Zhao ····································124
Zinkhan ··································65

執筆者紹介
略　歴
1944年　香川県生まれ
1967年　明治大学商学部卒業
1972年　一橋大学大学院商学研究科博士課程商学専攻単位取得
横浜国立大学名誉教授　　博士(商学)一橋大学

1972-74年　一橋大学商学部助手
1974年　日本大学経済学部専任講師，
　　　　同助教授を経て，
1979年　横浜国立大学経営学部助教授
1987-2009年　横浜国立大学経営学部教授
2009年　早稲田大学商学学術院特任教授，現在に至る

主要業績
単著『消費者行動』千倉書房，1978年
共著『消費者行動分析のニューフロンティア』中西正雄編著，誠文堂新光社，1984年
　　『消費者行動研究の新展開』新倉貴士と共編著，千倉書房，2004年
論文『マーケティング・サイエンス』, Journal of Business Research, Journal of Consumer Psychology, Journal of International Marketing, Journal of International Consumer Marketing 等の学術雑誌に発表

JCOPY 〈(社)出版者著作権管理機構 委託出版物〉

本書のコピー，スキャン，デジタル化など無断複写は著作権法上での例外を除き禁じられています。複写される場合は，そのつど事前に(社)出版者著作権管理機構（電話 03-3513-6969, FAX 03-3513-6979, e-mail: info@jcopy.or.jp）の許諾を得てください。また，本書を代行業者などの第三者に依頼してスキャンやデジタル化することは，たとえ個人や家庭内での利用であっても一切認められておりません。

『消費者行動研究と方法』

2013年11月20日　初版第1刷発行

著作者　阿部周造（あべ しゅうぞう）

発行者　千倉成示

発行所　㈱千倉書房
〒104-0031 東京都中央区京橋2-4-12
電話・03(3273)3931㈹
http://www.chikura.co.Journalp/

©2013 阿部周造, Printed in Japan
印刷・シナノ書籍印刷／製本・井上製本所
ISBN978-4-8051-1026-3